中國现代教育社团史

周谷城题

# “中国现代教育社团史”丛书编委会

## “中国现代教育社团史”丛书书目

《中国现代教育社团发展史论》
《中华教育改进社史》
《中华平民教育促进会史》
《生活教育社史》
《中华职业教育社史》
《江苏教育会史》
《全国教育会联合会史》
《中国教育学会史》
《无锡教育会史》
《中国社会教育社史》
《中国民生教育学会史》
《中国教育电影协会史》
《中国科学社史》
《通俗教育研究会史》
《国家教育协会史》
《中华图书馆协会史》
《少年中国学会史》
《中华儿童教育社史》
《新安旅行团史》
《留美中国学生联合会史》
《中华学艺社史》
《道德学社史》
《中华教育文化基金会史》
《中华基督教教育会史》
《华法教育会史》
《中华自然科学社史》
《寰球中国学生会史》
《华美协进社史》
《中国数学会史》
《澳门中华教育会史》

推进教育治理体系和治理能力现代化……推动社会参与教育治理常态化，建立健全社会参与学校管理和教育评价监管机制。

——《中国教育现代化 2035》

---

当前，我国改革开放正在逐步地深入和扩大，激发社会组织活力，在整个社会治理体系建设中具有重要作用。现代教育治理体系的建设，也迫切需要发挥专业的教育社团的积极作用。在这个大背景下，依据可靠的历史资料，回溯和评价历史上著名教育社团的产生、发展、组织方式和活动方式等，具有现实意义和社会价值。总的来说，这个项目设计视角独特，基础良好，具有较高的学术价值、实践价值和出版价值。

——石中英

---

教育社团组织与中国教育早期现代化，既是一个有丰富内涵的历史课题，更是一个极具现实意义的重大课题。由中国教育科学研究院储朝晖研究员领衔的学术团队，多年来在近代教育史这块园地上努力耕耘，多有创获，取得了可喜的成果，积累了深厚的知识储备。现在，他们选择一批有代表性、典型性、产生过重大影响的教育社团组织，列为专题，分头进行深入的研究，以期在丰富中国教育早期现代化研究和为当代中国教育改革服务两个方面做出贡献，我觉得他们的设想很好。

——田正平

国家出版基金项目
NATIONAL PUBLICATION FOUNDATION

中国现代教育社团史　丛书主编 / 储朝晖

# 通俗教育研究会史

刘嘉恒　著

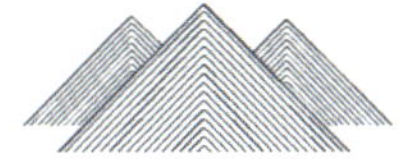

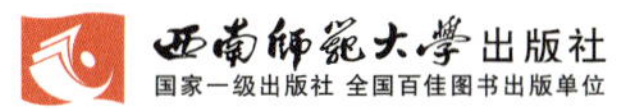

图书在版编目(CIP)数据

通俗教育研究会史 / 刘嘉恒著. -- 重庆 : 西南师范大学出版社, 2021.6
(中国现代教育社团史)
ISBN 978-7-5697-0229-3

Ⅰ. ①通… Ⅱ. ①刘… Ⅲ. ①教育组织机构 - 历史 - 中国 - 近代 Ⅳ. ①G529.5

中国版本图书馆CIP数据核字(2020)第054245号

# 通俗教育研究会史

TONGSU JIAOYU YANJIUHUI SHI

刘嘉恒 著

策划编辑：尹清强　伯古娟
责任编辑：赵　洁
责任校对：杨佳宜
装帧设计：观止堂_朱璇
排　　版：王　兴
出版发行：西南师范大学出版社
　　　　　重庆·北碚　邮编：400715
印　　刷：重庆市正前方彩色印刷有限公司
幅面尺寸：170mm×240mm
印　　张：16.5
插　　页：4
字　　数：306千字
版　　次：2021年6月 第1版
印　　次：2021年6月 第1次
书　　号：ISBN 978-7-5697-0229-3

定　　价：68.00元

# 总序

在中国教育早期现代化的历史进程中，无论是清末，还是北洋政府和国民政府时期，在整个20世纪前期传统教育变革和现代教育推进波澜壮阔的历史舞台上，活跃着这样一批人的身影，他们既不是清王朝的封疆大吏、朝廷重臣，也不是民国政府的议长部长、军政要员，从张謇、袁希涛、沈恩孚、黄炎培，到晏阳初、陶行知、陈鹤琴、廖世承，有晚清的状元、举人，有海外学成归来的博士、硕士，他们不居庙堂之上，却念念不忘国家民族的百年大计；他们不拿政府的分文津贴，却时时心系中国教育的改革与发展。是"研究学理，介绍新知，发展教育，开通民智"这样一个共同理想和愿景，将这些年龄悬殊、经历迥异、分散在天南海北的传统士人、新型知识分子凝聚在一起，此呼彼应、同气相求，结成团体，组织会社。于是，从晚清最后十年的江苏学务总会、安徽全省教育总会、河南全省教育总会，到民国时期的全国教育会联合会；从中华职业教育社、中华新教育共进社、中华教育改进社，到中华平民教育促进会、生活教育社、中国社会教育社、中华儿童教育社、中国教育学会……在短短的半个世纪里，仅省级以上的和全国性的教育会社团体就先后有数十个，至于以县、市地区命名，以高等学校命名或以某种特定目标命名的各式各样的教育会社团体，更是难以计数。所有这些遍布全国各地的教育会社团体，通过持续不断的努力，从不同的层面，以不同的方式，冲刷着传统封建教育的根基，孕育和滋养着现代教育的因素。可以毫不夸张地说，在传统教育变革和现代教育推进的历史进程中，从宏观到微观，到处都留下这些教育会社团体的深深印记，它们对中国教育早期现代化的贡献可谓功莫大焉！

大约从上世纪90年代开始，中国近代教育会社团体的研究，渐渐进入人们的学术视野，20多年过去了，如今关于这一领域的研究，已经风生水起，渐成气候，取得了相当的成果，并且有着很好的发展势头。说到底，这是当代中国教育改革的需要和呼唤。教育是中华民族振兴的根基和依托，改革和发展中国教育，让中国教育努力赶上世界先进水平，既是中央政府和各级政府义不容辞的职责，也必须依靠广大教育工作者的自觉参与和担当。从这个意义上讲，中国近代教育会社团体与中国教育早期现代化研究，既是一个有丰富内涵的历史课题，更是一个极具现实意义的重大问题。中国教育科学研究院储朝晖研究员，多年来在关注现实教育改革的诸多问题的同时，对中国近代教育史有着特殊的感情，并在这块园地上努力耕耘，多有创获，取得了可喜的成果，积累了深厚的知识储备。现在，他率领一批志同道合的中青年学者，完成了"中国现代教育社团史"的课题，从近代以来数十上百个教育社团中精心选择一批有代表性、典型性、产生过重大影响的教育社团，列为专题，分头进行了深入的研究。我相信，读者诸君在阅读这些成果后所收获的不仅仅是对教育社团的深入理解和崇高敬意，也可能从中引发出一些关于当代中国教育改革的更深层次的思考。

是为序。

田正平

丁酉暮春于浙江大学西溪校区

# 目录

总序(田正平)

第一章 **绪　论** /1

第一节　北洋政府的历史实貌——对教育的投入 /3

第二节　回顾及启发 /7

第二章 **何谓通俗教育——历史与特质** /17

第一节　“通俗教育”理念的兴起 /20

第二节　“通俗教育”的特质 /31

第三章 **通俗教育研究会的滥觞** /41

第一节　通俗教育研究会建立的原因 /44

第二节　通俗教育研究会的角色 /49

第四章 **通俗教育研究会的组织架构与活动** /71

第一节　组织架构 /74

第二节　成员构成 /81

第三节　通俗教育研究会的活动 /88

第五章　各股的工作实况　/113
第一节　文学的教育实践——小说股的工作　/116
第二节　审查工作中的价值观　/124
第三节　移风易俗——戏曲股的工作　/132
第四节　从"卑贱之学"到教化工具　/137
第五节　把说书用到教育上——讲演股的工作　/142
第六节　建立新民的"常识"　/145

第六章　对通俗教育研究会的评价　/157

附　录　/165
参考文献　/243
后　记　/249
丛书跋(储朝晖)　/251

第一章

# 绪　论

## 第一节　北洋政府的历史实貌——对教育的投入

受到西方列强侵略后，清王朝迈出改变的脚步，开始了中国的近代化历程。以鸦片战争为触发点，古老的中华帝国心不甘情不愿地被卷进了全球性的近代化浪潮中。一部分官僚士绅见识到西方的坚船利炮后，内心受到极大震撼，那些通过贸易与西方早有接触的商人买办在观念上也有了翻天覆地的变化，他们日后大多成了中国近代化的先驱者。与这些先驱者相比，大部分国人，当中也包括大部分官僚士绅，仍然未意识到自己正处于中国历史进程的重要转折点。这种落差是地理空间隔绝造成的，毕竟与直接面对西方入侵的沿海地区相比，内陆地区大部分人依然过着与父祖辈相似的生活。对他们来说，西方是难以想象的存在，然而这种情况也没有维持多久，西方扩张的步伐并不是区区地理因素可以阻挡的，步步紧逼的列强终究让整个中国不得不面对这个千年未有之大变局。

早在鸦片战争前，清政府内部的有识之士就已经察觉到皇朝需要改革，而借助鸦片战争失败的契机，加上太平天国对皇朝统治造成的威胁，洋务运动得以浩浩荡荡地登上历史舞台，作为挽救清朝国运的尝试。然而，这次尝试并不顺利，改革多年后清政府在甲午中日战争中遭受战败的挫折。30多年的洋务运动似乎一无成效，部分对改革心怀不满的人士选择投向不理性的排外主义，也有一些人认为甲午中日战争的败因正是改革得不够彻底，因而号召一场更为彻底的改革。年轻的光绪皇帝也是改革的支持者，与年轻气盛的士绅们展开了新一波的维新运动，可惜这场躁进的维新运动不过百日就因政变而中止。在1899—1900年之间，中国似乎呈现一片倒退的形势，但近代化的浪潮并非简单的守旧思想与排外运动所能阻挡，八国联军带来的羞辱让慈禧太后亲身感受到改革的急迫性与守旧主义的无力。因而她摇身一变，成为新政的全力支持者，展开了晚清最后十年的新政改革。此次改革虽然不乏成果，但清政府终究还是倒台了。辛亥革命后清帝退位，政权可谓和平地转移到中华民国手上，民国政府获得了态势不错的开端。纵观整个19世纪中国近代化的历程，可谓步履蹒跚，与东邻日本相比似有不及，两者因改革而产生的差距亦越加显著。

辛亥革命后，中国从王朝体制转变成民主共和体制，民国肇始，革命被人民寄以厚望，期待通过这次突变式的革新，从根本上改变中国，使国家能在日益严峻的世界形势中存续下来，全国上下弥漫着浓厚的"救亡图存"气氛。革命思想对政治、经济、社会、文教、家庭伦理等造成极大刺激，各领域面临着不可想象的变化，人人皆寻觅着适应时代潮流的方法。骤眼看来，在清末与民初两个时期之间，似乎突变与断裂的现象较为突出。然而，尝试深入考察其具体事实时，各种带有连续性特征的因素也并不少见。某些研究观点认为，在传统的"革命史观"里，那些具有突变与断裂特征的革命因素是促进文明发展的关键，在20世纪大部分的时间里，这种"革命史观"主导了主流历史的诠释方向，有关革命的观念，纵然各家说法有所差异，但其根本思维是雷同的，都很大程度地忽略了连续性在这个历史时期发挥的作用。

探究清末民初阶段的历史，往往是以辛亥革命为界，把清末与民初两个时期割裂开来，两个时期被分割、断裂成截然不同的历史时期。事实上，它们真的如此不同吗？一些研究对这种观念提出了有力的挑战，如莱特（Mary C.Wright）在其《辛亥革命的本质》一文中就认为辛亥革命具有偶发性与不全面的特征，因而革命的成效并不显著，这种突变甚至削弱了中国应对外来挑战的能力，革命并不如它所宣称的改善了中国的前景，验诸现实，革命后的中国直到"二战"时期，国家机器展现出的能力并没有比清朝强大许多。

受到这个观点的启发，近代史的研究者应该对相关历史进行反思，通过重新思考辛亥革命的意义，以更周详的视野重新把握历史的实况。尝试从历史连续性的一面进行探索，将晚清新政改革至北洋政府当政的时期视为一个连续的历史过程，而不是两个彼此断裂的阶段，这种角度的考察益处甚多，而且更贴近真实的历史。例如，辛亥革命后虽然建立了新政权与新政府，但制度运作中真正发挥作用的因素大部分由旧时代的官僚体制过渡而来，这些旧官僚成员大都借由更改招牌延续下来，大众的生产方式及社会生活依然没有突破性的变化，甚至在某些方面受到旧道德消退与新价值未确立的动荡环境的影响，与清末相比反而更为混乱。由此观之，辛亥革命的业绩除了达成民族革命的目标外，其他成效并未十分显著。为此，从历史连续性的观点来考虑，询问那些呈现脉络相承与渐进改良的趋势将更能突显近代中国的进步历程。在诸多领域中，笔者选择教育场域作为相关研究的考察对象，通过深入了解北洋政府在教育方面的工作如何承接晚清新政路线继续推进。

在晚清新政改革中，教育已被视为重中之重，但凡法政、实业以及人才培养等，均仰赖教育改革为其建立基础。1904年颁布的《奏定学堂章程》建立了一套从日本移植过来的仿西式教育体制，而此章程也成了中国学校教育发展的主要依据。有关清末民初教育改革的研究近来备受关注，在教育史的研究范畴中取得了相当多的成果。本研究所关注的是近代教育中一个特别的主题，即定义极其宽泛的“社会教育”，更精确地说是社会教育领域中的通俗教育部分，本研究从通俗教育入手，以探讨其成果及影响。

在悠久的中华文明中，自孔子讲学授徒起，就把原属于贵族的学问向平民阶层开放，中国逐渐树立了一种传统，即教育面向的对象并不局限于特定的人群，理论上“自行束修以上，吾未尝无诲焉”的精神基本上把所有有意求学之人皆视为教育的对象。后来历经宋明理学的发展，教育出现了高度道德化的倾向，学习不仅被视为一种求知活动，同时也是一种培养个人德行的行为。因此，除了意在科举的士子外，寻常百姓多少也接受过一些教育，如清代宣讲《圣谕广训》即为一种由官方鼓励的教化手段，具有指导乡里合宜社会行为的作用。在传统中国社会中，存在着不少以教化民众为目的的行为和仪式，现今看来它们就是一种通俗教育。在那些久受儒学熏陶的官僚士绅脑中，化民易俗的责任意识很自然地让他们注意到西方通俗教育手段有着与中国传统教育的相似之处，并以结合的方式来实践他们改革社会与文明的方法。由传统汇合了西方衍生出的通俗教育，在民初作为一项重要的教育方案被推行，当时的北洋政府通过建立“通俗教育研究会”作为主导通俗教育发展的机构。为了使论述脉络清晰，本书首先从回顾其历史背景开始。

始自晚清的通俗教育，如果从形式来看，传统的中国社会中早已存在其迹象，如明、清之际的“乡约酒礼”，事实上深具教化意味，至清康熙、雍正两帝期间，更着力鼓励乡间宣讲《圣谕广训》。此等形式的宣讲有多种版本，有的与民间宗教结合，有的是下层文人自行创作，但都以宣讲的方式来传播。除了宗旨严肃的宣讲外，流行于街头巷尾、茶楼酒馆的说书唱词，细究起来，当中的情节内容实际上也是人民生活典范与价值坐标的重要来源，其他的更有唱戏及劝善小书等不同形式的教育方法。只是在西学的样板进入中国前，这些形式很少被传统士人统整为一门教育方法。因此，早在通俗教育的概念出现前，实际生活中已经有其踪影。

这个横跨晚清民国的研究主题已表现出明显的历史连续性。辛亥革命的发生并未打断通俗教育的发展，甚至未更改过其方向，仅在其发展过程中对其教学内容做出些许变更。要说辛亥革命对通俗教育造成的影响，即这一领域的主事者主要变成改良派人士，扫除了传统偏见的障碍，但其发展脉络跟晚清民间启蒙运动的主调是连贯一致的。与学校教育领域不同，关注这一领域的研究作品并不多见，并且着重于叙述性的研究，即以说明其发展经过为目的，其取法角度是教育史的笔法，注重其教育建制的说明，对于通俗教育与其历史背景间复杂的相互关系往往缺乏深入的分析，因而留下不少探讨的空间。本书主要着眼于民初北洋政府时期的通俗教育，除了这一时期留下的资料相当丰富，适宜细致分析其背后附带的意识与目标外，更希望人们通过分析能重新审视北洋政府在国家近代化历程中的角色地位。以往大部分通史类作品给予大家一种印象——北洋政府是腐败的军阀政权，其存在导致了民初政局的混乱与失序。然而，民国外交史学者唐启华先生在其有关北洋政府外交活动的研究中，揭示了一些以往被忽略的问题与事实，让人们得以了解那些北洋政府罕为人知的贡献。在这些研究的启发下，笔者萌生了以下疑问：在作为立国根本的教育领域，北洋政府的作为是否被主流历史诠释所忽略或低估？从这一疑问出发，经过翔实考察后衍生出本研究的论题，以北洋政府教育部辖下的通俗教育研究会为主轴进行讨论，再辅以各种材料论证，试图说明北洋政府在通俗教育上做出的贡献。

## 第二节　回顾及启发

翻阅通俗教育的史料，首先会发现一个普遍的现象——在20世纪初期，人们对通俗教育并没有严格的定义，“通俗教育”这一词汇常常与其他诸如“社会教育”“平民教育”等词汇的意义相近甚至共通，因此对通俗教育的研究常常被视为社会教育的一部分。而考察相关研究，民国时期主要的研究者有吴学信、马宗荣等，他们的著述主要是记载社会教育在中国的发展经过，并把中国传统社会中那些具有社会教育意义的教化行为统摄于社会教育的范畴，试图为社会教育建立其“中国起源”。马宗荣在其《社会教育纲要》中就言及：“我国采用‘社会教育’一名词，虽始自民国成立时，迄今不过二十余年，然类似社会教育的施设，远古即已有之。其有详细记载可考者，当推周代。”[①]他举了《周礼·地官》中“大司徒……正月之吉，乃悬教象之法于象魏，使万民观教象”的例子，他认为可以把古礼的仪式行为视为一种社会教育的行为，并指出“社会教育”虽然是近代中国才出现的输入性词汇，但就其所指内容而言，中国自古已具有其实践形式。

从马宗荣的论述中，我们发现两个必须先行解决的问题，即对社会教育、通俗教育、平民教育等词汇的定义问题，以及近代中国社会教育发展的分期问题。若不先就这两个问题做出解答，本研究将会陷入概念混乱的窘境。

在晚近的研究中，探讨相关课题的研究者及著作并不多见。就所知的，其研究涉及社会教育与通俗教育的著作有李建兴编著的《中国社会教育发展史》、王雷的《中国近代社会教育史》。相关学位论文有2007年首都师范大学杨才林的博士论文《“作新民”、“唤起民众”——民国社会教育研究》、2006年东北师范大学吴晓伟的硕士论文《民国时期社会教育的发展嬗变及特征研究》、2011年沈阳师范大学马云鹏的硕士论文《民国初期青少年社会教育研究（1912—1927）》、2011年天津师范大学张绍春的硕士论文《清末与民国前期天津社会教育研究（1905—1937）》。其中以王雷的研究最具代表性，其他研究主要是在王雷的典范下做延伸发展，研究方法及视角都未能溢出其边界。

以王雷为典范的研究都具有强烈的教育史特征，即以叙述教育制度的变迁为主，以建立一条社会教育在近代中国发展的主轴线为基础，并就相关概念及

①马宗荣．社会教育纲要［M］．上海：商务印书馆，1947：128.

词汇做出溯源与定义,记述当中的内容。然而,这部分研究往往缺乏深入的分析,例如相关观念与当时历史背景的相互影响、教学内容选择的依据,以及从事社会教育活动者的阶级特征等。因此,这些研究虽然帮助人们认识到社会教育的发展经过,但该领域中诸多值得深入探讨的问题及现象往往缺而未论。另外,通俗教育更是被认为隶属于社会教育的某部分,缺乏相对独立及全面的讨论,往往把它视为社会教育发展过程中一个不成熟的、过渡性的发展阶段,对它的研究仅在个别章节中有所提及,因而未能注意到通俗教育本身所带有的独特性及文化意义。在这方面,借由文化史或社会史的视角来考察,将会发掘出以往未被注意到的历史图景及意涵,如李孝悌的《清末的下层社会启蒙运动:1901—1911》和王笛的《茶馆、戏园与通俗教育——晚清民国时期成都的娱乐与休闲政治》都是以教育史以外的视角来探讨类似的事项,他们的研究正好为其他研究者提供了良好的示范。实际上,单纯从教育史的角度进行讨论的话,往往难以意识到这些研究领域之间的关联性,这种关联性可以提供超越既有研究的线索。

从王雷的《中国近代社会教育史》中可以整理出一个从晚清到民国之间社会教育发展的宏观框架。对于"社会教育"的定义,王雷是从词汇的产生入手研究的。该书指出,早在蔡元培于民国初期从德国引入"社会教育"的概念之前,这一名词就早已见诸晚清,并且也是表达类似的意思,该词是从日本转译过来的,其概念也是参考日文的使用习惯,虽然在晚清时期"社会教育"一词的运用意旨模糊,但其受日本文化影响之处是相当明显的。[①]杨才林的博士论文对这一说法也表示认同,他写道:"就笔者检阅的大量材料来看,民国教育界人士都认为'社会教育'的概念是在民国元年由蔡元培先生从德国介绍而来。王雷博士据史实推论并非由蔡元培从德国介绍而来,而是受到日本'社会教育'影响的结果,这一结论推陈出新,令人信服。"[②]由此看来,把社会教育视为从日本输入的近代性概念应当是可靠的。

王雷列举了6种解释社会教育意义的例子:(1)社会教育就是对社会全体或社会大众所实施的教育;(2)社会教育就是实施有关社会知识的教育;(3)社

①王雷.中国近代社会教育史[M].北京:人民教育出版社,2003:7.

②杨才林."作新民"、"唤起民众"——民国社会教育研究[D].北京:首都师范大学,2007:2.

会教育就是在社会场所中实施的教育，社会本身具有教育的影响；(4)社会教育就是以社会为手段，通过社会的文化教育设施与机构来实施有目的、有计划、有组织的教育；(5)社会教育是以“社会为本位”所实施的教育，是具有社会性质的教育；(6) 社会教育是学校、家庭以外的一种补充性的、辅助性的教育。

就其列举的例子可见，社会教育的意涵在空间、制度、功能、对象、内容、角色等各方面都涵盖广泛，难以通过单一的定义来表述，但总体上可以概括出以下五个特征：“第一，从教育对象来看，近代的社会教育是从失学民众出发，逐渐面向全体国民所实施的教育，从清末简易识字过程中的‘年长失学者’，到‘五四’以后的‘失学青年与成人’以及国民政府时期的‘失学民众’与‘全体国民’，近代社会教育对象的突出特点是学制以外的民众；第二，从教育内容来看，近代社会教育是一种由简易识字到全面培植的教育，它包括社会知识教育、社会道德教育、社会体育、社会劳动技能教育等等，在社会教育内容上，突出了全面性；第三，从事业和实践方面来看，近代社会教育是利用各种文化教育设施与机构，对失学民众及全体国民所实施的有目的、有计划、有组织的教育，事业方面突出各种设施与机构的建立，实践方面则以有计划和有组织为主要特征；第四，从制度系统来看，近代社会教育是家庭和学制系统以外的非正规教育，它不和正规的学校教育系统相冲突或重复，而是对学校教育的一种补充或扩充，它既是家庭教育和学校教育以外的教育，又是这两种教育以前和以后的教育，在制度方面主要以学制系统之外的教育为特色；第五，从社会教育实施的主体来看，近代社会教育(是)主要以政府的推动为主导，以社会团体及私人推动为辅助的一种教育，在实施的主体上，突出政府的作用。”①

王雷的概括至少确立了社会教育的对象、内容、实践、制度、推行主体等五个方面的内容。而还应该关心的问题是社会教育与通俗教育之间的关系。

考虑到在王雷的取材时期里，“社会教育”与“通俗教育”常常被认为是类似或相同的事物，而以上描述的特征在被用于考察通俗教育时，也未见矛盾，因此王雷就建构了一个隶属架构，把通俗教育视为社会教育的一部分，隶属于社会教育这一框架中。他认为：“近代出现的社会教育与通俗教育，二者是既有区

①王雷．中国近代社会教育史[M]．北京：人民教育出版社，2003：10-11.

别又有联系的教育思想与事业。从区别来看,它们各有自己产生的背景和时间,各有自己的教育内容与特点。从联系来看,在范围上,通俗教育是社会教育的一部分,在内容上,是社会教育的专项活动,在时间上,它是社会教育的一种阶段性事业。随着后来平民教育及民众教育的兴起,通俗教育被包含在这更加广阔的教育事业之中。”①本研究基本认同这一定义,然而,王雷对通俗教育的研究止于介绍其制度建立及相关组织的一些活动,只以机构数量上的发展来对其成效做出推估,并没有就通俗教育本身具有的独特性做出更深刻的考察与分析,实为可惜,但也因此为其他研究者留下了值得挖掘的领域。

李孝悌的研究则偏向于以社会文化史的方式来进行,在他的著作《清末的下层社会启蒙运动:1901—1911》中对社会教育(或狭义地称其为通俗教育)这一近代性的教育方式进行探讨时,他把晚清那些带有通俗教育意义的行为视作一种中国式的启蒙运动,构成了晚清通俗教育的方法,是一系列新兴的方法,又或者是在传统中既有的,而被当代知识分子重新关注并予以现代化改造的方法。李孝悌列举了白话报刊、白话宣传品、阅报社、宣讲、讲报、演说、戏曲等项目,并以启蒙运动的视角来审视这些方法怎样被晚清改良派士人所运用,阐述了这些方法本身是如何设计的以及其效果如何等。他认为:“这个运动的重要性,不仅在于它是中国历史上第一次以这么密集而多样的方式对下层社会做启蒙的工作;同时也因为它是中国现代史上最引人注目的文化、思想和社会运动——知识分子走向人民的“民粹运动”(populist movement)——的源头。就这一层意义来说,1900年代实在是中国现代史上一个新动向的起始,1949年中共政权的建立则象征这个发展的最高潮。”②

李孝悌点出了晚清新政改革在中国现代化中的意义。值得注意的是,他指出在此时期士绅阶层与下层社会之间产生了前所未有的互动,即知识分子意欲“启蒙”以往被视为仅有服役缴税责任的“庶民”。这种对民众进行改造的计划,究其根源应是出自于梁启超之手。梁启超的《新民说》风行于中国士绅阶级,因此把原本各自进行的“启蒙”活动联系起来,并为大家标示了“启蒙”的共同目标,以及检验的标准。而启蒙者,即士绅阶层,主要是改良派士绅,也因《新民

①王雷.中国近代社会教育史[M].北京:人民教育出版社,2003:258.

②李孝悌.清末的下层社会启蒙运动:1901—1911[M].石家庄:河北教育出版社,2001:7-8.

说》提供了系统的改造计划而相继响应并追随。虽然晚清并没有官方机构来统筹组织这一启蒙运动的发展，但以《新民说》为轴心，整个运动的主调被统合起来，即便存在地域差异等问题，整个运动的核心观念与目标基本呈现全国一致的景象，其中以“国民资格—国族主义”的建构这类内容的宣传尤为明显。

李孝悌除了描绘出晚清启蒙运动的历史图景外，对于该运动还做出如下评价：“但就本文所描述的下层社会启蒙运动而言，我们可以看出，各项启蒙措施的倡议和推动，往往是由民间社会的绅士、知识分子、舆论界、商人、教师、僧侣、妇女或所谓的志士首开其端，再由政府的力量予以制度化、组织化，以扩大并巩固其效果。所以我们可以说，在各项启蒙活动的初期，来自社会和民间的自发性努力是主要的推动力量。随着运动的普及和深化，政府自上而下的命令、支助和民间自发性的努力相辅相成，使得整个运动既不致流于口号、样板、具文或形式，又不致因为经费的短缺和个人能力的限制而昙花一现，浅尝辄止。”[①]他指出，虽然当时因各种条件的局限，不能期待这种启蒙运动能有丰硕的成果，更难以想象它具有全国性的意义，但“在一些通都大邑，启蒙运动确实收到不小的成效”[②]。

遗憾的是，他的研究时间下限仅至1911年。就如他所说，这一运动应该具有更长的时间跨度，而本书在此意义上可以说是其研究的接续，填补其北洋时期未论之空白。

王笛在《茶馆、戏园与通俗教育——晚清民国时期成都的娱乐与休闲政治》一文中，以公共空间的方式来探讨带有通俗教育意义的活动所具有的政治权力运作的意涵，他认为：“改良精英和地方政府竭力把改革戏曲作为控制大众娱乐的一部分，把政治灌输在表演的节目之中，他们试图把‘新的’、‘积极的’、‘进步的’情节加入到传统戏曲中，以‘教育’民众。节目和人们的口味根据社会和政治发展而改变，它们的主题和倾向，无论是浪漫史、‘淫荡’、‘暴力’，还是改良、革命、爱国，都反映了外部社会转型和政治演化。”[③]与李孝悌不同，王笛的

①李孝悌.清末的下层社会启蒙运动：1901-1911[M].石家庄：河北教育出版社，2001：239.

②李孝悌.清末的下层社会启蒙运动：1901-1911[M].石家庄：河北教育出版社，2001：241.

③王笛.茶馆、戏园与通俗教育——晚清民国时期成都的娱乐与休闲政治[J].近代史研究，2009(03)：93-94.

笔触颇具阴谋论的味道，然而他采用社会学及政治学概念进行的分析，的确突破了以往仅仅把通俗教育视作单纯的教育行为，而以一种更为细致的社会分析及意义建构来看待它。正如他自己所说："本文讨论民间艺人、观众、戏园、大众娱乐、国家控制之间的关系，还揭示了地方戏剧改革及其影响。"[①]他注目之处是空间中的互动关系。因而，对于传统研究中似乎一清二楚的论题，王笛提出了其他疑问，他的方法为其他研究者提供了新的考察途径。

对于社会教育的历史分期问题，似乎并没有多大异论。马宗荣把社会教育分成甲午年(1894年)往上延伸至周代的准社会教育时期，由甲午到辛亥革命的社会教育萌芽时期，民国元年(1912年)至民国十七年(1928年)的社会教育成立时期——通俗教育中心时代，民国十一年(1922年)至十六年(1927年)的社会教育成立时期后期——平民教育中心时代，民国十七年(1928年)以后的社会教育发展时期等。[②]《近代中国史料丛刊三编(第11辑)第二次中国教育年鉴》则把社会教育分为四期：1895—1911年为第一期，1912—1926年为第二期，1927—1936年为第三期，1937—1947年为第四期，其大致内容与马宗荣的分法并没多大差异。[③]而晚近研究者大概也接受这种分期方式，王雷将社会教育分为萌芽时期、确立时期、发展时期、分化时期。[④]杨才林则将社会教育分为通俗教育运动时期、平民教育运动时期、民众教育运动时期、战时教育时期等。[⑤]相互比较之下，各学者对于社会教育的分期问题并没有很大的差异，仅是侧重点有所不同而已。就通俗教育这个项目来看，大多数学者都认同北洋政府时期以通俗教育为主，因此，本书设定的时间跨度——以北洋政府时期为限较为恰当。

从教育史的角度来看，选择民初教育部辖下的通俗教育研究会为主要研究对象有诸多好处。第一，通俗教育研究会作为北洋时期中央的常设机构，在实际及象征意义上都具有代表性。第二，通俗教育研究会留下了丰富的资料，如

---

①王笛．茶馆、戏园与通俗教育——晚清民国时期成都的娱乐与休闲政治[J]．近代史研究，2009(03)：93-94.

②马宗荣．社会教育纲要[M]．上海：商务印书馆，1947：128.

③教育年鉴编纂委员会．近代中国史料丛刊三编(第11辑)第二次中国教育年鉴[M]．台北：文海出版社，1986.

④王雷．中国近代社会教育史[M]．北京：人民教育出版社，2003.

⑤杨才林．"作新民"、"唤起民众"——民国社会教育研究[D]．北京：首都师范大学，2007：2.

《通俗教育研究会第一次报告书》《通俗教育研究会第二次报告书》《通俗教育研究会第三次报告书》《通俗教育研究会第四次报告书》，其中包含了各种会议记录、评审意见、活动经过等内容，以及《通俗教育丛刊》（共22期）。合并观之，有助于人们对1915—1925年这10多年间通俗教育研究会的发展经过有较为完整的认识，对探讨北洋政府时期通俗教育政策的实施情况极为合适。第三，通俗教育研究会为研究提供了理想的考察场域。为了做出具有创见的研究，本书将试着采用一些社会科学的方法及概念进行分析，为了克服这类尝试经常遭遇的困难（即过于理论化而脱离史料），翔实的阅读及理解史料是相当必要的。通俗教育研究会留下很多详尽而有意思的材料，可作为论述的依据加以发挥，例如小说股的小说评审意见，详尽的文学批评记录等，这些材料可供研究者探讨该会在处理业务的过程中，背后所带有的意识形态特征，并且得以寻问通俗教育研究会意欲建构的目标图景。

本书的探讨具有一些方法论上的前提，如在思考各类型通俗教育活动的意义时，现代化理论决定了整个研究的思考趋向。如同很多研究所认同的一点，本研究也认为中国近代是一个现代化的过程，而这一过程又以不同的形式体现了这一趋势，通俗教育则是其中一个具有深刻影响的环节。如罗荣渠先生的观点，现代化的根本是工业化，是一个生产力提升的过程，而这一因素又促使其他因素随之变动，其效果的扩大最终引发一连串的变革，这些变革的结果则是现代化。清末民初已经因西方等外源性因素而步入现代化的进程，并且推行了一定的时间，虽然其间经历了挫折及短暂的倒退，但其根本趋势是明确的。这可见于士绅阶层，在民国时期，不管是保守派还是革命派，变革已获得了他们的普遍认同，其差别仅在于如何变、变多少、变什么等细节性的问题。通俗教育则与现代化过程中有关人的现代化过程关联甚密，罗荣渠言及现代化当中一个重要的普遍意涵："现代化主要是一种心理态度、价值观和生活方式的改变过程，换句话说，现代化可以看做是代表我们这个历史时代的一种'文明的形式'。这主要是从社会学、文化人类学、心理学的角度考察现代化的。"[①]随着生产方式的改变，人类生活的形式及社会关系也必然要做出改变。冯友兰曾经做了一个贴切

①罗荣渠.现代化新论：世界与中国的现代化进程（增订版）[M].北京：商务印书馆，2004：15.

的比喻,他把东西文化差别、新旧文化差别皆视为一种城乡文化差别,在世界范围里,西方是城市的,而中国是乡村的,乡村受城市宰制,要想脱离这种宰制,就必须由乡村的变成城市的,而近代中国就好比一个刚入城的乡下人,正处于学习并将自身改造成合乎城市标准的过程。[①]这个比喻与现代化理论是一致的,而这都可被归纳于马克斯·韦伯所提出的古典论题,即现代社会的可能性立基于一套有利于这一趋势发展的伦理观、行为指引、价值体系。[②]故就近代中国而言,教育承担了重大责任,对大众进行改造使其成为适合中国现代化需要的个体,如梁启超所言:“教育是什么? 教育是教人学做人——学做现代人。”[③]而现代人还有一种不可避免的命运,即个人与国家之间的关系是高度联系在一起的,因为当中“尤其不能免的是无论何人总要做某个国家的国民,教育家教人做人,不是教他学会做单独一个人便了,还要叫他学会做父母做儿女做丈夫做妻子做伙计……乃至做国民,因为不会做这种脚色,想做单独一个人决然是做不成的”[④]。由此可见,人的现代化是一套包含了人各个方面向全面性改变的过程,“一个一个人,除了学会为自己或家族经营单独生活所必要的本领外,还要学会在一个国家内经营共同生活所必须的本领,倘若不如此,只算学会做半个人,最高也只算得古代的整个人,不算得现代的整个人,教育家既然要教人学做现代的整个人,最少也须划出一部分工夫教他们学会做政治生活”[⑤]。这表示了充当意欲启蒙大众的教育者,其重要目标即将作为现代人所必需的技能与观念灌输给大众,而所谓必需的技能与观念都是以国家为本位做出选择的。学校教育基本只为能付得起学费的人服务,而中国的现实情况则是有为数众多的民众难以从学校教育中实践人的现代化,所以,在这一点上,通俗教育比学校教育造成的影响更广泛。相对而言,通俗教育则更为平等地对大众施加这一过程。因此,本书探索通俗教育的重要原因之一,即在于通俗教育本身所担负的历史责任往往被以往的研究者所忽略。为此,以一种突破教育史的视角来梳理具有社会文化史特征的综合性观点是必须的。唯有如此,方能超越传统研究的局限,

①冯友兰.新事论[M].北京:三联书店,2007.

②马克斯·韦伯.新教伦理与资本主义精神[M].于晓,译.台北:左岸文化,2008.

③梁启超.饮冰室合集第5册[M].北京:中华书局,1989:68.

④梁启超.饮冰室合集第5册[M].北京:中华书局,1989:68.

⑤梁启超.饮冰室合集第5册[M].北京:中华书局,1989:69.

对北洋时期的现代化历程获得更为深刻的历史认识，并尝试对以下问题做出解答。

1.通俗教育研究会在这一时期发挥了何种作用？

2.北洋时期的通俗教育以何种形式进行实践，其成效如何？

3.通俗教育作为建构国民意识形态的工具，其背后代表了一种怎样的思想体系，以及其所想要建构的又是一种怎样的产物？

4.通俗教育的内容呈现了怎样的思潮脉络？

第二章

# 何谓通俗教育——历史与特质

通俗教育的发展并非一朝一夕的事业，事实上在它正式成为一套制度化的教育体系前，就经历了一番酝酿与讨论，如理念的引入、宣传以及转化，通俗教育的构思与想法是在这个过程中逐渐成形的。我们援引了“托古改制”的方式来建立通俗教育与传统文化的联系，对通俗教育的内涵做了一次知识上的考古，尽可能地寻找通俗教育的中国起源。

以通俗教育的理念来说，相关想法的起源就有极为丰富的内涵，涉及历史背景的影响、传统文化的关联以及教育的动机与目标，这些内容都需要通过深入剖析才能加以了解。因此，通俗教育从理念演化成一套系统的教育方案，这个过程是不能忽略的，本章会就此做出概述，俾让各位读者能够把握住通俗教育理念的发展背景。同时，通俗教育作为一套教育方法自然有其特色，这些特色应该有别于一般的正规教育，所以才会被放置在与正规教育系统相平行的位置，发挥与正规教育系统不同的教育功能。这种特质上的差别，可从通俗教育理念的演化过程中得以了解。另外，通俗教育的特质大致可归纳成娱乐性、大众化、日常化、示范性四项。通俗教育的这四项特质让其能弥补正规教育的不足，发挥与正规教育不同的功效。通过扼要地理解通俗教育的特质，能够把握应该采用怎样的标准与态度来评价通俗教育的工作成果，并且明白政府推行通俗教育的根本原因。

## 第一节 “通俗教育”理念的兴起

“通俗教育”现代意义的起源应追溯至晚清新政改革时期。事实上与“通俗教育”相关的概念并不是处于孤立的历史环境中独自发展出来的，它的兴起是呼应当时的历史潮流与运动趋势，响应时代需求的。因此，“通俗教育”的概念是一种复合性的产物，其产生的动机与目标是复杂的，它除了具有教育的意涵外，更蕴含了各种影响深远的思潮内容，其目标更是相当多元，既包括了教育意涵，也有伦理意涵，并且艺术意涵与政治意涵也未缺席。因此，通俗教育存在着多重的目标要去达成。在这众多的目标中，人们可以从中感受到强烈的民族主义倾向与现代化思想的痕迹，这两类思想主宰了“通俗教育”的形塑过程，甚至可以说通俗教育就是在这两股思潮的推动下产生的，并且为它们服务，努力实现这两股思想的理想。为此，要了解“通俗教育”的兴起，有必要先就19世纪与20世纪初这段时期的历史背景做一概述，俾让各位读者明白这两股思想为什么影响了通俗教育在中国的发展。

霍布斯邦(Eric Hobsbawm)就“19世纪是一个怎样的时代”这一问题在其《民族与民族主义》一书中发表了意见，他认为19世纪是一个民族国家缔造的世纪。就今人所知，民族国家起源于西方的历史脉络，它的形式与特质皆源自欧洲文明。现今的民族国家数量众多，但都可以说是其仿效品，都是受欧洲文明的影响而产生的。民族主义浪潮从欧洲往外扩散，促成了今天民族国家林立的世界体系格局。就中国来说，西方的影响在19世纪中叶的鸦片战争后日渐强大，并且中国渐渐因这种影响从皇朝帝国体系转化成民族国家。辛亥革命最终结束了中国传统的帝制，并且通过建立模仿外来文明的中华民国体制作为新的国家制度。当时，“反清复明”的思想主要在各种地下社会组织与民间广泛流传，在清朝政局平稳之时，这种思想的影响有限，但自鸦片战争战败以后，清政府屡屡败于西方列强之手，“反清复明”思想也就有了更多的发展空间。“复明”的口号虽然已不再具有号召力，但“反清”思想日益炽热，太平天国运动就是“反清”思想的一次大爆发。这场中国近代极具破坏力的农民运动进一步打击了清政府对国内的控制能力，洪秀全领导的太平天国虽然失败了，但清政府的虚弱因此表露无遗，反对少数民族统治的情绪滋生了往后各种形式的反清活动，如著名革命家孙中山也曾表示自己是受洪秀全事迹的启发。当“复明”已不再是反清活动的目标时，那清朝灭亡后中国的国家体制应该以何种形式来建立呢？就在此时，民族国家的思潮已经风靡西方，在西方文明影响日深的中国，这套民族国家的理论自然就成了当时人们的答案。然而不能把“反清复明”的思想与西方的民族主义简单地看成相同的事物，严格来说它们只是近似而已。以霍布斯邦的口吻来说，“反清复明”的思想与其说是民族主义思潮，不如说它仅仅是具有发展民族主义潜质的素材，以供建构民族主义所必需的“想象共同体”的材料。真正把各种素材组织成具有现代意义的民族主义的是以孙中山等人为代表的革命党人，他们通过广泛运用学习自西方的宣传手段与论述方式，成功地在广大中国民众的心中建构出一个非王朝式的民族国家的“想象共同体”。尽管显得有些偶然及突兀，但辛亥革命的成功毫无疑问是建立于民族主义之上的。

在辛亥革命之前，即19世纪大部分时间里，尽管“反清复明”的思想种子潜滋暗长，但并未能结出真正让清王朝致命的果实。其中最能动摇其国本的太平天国运动，其具有的传统农民起义色彩依然比现代性民族主义色彩要强烈。中国之所以能加入霍布斯邦所称的19世纪民族国家缔造国的行列，是因为在19世纪后半叶中国存在一个民族主义的酝酿过程，虽然它没来得及在19世纪末开花结果，但在稍晚一些的1911年终于倾倒了清政府，并让传统中国式的帝制也一并退出历史的舞台，在这个废墟上建立了新的民族主义国家。探究其酝酿经过，可知真正促使民族主义在往后的历史中处于核心地位，成为主导中国亿万民众心灵的主要思想的原因并不是陈腐的反清思想，而是西方帝国主义列强扩张造成的威胁。这种威胁让举国上下充满了危机感，革命党人巧妙地借反清思想把民众对列强的不满与愤怒导向满族主政的清王朝，革命党人所想象的源自黄帝的“中华民族”打动了众多濒危下层社会人士的心灵，即使士绅阶层普遍更认同立宪派所诉诸的、以孔子为圣像、包容性更广泛的文化民族想象共同体，但汉族士绅也不排斥这种具有血缘性的民族想象。

接下来的问题就是这种民族主义的成功到底想要达成何种目标。

20世纪初，出现了一个与传统中国政治思想大相径庭的趋势，即对国家和人民的关系有了全新的诠释。在中国的传统文化中，与政权有高度联结的群体一般都是以儒学为核心思想的士绅阶层，他们既是知识分子，也是地方上颇具影响力的地主或望族，虽然分属其他阶层的民众能通过科举考试加入士绅的行列之中，但总体而言阶层成分的变化是相当平稳的。因此，可以以士、农、工、商这种范式来对中国传统社会进行大致的分类。这四个阶层以外的贱民阶层，在数量上难与这四个阶层比肩，因此在传统中国社会结构中并不具有多大的影响力，无碍研究者通过四民范式来理解传统中国。在四民范式中，士是与国家高度关联的阶层，他们具有各种理论上与实际上的权利与义务，他们也是参与国家政治的主要群体，而农、工、商，在理论上只是与国家存在纳税赋役的义务关系，相较于士绅阶层，他们与国家的关系是比较疏离的，基本上处于国家政治之外。在西潮的冲击下，这种情况于19世纪末发生了变化，中国传统的政治秩序、社会秩序、家庭秩序，甚至个人心灵归属都产生了巨变，西学渐渐在中国取得了领导地位，并有取中学而代之的趋势。一些来自西方的观念常常被运用在各种改造中国传统的运动中，国家和人民的关系结构就是其中一个热点。

顾炎武的亡国亡天下之辨在晚清广泛被人们所引述："有亡国，有亡天下。亡国与亡天下奚辨，曰：易姓改号谓之亡国；仁义充塞而至于率兽食人，人将相食，谓之亡天下……是故知保天下，然后知保其国。保国者，其君其臣肉食者谋之；保天下者，匹夫之贱，与有责焉耳矣。"[①]在这一论述中，亡国即传统中国意义的皇朝败亡，而亡天下的概念，则为晚清知识分子作为植入西方民族主义理念的介体，以此尝试把"国家—人民"的关系重新建构为更密切关联的整体，即国家是全民族的国家，而不是某一皇室或某一阶层的国家。对此追根究底，西方列强的入侵固然使得士绅阶层意欲调动群众以为抗衡的奥援，然而，真正让士绅阶层极力把以往一直处于国家政治之外的民众动员起来的原因，或许是1900年的"庚子事变"给了他们强烈的刺激。

戊戌维新尝试通过大规模的变革来挽救国家，但这一尝试最终因政变而失败，并间接引发了积蓄已久的排外情绪的反扑，义和团运动正是这种排外情绪与民间宗教迷信结合的产物，从山东到京畿一带吸引了大量对西方与改革心存不满的民众加入其中。最后，因清政府的纵容终致失控。后八国联军攻陷北

①经典课程编委会．北大哲学课［M］．北京：北京联合出版公司，2014：144.

京，慈禧太后携光绪帝出逃，首都顿时成为外国控制区域。杨早在其有关清末民初北京舆论的研究中注意到这一事件对晚清士绅阶层造成的心理影响，他引用了《京话日报》创始人彭翼仲两个印象深刻的经历来阐述："一是几个美国兵到彭家抢掠，索钱不得，几乎开枪把彭翼仲打死；一是后来彭翼仲联合附近居民到美国兵营控告，美国军官教他们，如有士兵入户奸掠，'即用胭脂水合煤油，洒彼衣上'，以便美军惩处不法士兵。"杨早指出："前一件事使彭翼仲感到强烈的亡国的屈辱，后一事则让他认识到'文明国家的规矩'毕竟不同。"[①]通过这两件事折射出中国的挫败不仅表现在战争上，也表现在文明的程度上。群众的愚昧使得中国自取其辱，同时外国的处事方式也反映了西方优于中国之处不仅在战斗能力上，同时也反映在文明的层面上。

对于这种亡国屈辱，到底应该如何归咎呢？

李孝悌在他的《清末的下层社会启蒙运动：1901—1911》中就认为："由于义和团和八国联军造成的前所未有的危局，使得'开民智'的主张一下子变成知识分子的新论域……一般'有识之士'或所谓的'志士'，深感于'无知愚民'几乎招致亡国的惨剧，纷纷筹谋对策，并且剑及履及，开办白话报；创立阅报社、宣讲所、演说会；发起戏曲改良运动；推广识字运动和普及教育，展开了一场史无前例的大规模民众启蒙运动。"[②]李孝悌的确抓住了晚清知识分子投入民众启蒙运动的情感动因，"庚子事变"其咎在"无知愚民"的举动妄生事端，甚至部分朝廷官员竟与这些"无知愚民"彼此应和，虽然对西方列强的横暴行为深感愤慨，但国内充斥着的野蛮无知更让人感到痛心。正因为这种野蛮无知的情况充斥于中国各社会阶层，所以才招致国家破亡的窘境，为避免再发生同样的事情，有必要对民众进行全面的改造，采取"文明国家"的方法来实施，以一种与传统截然不同的方式及内容来建构民众的心灵。

而金观涛与刘青峰在论及中国近代民族主义观念的转变时，认为中国的士绅阶层经历了"天下—万国—世界"这三个阶段的变化。在甲午之役后，中国士绅阶层已普遍接受了通过学习西方先进文明来实现救国图存目标的思维方式，并把西方的文明模式作为他们实施改革的思想资源。晚清最后10年的新政改

①杨早.清末民初北京的舆论环境与新文化的登场[D].北京：北京大学，2005：24.

②李孝悌.清末的下层社会启蒙运动：1901—1911[M].石家庄：河北教育出版社，2001：15-16.

革及立宪运动,就是根据这种思维基础来进行的。同时,这也是清朝尝试从传统的皇朝帝国体制转型成近代意义的民族国家的尝试,这种转型所包括的不只是围绕着政权与政治有紧密联系的既有统治阶层,它更欲将以往疏离于政治以外的男男女女、普罗大众都一并纳入国家体制之中,建立彼此牵连更为密切的关系网络。为国担忧不仅是士人的责任,也是生于斯死于斯、接受相同文化传统,属于同样政权管理的所有民众的责任。传统士绅阶层在这一过程中,自诩为民族建构的工程师,并为达成这一目标纷纷提出各种方案,其中如何把庶民和“愚夫愚妇”改造成现代化的“国民”的问题,可以说是重中之重,必须优先解决这一问题。

中国传统上是十分重视教育的国家,在中国的传统里,教化观念无处不在,理论上传统的教育系统不拒绝任何人,只要其具备经济上的负担能力,都可以通过学习考试成为士绅的一员。中国传统的基础教育成本并不高,因此,大部分民众即便缺乏完整的教育,也或多或少受到过传统教化的熏陶,具备较低标准的文化素养。但传统教育的功效并不足以满足近代意义民族国家的需要,因为它无法实现制造“国民”的职责,故而在晚清新政改革中,教育改革的开展比其他改革都来得要快,而且备受各方重视。因为只有实现了人民的现代化转型,即成为合格的“国民”,其他的改革才能获得成功的基础,具有更多的可能性。那么,何谓“国民”?晚清舆论界的天之骄子梁启超就当仁不让地扮演了这个总工程师的角色,为这个制造“国民”的工程打下基础。严复曾译介了斯宾塞的社会进化思想,其中就指出,国家的强弱由其国民素质所决定,因此强国必须先强民,所以“今日要政统于三端:一曰鼓民力,二曰开民智,三曰新民德”[①]。梁启超深受其启发,并结合他学习于伯伦知理的国家理论建立自己的“国民”理论蓝图。他在《论近世国民竞争之大势及中国前途》一文中,开宗明义地说明国民与国家的关系:“中国人不知有国民也,数千年来通行之语,只有以国家二字并称者,未闻有以国民二字并称者。国家者何?国民者何?国家者,以国为一家私产之称也,古者国之起原,必自家族,一族之长者,若其勇者,统率其族以与他族相角,久之而化家为国,其权无限,奴畜群族,鞭笞叱咤,一家失势,他家代之,

①严复.严复集:第一册[M].北京:中华书局,1986:25.

以暴易暴，无有已时，是之谓国家。国民者，以国为人民公产之称也，国者积民而成，舍民之外，则无有国，以一国之民，治一国之事，定一国之法，谋一国之利，捍一国之患，其民不可得而侮，其国不可得而亡，是之谓国民。”[①]

梁启超认为传统的国是由家延伸而来的，因此国不过是家的扩大版本，国家往往是某姓某族的私产，而现代意义的国则是“国民”总体的财产，非一家一姓所能独占，因此，国与民是不可割裂的，国与民这种不可分离性就构成了“国民”建构的理性依据。在这种意义下，“国民”被整编进一个共荣共存的架构底下，但仅有架构还不足以了解“国民”的内涵。梁启超的《新民说》则为广大晚清士绅阶层提供了一套完整而系统化的理论，同时也是一个可供实行的政治方案。

《新民说》表达了对当时国民劣根性的反思与批判，解释了国家需要新民的原因，即现实环境旧民充斥将会导致国家灭亡。有这种想法的不独梁启超一人，晚清不少开明知识分子也对以往的旧民做出检讨。《东方杂志》作为士绅阶层重要的舆论平台，持论中肯，备受推崇，其中就载有不少对旧民恶劣习性提出批评的文章。例如一篇名为《论尚武主义》的文章就认为国家兴亡的决定性因素不在土地的大小、人民的众寡、兵力的多少、财政的富裕与否，而在于民质是否尚武，并指出尚武精神如同人的灵魂，国无尚武的精神则如同国魂阙如，而中国旧民就缺乏这种国魂。[②]另外一篇名为《论中国个人之不能自治》的文章，从更宽泛的角度评论了旧民的习性。文章中指出国民能自治然后才能使国家得以自治，国家是国民的结合体：“国家之存亡，视个人自治能力之强弱为存亡，而自治能力之强弱，视个人智识之文野为强弱……故论中国于今日诚不可以不亟图自治，虽然欲自治必自个人始，中国之国民其遂可以自治矣乎，恐仍在黑暗时代而尚未至幼稚时代也。”而中国国民的弱是弱在何处呢？该文中逐一点出，“一爱国心之薄弱”“一公共心之缺乏”“一无尚武之精神”，最后声言应参考日本的做法，如“日本教育家嘉纳氏之言曰：‘欲强国强种，须从教育下手。’以中国之现状，中国民之程度，欲转旋而振兴之，舍教育一端，其别无良策乎”。[③]

①梁启超．饮冰室合集：第4册[M]．北京：中华书局，1989：56.

②论尚武主义[J]．东方杂志，1905(5)：98-100.

③论中国个人之不能自治[J]．东方杂志，1905(6)：123-126.

以上两个例子大体都是从精神层面论及中国旧民的缺陷，然而，这些要求在传统中主要的诉诸对象为士绅阶层，农、工、商等阶层的庶民很少被要求有相应的承担。但晚清开明的知识分子就试图把以往不存在的责任加诸一般庶民身上，其理由是国家已由私产转化为公产，因此每一个“国民”对国家都有其权利及义务。另外，上述例子提出的尽管是些抽象性概念，但其隐藏了能发展成具体操作实施的潜能，即对“国民”的肉体按某种理论及意识形态加以改造的潜能，这将在以后会被再次提及。此处，我们将注意力放在上述例子所指的唯一救时良策——教育。

“简而言之，二十世纪初期，对中国国民习性的检讨，大抵集中在两个主要层面：（一）中国人无国家思想、无爱国心；（二）中国人无权利、义务之观念，缺乏独立自主、平等自由的精神。1906年《东方杂志》载有‘论立宪与教育之关系’一文，便以‘中国人民素受压制，丧失自由，驯至放弃义务、弁髦权利，不识国家为何物，不知自治为何事’寥寥数语，扼要地概括了由‘奴隶’以进至‘国民’的关键所在。”[①]晚清新政改革与立宪运动就是开明知识分子意欲改变这种情况的实践过程，他们认为教育在这个实践过程中有着极为重要的地位，这种看法除了源自中国传统重视教化的思想外，更是因为他们普遍认为，建构“国民”的办法必然是一种由上层少数人影响下层多数人的层级式思维。一篇题为《论改良政俗自上自下之难易》的文章就适切地表达了这种想法：“欲谋救国，非改良政俗不可。而欲改良政俗，厥有二策：一曰自上，一曰自下。自上者以政府为主动力，自下者以民人为自动力。近者政治家言咸以为变自下，则基础实，变自上，则设施浮。变自下以民人为本位，俗化而政自良；变自上，以政府为本位，必得圣君贤相以治理之，始克成为善国。抑或不然，即政教败坏，衰弱随之。此皆据理之说，而未揆我国今日之国势，今日之民情者也……然则改良政俗之策，操之自上，如彼其易，操之自下，如此其难。”[②]

由此得知，尽管理论上一种民众自为的改革是比较优越的，但局限于现实情势，改革需要领导者的带头提倡及主导，缺乏自理能力的民众实在难以期待，在倾向立宪改革的士绅阶层中，他们普遍接受这种层级式向下发展的改造办

①沈松侨.国权与民权：晚清的“国民”论述（1895—1911）[J].台湾中研所集刊，2002（4）：700.

②孟晋.论改良政俗自上自下之难易[J].东方杂志，1905，2（1）：1-5.

法。同时,他们也因为士作为四民中领导阶层的历史传统,而自觉他们负有积极改造“庶民”成为“国民”的责任,教育场域则是既关键又符合他们传统角色的实践场域。由此就能理解晚清士绅阶层对教育高度关注及充满热情的理由了。

“晚清立宪运动所勠力追求的终极目标,也正是企图透过政治体制的改造,将传统上‘不知有国’的皇朝子民,铸为自由、平等,并积极参与国家政治过程,与国家休戚相关,互为一体的‘国民’;再借这些‘中国新民’的联合抟聚,超越地域、族群与阶级的畛域,共同组成一个强固有力的新中国。”①这个目标的达成需要通过教育手段来实现,但因资源限制的关系,无法仅靠义务教育的方式来完成。因此,通俗教育被发掘出来,作为实现这个目标的重要工具。所以,通俗教育是响应着时代的需求应运而生的。

在勾勒出通俗教育概念兴起的历史背景后,接下来就要谈及在教育场域中,通俗教育如何被晚清知识分子所注意到并加以发展成为有效启蒙“国民”的工具。在晚清施行新政的过程中,有关教育方面的改革在各种意义上都应被视为极具雄心的尝试。首先以废科举办学堂为标志,一系列教育机构及组织渐次兴办,其中有些是官办的,有些是私办的,也有不少是由官方和具领导地位的士绅合作兴办的,当中不少商界人士亦参与其中。具有现代化色彩的教育系统初次在中国建立起来,但这只现代化的雏鸟还羽翼未丰,相当脆弱,不无夭折之险,单靠它来担任改革的基础似乎难以胜任。因而,当时充满改革热情的知识分子积极寻找各种方法弥补学校教育之不足,并把教育的功效扩展至学校教育所未能覆盖之处。社会教育,或称通俗教育,被注意到且被寄予厚望。

在这个时期,社会教育与通俗教育的意义相近,两者没有严谨公认的定义,下文为求文义统一之故,即把两者一律称为通俗教育。通俗教育之所以能引起知识分子的注意,主要是中国社会固有的“教化”传统使然,如宣讲《圣谕广训》、参加乡约酒礼、背诵道德格言、吟唱诗歌民谣等传统生活习俗及仪式,在儒学的传统中都是实施“教化”的方式。当晚清知识分子接触到转译自日本的社会教育概念,认识了西方社会教育的理论时,他们很自然地想到自己从小的经历,运用新知重新解释旧识,把传统的“教化”方法加以改造,便发明出通俗教育的概

①沈松侨.我以我血荐轩辕——黄帝神话与晚清的国族建构[J].台湾社会研究季刊,1997(28):1-71.

念。蔡元培在1903年3月8日向旅沪绍兴人士发表演说时就表示:“夫教育者,非徒一二学堂之谓,若演说,若书报,若统计,若改革风俗,若创立议会,皆教育之所范围也。”[①]在蔡元培所指能称为教育的项目中,演说、书报、改革风俗这三项,在晚清一般会被视为通俗教育的范围。更广泛而言,那些不能归入学校教育而又能达成改造民众目标的方法,一般都会被归类到通俗教育范畴。因此,通俗教育的定义主要是指受教对象为一般大众,以教育程度不高的人为主,采取非正规且形式多样的教育方式,重视教学方法的吸引力,同时不期待受教者能从中获得严谨的知识,仅以灌输某些基本概念为主,担任正规学校教育的辅助角色,弥补资源短缺的正规教育所无法处理的对象。

蔡元培就任中华民国教育部部长时,已经把自己在晚清时有关通俗教育的想法借德国的社会教育理论予以系统化。民初教育部设立社会教育司,将之与普通教育司、专门教育司、实业教育司、礼教司、蒙藏教育司等并列,即可体现其重要性。通俗教育在晚清期间作为一种定义广泛的教育模式,其内容多种多样,本书主要对通俗教育的三个主要项目——小说、讲演和戏剧进行论述。李孝悌的研究很好地论证了在晚清阶段,作为民众启蒙运动一环的通俗教育展现出的成效,而且也论及了这一方法被当时的知识分子认为效果卓绝值得加以发展。辛亥革命虽然终止了晚清的新政改革,但在教育方面,革命前后并不存在断裂,革命派与立宪派在教育发展的方针上也不存在不可化解的矛盾,甚至可以说两派在教育领域上的共识甚多,尤其在通俗教育方面更是展现出相当高的历史连续性,从教育活动的执行人员到实行的方案,很多都是延续自晚清的。

除蔡元培外,舒新城也曾尝试对通俗教育的范围进行概括,他认为政治少有进步,社会未见改良的原因在于忽略了社会教育,所以他特别提倡三项社会教育活动——提倡游戏、改良戏剧、推广讲演。

对于提倡游戏,他解释道:“吾为此言,人骤闻之,必相责曰:‘游怠荒业,吾国今日正坐此弊,而子提倡之,将尽驱国人于佚乐荒怠之列,置国事家事于不顾乎。’曰吾所谓游戏者,与般乐怠敖有别,行之不惟无害于国人之执业,且能改良社会之浇风。今日社会乖俗,非博塞冶游乎?人谓此为我国不良风俗,吾则谓

①中国蔡元培研究会.蔡元培全集(卷1)[M].杭州:浙江教育出版社,1997:431.

此为不良游戏，试观社会中之以博塞冶游为命者，有几人不以此为游戏始乎？然其影响，仅及于一人，其害犹可言也。第因其一人之影响，而传播于其家族戚友，则其害无穷矣。"[①]他认为充斥于日常生活的博塞冶游等恶俗皆是不良游戏，具有扩散的倾向，而改变这些恶俗的最好办法就是替之以良俗，因此他接下来就说："故吾于我国今日之游嬉，首宜注重国技，以此为我国数千年固有之体育精神，器具易置，乡人如此者多，有人提倡之，以弓箭等事为竞争，甚易普及于乡里，更于繁盛之区，空旷之地，辅以现世通行之室外运动。如蹴球、野球、篮球、网球、队球及室内运动之庭球、叠球等。日夕相从，数年后必能取现时社会恶习之势力而代之。"[②]

舒新城建议用良俗替代恶俗的做法，其实体现了知识分子意欲借着通俗教育具有的渗透性，以潜移默化的方式改造"国民"的习性。舒新城更是对"国民"身体给予了直接关注，他所提出的良俗方案以体育为主，以期在去除恶俗之余更兼强身健体。

对于改良戏剧，舒新城认为"戏剧之所发者微，所关者大"。举出法国战败于德国后，通过戏剧鼓舞民众，得以快速恢复国势的例子，再"反观我国所演之剧何如也，非男女幽会之事，即赛鬼迎神之本，导国人于奢侈邪淫，伤风败俗，莫此为甚。余以为凡不正当之剧本，皆宜禁绝，专演古人忠孝节义，及近代外交国耻等事，以引起国人崇拜英雄，模式节义之心，而激发其爱国雪耻，励精图治之念，迭相感引，庶几人民知道德之可贵，国势之可危，外患之可畏，国政之当改良，而知所自励也。"[③]可见，通俗教育作为统合意识形态的工具的意义已被当时的人们所注意，并尝试规划出一套改造方案，以期通过意识形态的统一培养"国民"的向心力，使之成为国家能调动的资源。

推广讲演在旨趣上与改良戏剧相类似，皆是关于意识形态类型的改造方法。"欲求社会之改良，不可不先求教育之普及，而剧场之影响，惟及于通都大邑，繁盛之区，穷乡僻壤，则不能不待讲演。盖讲演机关易设，人才易得，日夕训

①舒新城．余之社会教育观[J]．京师教育报，1916(28)：3-6.

②舒新城．余之社会教育观[J]．京师教育报，1916(28)：3-6.

③舒新城．余之社会教育观[J]．京师教育报，1916(28)：3-6.

诲,其效与演剧等,讲演之方法甚多,今请略举一二,以资实行。”[①]他举出四类方法,即定地讲演、定期讲演、游行讲演、幻灯讲演。讲演类型的活动相对经济,因此对于不时受财政困扰的改革者而言,这种方式深受欢迎,虽然它发挥的功效或许不如舒新城所认为的等同戏剧。毕竟戏剧在各方面需要更多投入及准备,因而在感染力上比讲演更好,但讲演的成本较低,办理更为灵活,所以能以数量来弥补质量的不足。

由以上可知,通俗教育在晚清已被视为一种改造“国民”习性的工具,同时,也是创造“国民”意识的意识形态机器,它灌输的内容让人心生好奇,这部分将会在本书后面详加论述。然而,可以确知的是通俗教育本身即一种工具性的概念,尤其在晚清,它仅仅被视为开通“无知愚民”所不得不实行的方法,是一种教育上的变通措施而已。但进入民国以后,通俗教育的地位有所提升,它不仅仅被视为一种工具,其活动本身也有一定价值,这种启蒙工具本身即一门学问,是值得深入研究的知识领域之一。1915年,教育部正式设立了通俗教育研究会,这个以研究会为名的机构即充分体现了意识上的转变,它除了推广通俗教育的工作外,同时以对通俗教育本身进行研究及改进为目标,通过积极学习外国经验、对民间既有活动进行观察研究等方式来促使通俗教育的发展。追问这种改变的原因,辛亥革命带来的新思维自然是不可忽视的,但总的来说,这还是晚清时期经验累积的结果。如李孝悌所言,虽然不期望通俗教育在晚清这段短短的时间内收到丰硕的成果,但在一些通都大邑,启蒙运动确实收到不小的成效。[②]这种成功的经验鼓舞了知识分子,并成为促进通俗教育发展的动力。另外,不可忽视的是,如果缺乏学理的建构,通俗教育也难以发展成系统化的教育方案,这方面主要得益于外国理论的移植,蔡元培为此做出不少贡献。除了在他的主导下,教育部成立了社会教育司外,他本身极力提倡的美学教育中,在概念、内容与实行手段上与通俗教育也有不少重叠之处,而美育本身也成为通俗教育需要达成的崇高任务之一。蔡元培在1921年2月14日一场名为“何谓文化?”的演说中表示:“教育并不专在学校,学校以外,还有许多的机关。第一是图书馆。凡是有志读书而无力买书的人,或是孤本、抄本,极难得的书,都可以到图书馆

①舒新城.余之社会教育观[J].京师教育报,1916(28):3-6.

②李孝悌.清末的下层社会启蒙运动:1901—1911[M].石家庄:河北教育出版社,2001.

研究……其次是博物院。有科学博物院……有自然历史博物院……有历史博物院……有人类学博物院……有美术博物院……其次是展览会。博物院是永久的,展览会是临时的……其次是音乐会。音乐是美术的一种,古人很重视的……我们全国还没有一个音乐学校,除私人消遣,沿照演旧谱,婚丧大事,举行俗乐外,并没有新编的曲谱,也没有普通的音乐会,这是文化上的大缺点……其次是戏剧。外国的剧本,无论歌词的,白话的,都出(自)文学家手笔。演剧的人,都受过专门的教育。除了最著名的几种古剧以外,时时有新的剧本。随着社会的变化,时有适应的剧本,来表示一时代的感想。又发表文学家特别的思想,来改良社会,是最重要的一种社会教育的机关……其次是印刷品,即书籍与报纸。他们那种类的单复,销路的多寡,与内容的有无价值,都可以看文化的程度。贩运传译,固然是文化的助力,但真正的文化是要自己创造的。"①

由上述引文可见,通俗教育使教化的机会在社会中无所不在。尽管真正被官方物色并纳入发展计划的项目只有数项,但就其性质而言,通俗教育的概念通过与美育、文化、国民素质、科学常识、文明生活等概念紧密联系,彼此提携,当其中某一概念被热烈提倡时,相关的概念也连带地进入了公众的注意范围。故在民初,通俗教育的重要性得以提高亦有赖于这一系列思想观念成为人们热议的对象。

## 第二节　"通俗教育"的特质

通俗教育作为一种教育形式,与主流的学校教育具有不同的特质。在北洋时期,新政府的建立与国家的处境对教育的发展有很多限制,其中尤以资源缺乏影响最深。民国肇始并没能抛弃过往的"包袱",相反外国列强的权益与清政府的债务等都全由新政府承担。另外,虽然辛亥革命在很短的时间内得以结束,国内并未受到大规模的战祸影响,但因革命而造成的动荡也的确打击了中央政府对全国的管控能力,财政上也因革命事件增加了不少压力。因此,民国建立后并没有能力大幅增加对教育的投资。庆幸的是,在晚清新政改革中早已

①高平叔.蔡元培全集:第四卷[M].北京:中华书局,1984:13-15.

因西方的影响而对教育领域进行改革及投资，民国政府只需在晚清学部的基础上改组形成教育部，相关人才也能沿用之前一批有经验的官僚人员，即使面临资源匮乏的问题，民国初期的教育事务也并未因此产生过多混乱。

民国建立后，教育政策基本是沿着晚清改革的路线继续深化。新的官员接管教育事务，当然会有新的期待，改善民众素质就是其中一项。但当时人民素质参差的状况不可能因一时的革命而扭转，它需要长久的工作方能见到成效，而通俗教育被提出作为教化民众的方案，就是因为它是当时看起来最为经济有效的方案，时代赋予它的角色定位是作为弥补正规学校教育系统因财政紧绌而无法完善覆盖每一个“国民”的辅助机制。这种颇具创意的教育形式拥有某些独特的作用，当时掌管教育的部门与主持兴办教育的知识分子，都注意到通俗教育对知识程度不高的人有着巨大的吸引力，同时，士绅阶层也不厌恶提高这种过往仅是个人业余兴趣活动的地位，而且还被提升到在传统中地位崇高的教育领域。这些知识分子本来就对通俗教育抱有很大的兴趣，但过往的传统认为这些事务不是正业，也就阻碍了这些活动成为严肃讨论的对象，现在既能从事这些趣味丰富的活动，同时又能享有“教化”群众的荣誉，对士绅阶层来说实在是再理想不过了。因此，经由通俗教育的缘故，使得这些通俗活动因其启蒙功能晋升为一种学问，并连带把相关人事物的社会地位一并提高。以下将概括地对通俗教育活动本身的特质进行阐述，使读者能掌握通俗教育活动的魅力所在，明白它为何使得国内文化程度差异极大的男男女女皆为之吸引。

## 一、注重娱乐性

在中国传统文化中，钻研学问与兴办教育一向被视为严肃的事业，连带与之相关的场域也具有宗教性质般的神圣感，如各地广泛设立的学宫除了有教学功能外也兼具祭祀功能，但凡与教育相关的场所也各具礼仪制度，因此教育场域与日常生活场域之间是有清晰界限的，身处教育场域时必须表现得肃敬谨慎。通俗教育作为一种现代化的新方法，其创新之处在于消弭了这种传统界限，把教育活动的意涵进一步扩大，其灵感来自西方的实践经验与理论方法。从传统观之，通俗教育的内容与一般娱乐活动相去不远，传统中“玩物丧志”的教诲要求人们避免沉迷在这些娱乐活动中，然而，通俗教育的理论提供了另一种观点来看待这些娱乐。民国时期就有人撰文表示："吾人之生于世也，自其职业之外，必有一种慰藉物，可以快适其心志，疏散其忧虑，消遣其闲暇，休养其精神者，无论文明与野蛮，皆不能以或阙。"①以往作为消遣的种种活动在传统的社会脉络下虽然被容许存在，但它们往往是道德训诫所贬斥的对象。由革命产生的民国鼓励人们颠覆传统，以新的眼光看待事物，在这种风气的影响下，人们开始接受消遣娱乐的需求，并认可其是人生不可切割的一部分是有其合理性的。传统儒家的身体观往往主张节制，而在实践中不少人走得更为极端，往往以禁止消遣娱乐为正道，即使实际上不可能真的禁绝，但观念上大家也不敢表示反对。然而，西方的通俗教育理论需要调动某些消遣方式来达成其教育目标，因此，不能再让所有消遣娱乐都被污名化，形形色色的消遣活动需要有所区别，以选拔出有效的方式作为教育工具来使用，就如当时部分士人就认为："慰藉物之高尚与卑劣，则民族之祸福国家之存亡系焉。有心之士，欲肩荷转移风俗之责任者，不可不于此兢兢也。"②原本只是日常的消遣活动，竟被认为与"民族祸福""国家存亡"相系，与传统被鄙视的地位相较，这种变化不能不引人注目。

这种改变不是发生在一夕之间，自晚清推行改革后，在西潮激荡的中国社会中，不少人执西方思想的利器来反思传统，抑或重新塑造传统。正如前述，在晚清启蒙运动中，知识分子广泛采借通俗娱乐的手法来推广各种思想观念，并且这种工具性的手段因具有教育意义而地位得以提高。当然，并不是种种消遣娱乐的活动都合乎启蒙者的需要。对被启蒙者而言，活动本身是用于取乐还是用于教育他们并不关心，他们所关心的是活动能否提供乐趣。所以，担任启蒙者的知识分子为了避免混淆，对这些活动进行了筛选，以能实施教育功能者为高尚，供玩乐或旨趣低俗的则为卑劣。具体来说，传统的中国社会大众的人生"慰藉物"有什么呢？ 当时有人概括地指出"曰赌博而已，曰娼妓而已，此二者，以酒食征逐为之媒而已"③。传统落后的中国习俗对照于先进的西方，则是"曰公花园，曰藏书楼，曰博物馆，曰陈列所，曰演说厅，曰影戏院，曰游泳池，曰击球

①范祎.老学蜕语[M].上海:青年协会书局,1934:67.

②范祎.老学蜕语[M].上海:青年协会书局,1934:67.

③范祎.老学蜕语[M].上海:青年协会书局,1934:67.

场，曰赛马处，曰会餐堂，曰澡浴室”[①]。这些西方公众的“慰藉物”，其目的是“令本地方之居民，以其闲暇无事之时间，消磨于是际，而不至为邪僻所引诱，且于游戏之中，略寓劝善惩恶、增知识、强气体、勉勤奋、导和平之微意。如是而后彼卑劣之行为，自为人所不齿，虽人类至杂，万无遂能绝迹之一日，而要之堕落者少，则社会之程度自高矣”[②]。对比起来，知识分子为中国卑劣与单调的娱乐感到痛心，并把它与中国的衰弱联系在一起，相对于西方既多样又正向的“慰藉物”，知识分子们不得不表示钦羡。此外，他们也意识到娱乐活动因其内容不同，对大众素质的影响力也各有差异，体验着卑俗娱乐的中国平民表现卑俗，享受着旨趣高雅的西方人也就表现体面。这项比较让两个截然不同的场域汇合起来，并以此为灵感构思一个能通过消遣娱乐的途径实施教育的方法。经过诸多研究和讨论，最后脱颖而出的项目有小说、戏剧和演说。这些项目有其民俗渊源，本来就广受民众喜爱，同时知识分子对此亦不陌生，时人均对它们寄予厚望，期待通过它们来教化百姓，提高大众素质，通俗图书馆、通俗讲演所、博物馆等设施相继在中国各地建立起来。

不论小说、戏剧，抑或演说，皆重视对民众的吸引力，如同中国传统的乡祭酒礼，曾经发挥着教化民众的功能，但过于重视道德训诫会让民众产生距离感，并且作为一种公共仪式，其施行有一定的限制。通俗教育需要发挥超越以往的功能，它的成功与否取决于它能否吸引大众，并在日常生活中频繁对民众产生影响。因此，通俗教育的内容必须具有娱乐性，只有当教学内容与消遣活动本身紧密结合，方可达到通俗教育的预期成效。对于这一点，1915年担任教育总长的张一麐在通俗教育研究会第二次大会的训词中谈到戏曲时就指出：“戏曲之感人最深，其取材大都从小说而来，播以弦管，传以神情，遂不啻日日讲演于社会，而成为人人之心理”[③]。通俗教育最理想的成果就是能潜移默化到人们的心灵中，其中以戏曲功效最好，因为戏曲能通过“播以弦管，传以神情”的方式时刻感动着人们，使人们在不知不觉间受到影响，比讲演更为有效。另外，小说、戏曲和讲演三者彼此相关，如戏曲的内容可从小说中取材，而戏曲也可以视

①范祎.老学蜕语[M].上海：青年协会书局，1934：70.

②范祎.老学蜕语[M].上海：青年协会书局，1934：70-71.

③张一麐.通俗教育研究会第二次大会张总长训词[J].京师教育报，1915(23)：28.

为一种较复杂的讲演形式，通过使听众感到乐趣的形式来宣扬教育内容。之所以将以往传统中社会地位低下的戏曲挑选为通俗教育的重点内容，就是看中戏曲具备娱乐性，同时又能把以往刻板的说教融入其中。另外，既然面向的对象多是下层人民，因此小说也要写得通俗易懂，故事要能引人入胜，最好附有图画，并把教学的内容与情节相结合，以求不着痕迹。讲演则参考传统说书技巧，亦可广泛运用各种活动影片、幻灯影片、留声机片作为辅助工具。只有兼具趣味的教育活动才能吸引民众，进而熏陶其性情，达成移风易俗与灌输常识的目标。有鉴于此，也就无怪乎蔡元培在谈及通俗教育时，特别提出电光影戏为一轻而易举的方法，其中更称"影戏之成本较轻而收效至易"①。实际上，很多民众是受到这种娱乐元素所吸引才参与这些通俗教育活动的。在一份谈及天津通俗讲演所的报告中举出西马路通俗讲演所的例子，其中就提及："西讲演所又常常在演讲之前，奏留声机招徕听者。不过留声机一停，听者往往四散；也有因行路疲倦，到此小憩的。讲演员又多不预备，随便拿着报纸说几句闲话，听者还不是当耳边风么？"②

这个反例可以佐证娱乐性与感观刺激的元素对通俗教育来说是极为重要的，整项教育计划的开展有赖于通俗教育能否施展它的魅力，吸引民众并且让民众持续参与其中，缺乏这种特质将导致通俗教育的失败。因此，在进行各种通俗教育活动时，主事者无不注重娱乐的效果，以期激发民众的兴趣，甚至有时会出现过度娱乐而忽略训诫功能的现象，例如当时很多作品皆宣称以小说来改良社会，但其内容对良善风俗帮助甚少。原初为了改良社会，渐渐改变为适应观众口味追求商业利益，最后甚至失去其化民易俗的旨趣。

## 二、大众化

通俗教育的魅力在于它注重娱乐性，同时也兼具另一个特质，即强调大众化。在中国传统的文化场域中，一直都表现出"上行下效"的结构，这表示在现实生活中，上位者往往是下位者模仿与追求的对象，这意味着在各式教育活动

①朱有瓛，戚名琇，钱曼倩，等．中国近代教育史资料汇编——教育行政机构及教育团体[M]．上海：上海教育出版社，2007：392．

②种因．天津的社会教育状况[J]．教育杂志，1920，12(7)：5．

中，作为上位者的士绅阶层充当主导角色，庶民大众则扮演着受教诲者的角色，庶民大众从士绅阶层身上获得价值观的评断标准，这种士人教化万民的观念正是根源于儒家传统。在教化行为的过程里，士绅阶层很少关注众多愚夫愚妇的主体感受以及兴趣所在，在伦理观中，民众接受“圣人的教诲”是正道，是顺应自然趋势的。圣人之道不需要考虑大众口味，因为它的存在本身就被视为一种自然秩序，民众不接受是道不能行，这在儒家的传统中就指明了适当的应对方式，枉尺直寻的行为往往被视为一种道德上的缺憾。然而，受西方教育观念启发而推行的通俗教育，在很多方面都表现得更重视实际与效果，如果可以让大众接受推广内容，方法上可以更为灵活变通，把教学内容调整得更切合受教者的口味，在道德上也是可以接受的。

观念上的变化让知识分子阶层在推行教育事业时，更为积极地考虑何种方式能更切合大众的口味，更容易被大众接受，只有吸引到大众的注意力，才能使他们的教化行为不流于表面，真正发挥化民易俗的效果。在推行通俗教育的过程中，那些行之有效的措施无不注意吸引大众，很多知识分子都主动观察大众的喜好，并在此基础上设计自己的启蒙方案，务求让通俗教育更大众化，而不是成为一种局限于知识精英圈子的活动。

大众化的通俗教育不可避免地受到市场导向原则的影响，其影响之大甚至连教化大众的宗旨也深受动摇，这一点从构成通俗教育的主要项目的发展倾向可以看出来。事实上，民国时期文化灿烂发展，各类型的文化项目皆竞相出现，这些项目除了有其文化上的主张外，往往还是这些文人的谋生手段，例如撰写小说、编辑戏剧、公开讲演等，除了具有教育的价值外，更是种谋生的技法。并且，往往谋取生计的愿望比教化大众的志向更为强烈而有力地影响着文人的行为。事关生存，为求自己的生意能维持下去，客户的想法及口味是不可忽视的，把大众口味奉为圭臬的理由并不复杂。在这种因素的影响下，很多宣称以教化为目的的文化项目，教化的行为常常止于宣传口号而不见诸实际，甚至有些项目本身不仅不符合通俗教育的理念还为其增添障碍。如小说，其商品化意味甚浓，很多小说托词以改良社会风气为目标，但其内容往往被当时的人视作败坏风气的渊薮。张一麐就指责说：“上海有一种恶劣之习，大率无赖文人，不务正业，乃造作一二册小说，名为著作，而实则引诱良家子弟，遗祸社会习俗者，不知凡几，不正当之印刷局，又多惟利是图，发行各埠，四方之人，取而读之，势必使青年子弟入于邪途，流毒无穷，良可痛恨。”[①]对于这种风气，政府当然希望厉行禁绝，然而当时的情势并非民国政府所能管控的，民初政府缺乏强大的国家机器来施加管制，人民也因革命带来的文化解放而热烈拥抱各种新尝试，所以实际情况就是“劣等小说”禁之不绝，甚至呈现出“百花齐放”的景象。这种“恶劣之习”能蔚然成风，主要是因为其中存在巨大的利益，能驱使众人从事。同时，这一现象也反映了通俗教育带有的大众化特质起了消解作用，让知识分子更愿意服膺于以营利为目的的市场原则，并在从事这种活动时，利用教化民众的高尚目标将其不符合传统规范的行为合理化，民粹主义的倾向也就表现在通俗教育的活动中。虽然这种变化本身有助于改进士绅阶层的教化技巧，但同时附带的负面影响也是不可忽视的。

## 三、日常化

通俗教育与学校教育的定位不同，因此教学目标也有所差异。就目标而言，通俗教育不以传授整套完整的知识体系为目标，作为学校教育系统的辅助角色，通俗教育最主要的任务是以灌输的方式把一套现代化的常识观念塞进民众的脑袋中，民众不需要真正理解这些知识的意义，更不用奢谈批判思考，这些知识本身就只是帮助人们适应生活需要而已。正因为目标并不那么严肃，所以在教学方法上存在更多的空间，可以灵活地结合各种手段来教学，其中之一就是把知识融入民众感兴趣的娱乐活动中，让烦琐复杂的知识传授转变为富有趣味的活动，以期将教学活动打造成一种日常消遣，以提升对民众的吸引力。出于这种考虑，就需要设计一套折中的常识体系与便于记忆的知识结构来作为基础文本。

在考察通俗教育相关文本时可发现，这些文本都相当强调教学用语必须以民众易懂的日常话语来构成，“例如通俗书报之类，文字不嫌浅近，含意务极优美，隐微琐屑之间，已收潜移默化之力，通俗教育之精神所以可贵，而其效用所以弘大也”[②]。这种力求贴近民众日常生活的教育方式，正是通俗教育行之有效

①张一麐．通俗教育研究会第二次大会张总长训词[J]．京师教育报，1915(23)：26-30.

②王经畲．江西通俗教育会历年状况录[M]．南昌：江西通俗教育会，1920：3.

的原因。除此之外，通俗教育在内容上也包含很多生活化的题材，例如有关生理卫生方面的讲演，民国七年（1918年）九月，教育部就下令举行过有关劝禁儿童吸食纸烟的讲演等。另外，浏览《通俗教育讲稿选录》，其中与个人生理卫生相关的讲演，按标题判断至少有11项。这表明政府试图通过通俗教育来干涉国民的日常生活习惯，并以整顿与国家利益相悖的习俗为目标。正如通俗教育讲稿中对通俗教育的意义有以下陈述："……慢慢的劝告，听的熟了，明白了，便知道那一种是良习惯有利，那一种是不良习惯有害，自然是往好处做，一天改一件，十天改十件，文明社会，也用不了几年就造成功啦！等到社会文明，国度也就自然而然增进啦，要是国民不能启导，社会就不能改良，社会不能改良，直接受害的，就是在这社会里的人，间接受害的，就是国家。何为直接受害？比如个人卫生不讲，发生瘟疫，谁也免不了传染，人人个个担着危险，这便是直接，因为发生瘟疫，国家又要办理防疫，花许多的钱，而且通商大埠，还怕外国人干涉，花的冤钱更多，这便是间接受害啦！"①

这个陈述呈现出一个"国民—社会—国家"彼此关联密切的图景，国民个人生活的习惯被诠释成对国家影响深远的重要因素。对一个合格的国民来说，日常生活必须要谨慎以待，因为这关乎国运兴衰，国家也有义务关心国民的身体。从结果来说，私人领域的身体转变成公共领域，国家对人民的管理渗透至国民的日常生活中。因此，通俗教育的日常化特性，除了意味着教育交融于大众的日常生活外，更是把私生活的事情纳入国家事务，每个人都有注意的必要，政治参与从日常生活中就存在了。这些事务不仅是士绅阶层需要关心的，也是每一个国民都需要在日常生活中留心注意的。

## 四、示范性

通俗教育的最终目标是对国民的行为模式进行改造，单靠灌输常识及观念并不能保障国民真的如设想般变化，毕竟思想的传递本身就很容易产生误读。因此，通俗教育在进行的过程中，极为注意地制定了具体的行为准则，以资受教大众能明确依从。通俗教育积极提供各式模范让民众加以仿效，这种示范性能

①通俗教育研究会.通俗教育讲稿选录·第二辑[M].北京：通俗教育研究会，1918：171.

让大众即便是无法了解各种理论背后的道理，也能依样画葫芦般地实践。就结果而言，只要民众身体力行，也就更接近通俗教育的目标了。

以讲演为例，不少知识分子都编撰出各类讲稿供讲演者用作参考，如梁启超就撰写过一份名为《国民浅训》的讲稿，其中就国民应履行的义务逐一说明，教导民众如何做一个“爱国的国民”。虽然梁启超所述的内容有限，并侧重于观念的论述，但启迪了其他的作者，清末民初发行的这类讲稿几乎都带有梁启超的影子。而在《京兆通俗周刊》上刊登的“人民须知”走得更远，其为国民生活的方方面面都提供了参考例子，并制定了各种行为标准以供参考，由生计到人际关系都有清楚说明，以供民众效法实践。①而通俗教育研究会所编纂的《通俗教育讲稿选录》中的讲稿，同样对国民的行为规范极为关心，往往再三强调，务求加深民众的印象。②③小说和戏曲主要通过故事的形式让民众切实感受，引起共鸣，并仿效故事中人的行为方式与价值观念，鼓励民众把这些行为落实到日常生活中。

通俗教育既然以文化程度不高的群众为教育对象，自然要在其活动中表现出足够的亲民性，并且必须是易于模仿的，故而通俗教育所使用的方法、技艺及教学内容也必须要有示范的效果，让文化程度各异的人们都能吸收其信息，同时也通过示范行为让民众便于模仿。正规教育当然也具有示范性，但并不如通俗教育那般自由灵活，通俗教育活动正是以创意突破观念传授的限制，以简单而贴近民众的方式来向民众示范其教育内容，让民众在生活中更容易地按照新时代的建议来践行。

---

①阎锡山．人民须知[J]．京兆通俗周刊，日期不详．

按其标题来看，有如下例子：信实、爱群、进取、听宣讲看报纸学注音字母、看告示、读刑律、手工业、种棉、交换籽种、养鱼、戒缠足、戒早婚、戒赌博、公众卫生、爱惜公物、违警罚法等，以上仅举部分例子，从整份文本来看，其关注照顾国民的领域从公共领域跨到私人领域，可谓无微不至。

②通俗教育研究会．通俗教育讲稿选录·第一辑[M]．北京：通俗教育研究会，1916．

③通俗教育研究会．通俗教育讲稿选录·第二辑[M]．北京：通俗教育研究会，1918．

根据其目录标题来看，与行为直接相关的例子有说信实、公德讲话、劝孝、尊重法律、自助、勤俭、劝忠信、国民应尽当兵的义务、国民应尽纳税的义务、劝国民宜速购国内公债票、识字、公德说、重廉耻、立信、国民宜养成俭朴之习惯、说勤、敦孝道、说守法、办实业以谋生活、说体育、说体育之必要、运动、卫生之利益、劝诫剪发、劝莫缠足、缠足之害、戒吸纸烟、戒赌博、劝戒烟等。

第三章

# 通俗教育研究会的滥觞

本章主要对通俗教育研究会创立的历史背景及缘由进行阐释，并且通过分析通俗教育研究会在北洋政府的教育政策中所担负的角色，说明通俗教育研究会的创立者如何设定该会的功能，根据怎样的思想背景来为通俗教育研究会的工作进行定义。借由讲述该会的建立经过及初衷，让人们能够以更为中肯的态度去理解北洋政府在发展通俗教育过程中所呈现的政策方针及目标。

以通俗教育研究会的创立背景及创会理由为基础进行分析，有助于研究者更好地从研究会的人员构成及组织制度中获得启发，把握当时创会者的原意，帮助人们更清晰地认识研究会成员的构成与他们所担负的工作之间所存在的因果关系。尤其在涉及价值观方面的问题时，这些背景知识提供的各种考察线索，可以让人们能够通过研究会中不同人士的出身背景来了解他们的通俗教育观，并借此理解北洋时期的通俗教育是如何延续过去晚清时期的政策路线，又是如何从既有基础上继续延伸发展的。总体而言，只有把握了通俗教育研究会的角色地位，人们才能全面理解它如何发挥作用，为这一时期的通俗教育发展建立典范，并成为中国各地办理通俗教育人士仿效参考的对象，为支持者提供各种帮助。同时，通俗教育研究会具备的典范性特质，让组织的运作形式本身就成为一种典型，让各地志趣相似的人士能够参考这个典型来组织地方上的通俗教育推广机构。因此，对通俗教育研究会的研究，能让人们在探究全国范围内的通俗教育的发展历史时，借助研究会的典范来把握各地形式各异的通俗教育活动的大概，了解它们的共通之处，进而对北洋时期的通俗教育发展有一个概括性的认识。

为此,探讨通俗教育研究会的滥觞对研究者而言极富意义。从蔡元培提倡通俗教育的理念,到汤化龙把这些理念作为具体计划来实现,其中已经可以看到这些民初政治人物是如何把自己的想法及理念制定成官方政策加以落实,并运用组织化的方法来建构出推动通俗教育发展的机构,广纳同道,群策群力地办理各项通俗教育活动。这些参与者往往都是在实践过程中逐渐摸索,他们对小说、戏曲、讲演等活动也说不上专业,作为传统士绅出身的知识人,通俗教育的方法除了参考外国以外,如何融会贯通地发展出完整的体系,是这些人士努力的方向。因此,对通俗教育研究会创立的原因及经过加以认识,是探讨通俗教育发展的必要基础。

## 第一节　通俗教育研究会建立的原因

在清末民初,中国各地成立了多如繁星的社会团体,其中与教育相关的不在少数。民国四年(1915年)九月六日,一个新的教育机构——通俗教育研究会正式成立,这个机构的特别之处在于它提倡的教育功能及其官方的身份。在当时的社会环境下,大多数社团组织都是由地方文人及有势力的人士组织而成,部分由官方倡议,部分由民间自发。通俗教育研究会属于官方组织,附属于教育部社会教育司,由于它设立在北京的中央部会之下,故自创立起就带有一种中央政府的性质,俨如通俗教育领域的龙头。通俗教育研究会在其第一次会员大会中正式宣告成立,以后则在教育部社会教育司辖下参与各项工作,教育部社会教育司在推行通俗教育与制定各类社会文化相关的政策时,往往交由通俗教育研究会进行规划,因此该会承担了为教育部提供政策建言的智库功能,积极参与政务规划,身体力行地实践通俗教育的理念主张,并尽力支持通俗教育在全国范围内的发展。因此,对通俗教育研究会的考察有见微知著的效果,从而对全国范围内的通俗教育发展获得概括性的认识。

本章首先阐述通俗教育研究会成立的肇因,接下来解释该会在全国范围内担任的角色及其发挥的作用,期望读者能从通俗教育研究会成立的原因及定位中认识到该会的重要性,以及其与当时数量众多的教育团体间的差别所在。另外,除了从教育的角度来认识通俗教育研究会的内涵外,同时也能通过该会的活动内容一窥北洋时期大众意识形态的塑造过程及社会气氛的酝酿形式，让读者能结合历史背景来认识通俗教育研究会的工作带来的影响，并了解民初知识分子是如何借助通俗教育的手段来实践晚清未竟的志业，以达成开民智的目标。

报纸在中国面世后历经多年的发展，形形色色的纸笔新闻媒体活跃于中国社会中，是当时人们认识世界的重要媒介，如辛亥革命的成功，就曾得益于舆论组织的帮助，让革命热潮迅速传播，这对统治者的动摇不是古老的民变叛乱所能相比的。因此，新闻刊物作为重要的思想交流平台，人们可以通过它来发表意见，形成舆论风气，进而主导政治及社会的发展方向。晚清到民国期间涌现了大量的新闻刊物，虽然其质量参差不齐，但其中部分刊物经营有道，得到著名的知识分子或政治人物的支持，成为重要的舆论平台，具有很大的影响力，能左右当时的舆情风向。其中有一份在知识分子间享誉甚高的刊物——《东方杂志》，它的影响力极大，深受中国士绅阶层的喜爱和敬重，是民国初期重要的舆论平台。该刊于民国二年（1913年）一月，为了纪念发行十周年出了一期特刊，名为《十年以来中国政治通览》，由当时著名的知识分子杜亚泉主编。这份特刊对中国在晚清最后十年的发展情况做了一次详尽的综述，从政府的政制改革到国内外的发展形势都一一做了讲解。其中教育篇里，主笔人回顾了中国社会教育十年以来的发展经过，并给予评价："社会教育，十年以来，殊不发达，乙巳以前，通俗教育，亦鲜设备，丙午以来，乃次第设立宣讲所，编辑国民读本，以补助普通教育，然皆有名无实，未有成绩可言……民国元年，教育部于普通专门二司外，设社会教育司……社会教育之发达，当自此始矣！"[①]晚清社会教育的兴办情况是否真如其言般"然皆有名无实，未有成绩可言"容待商榷，但其指出"社会教育之发达，当自此始矣"倒是恰当地表达了民国初建人们对教育事务有着新的期盼，即政府的心态也有所转变，在社会教育方面，一改以往放任自生的状况，尝试通过管理，以求更有效地推行相关教育措施。

民国肇造，由蔡元培主理的教育部立即新设社会教育司，以求加强推广社会教育，扭转中国民众思想观念落后的情势，此议受到当时官民的大力支持，更

①杜亚泉.中国政治通览[J].东方杂志，1913，9(7)：85-86.

吸引了很多人热情地参与其中。通俗教育借助这股热情的推力，得以在短时间内获得长足的发展，各地民间纷纷成立会社组织推动通俗教育，各式教育方案层出不穷。在这阵热潮中政府并没有缺席，通过各种方式积极参与其中，运用各种方法支持通俗教育的发展，如给予部分资源赞助，或设立主事机构，协助办理各类通俗教育活动。其中最具影响力的组织莫过于挟中央部会之声望及地位的通俗教育研究会。

据《教育部行政纪要》所述："通俗教育非设会研究，详考利弊讲求方法，不能尽利推行，本部对于通俗教育研究会于民国元年即有此种计划，因中央财政时虞困绌，未敢提出实行。及民国四年七月始行缮具章程预算表呈请批准设立。"[①]由上述内容可知，设立机构推行通俗教育的构想早已有之，却因为民国初期财政困绌而迟迟未能落实，直到民国四年(1915年)终于具备了施行的条件。考虑到民初的历史背景，民国自建立起就不时遭遇财政困窘的威胁，加之政治环境动荡，世局弥漫着不稳定及不明朗的因素，在这种大背景下，民国政府于民国四年(1915年)才正式实施这个由来已久的构思，自然是对通俗教育寄予厚望。当时担任教育部部长的汤化龙对于设立通俗教育研究会的原因做了如下解释："窃以国家之演进，胥恃人民智德之健全，而人民智德之健全，端赖一国教育之普及，而考求教育普及之方法，学校而外，尤藉有社会教育以补其所不逮。盖社会教育范围至广，效用至宏，举凡一国普通士庶之性情、道德、智能皆受熏育陶镕于此，而国家所以谋社会程度之增进，民庶智力之扩张，本固邦宁之上理者，亦即以此为之机括，故东西各国学校教育俱称隆盛，而对于此项教育尚复竭力进行。如日本文部省关于通俗教育一项，其设备费每年达七万五千圆以上，其余英德各国，更臻发达。吾国学校教育既远不逮各国，而一般人民之未尝学问，毫无训育者实居多数，其所需于通俗教育者，自视他国为尤急，又值此国基甫定，民习未纯之时，使非于此项教育积极提倡，不徒人民之德慧不开，社会将日趋于下，而蚩蚩者氓乏适宜之训化，尤惧无以定志气而正趋向，其于国家前途关系甚巨，故通俗教育实为现今刻不容缓之图。"[②]

①沈云龙.教育部行政纪要:民国元年四月至四年十二月[M].台北:文海出版社,1986:185.

②通俗教育研究会.通俗教育研究会第一次报告书·传件[M].北京:通俗教育研究会,1915:1.

汤化龙在这份呈文中称通俗教育为“刻不容缓之图”，其理由何在呢？他认为对一个国家来说，其国力大小与其人民素质有直接的关联，中国国民大多数都未受过足够的教育，这种智识水平长期较低的状况，无疑对国家根基构成一大威胁，这份焦虑成为他决定加强通俗教育的动力。做出这一决策除了焦虑的因素外，另一方面列强也起了重要的榜样作用。以日本为例，该国仅在通俗教育设备上就已投入75000元，与之相比，通俗教育研究会的开办经费仅1000元，每月开支也就1200元左右，中国奋起直追的空间依然很大。汤化龙认为，列强之强立基于人民的素质，列强早已运用通俗教育的方式来提升民众的素质，参照这些榜样，希望通过提倡通俗教育缩短中国人民与列强人民素质之间的差距，确保国家不因民众素质低而招致横祸，危害国家的发展，毕竟晚清庚子拳乱造成的历史记忆此时依然未被淡忘。

在清季，帝国内部传统的社会分野在外力冲击下产生了极大的变化，并于此起彼落的革命活动间进一步瓦解，传统的国家秩序观念与理论无法应对现实政治的需要，因此一种源自西方的新型国家理论开始盛行，即民族国家的观念。在家天下的中国传统中，民族并不是构成国家的关键要素，统治的合理性并不建立在民族成分上，而是建立在施政的得失与否上。合理的施政被诠释为天道或天命，皇帝的政权理论上是受托于天的，故而只要一个民族的统治能合于天道，其政权即具有合法性。清政权得以长期统治中国，并不是依赖满族人的数量和力量，而在于其施政尽量迎合中国的传统，并因此得到士绅阶级的支持。但在西方势力伸展的过程中，中国的传统制度和观念被挫败，中国知识分子由原本对西方文明不屑一顾渐变为畏惧、倾慕，积极学习有关西方的一切已然成为时代的共识。有关国家体制方面，西方当时盛行的民族国家观念成为中国人关注的重点之一，革命活动的成功正是这种观念发酵的成果，民族国家理论认为国民在一国之中彼此在法律上是平等的，与中国传统的“庶民”分野不一样，一国之内每个人都对国家负有责任。而在传统的中国社会中，这种要求一般只施加在士绅阶层及统治阶层之上，农、工、商并没有这种义务，但新的民族国家观念把全民都纳入“国民”结构中，国与民密不可分。为了达成这个政治目标，原来的“庶民”就必须经受训练，以获得作为“国民”的能力。

“国民”除了在意识形态上需要有所改变外，更需要学习如何适应现代化带来的改变。城市化与工业化作为现代化重要的内容，冲击着整个中国社会，民众以往理解世界的方式已不管用，在日新月异的环境中，只有学习成为“国民”，方能在新的社会中找到生存与发展的空间。但是，当时仍然稚嫩的学校教育系统是无法帮助为数众多的“庶民”的。通俗教育恰好作为一种相对经济有效的方法，甚至以“机括”所在来形容它。由此可见，通俗教育不仅是正规学校教育系统的暂时替代品，其教育方案本身就具备了学校教育所不具有的机能，因此在学校教育相对完善的日本、英国、美国等国，对通俗教育的提倡也是不遗余力的。

在中国推行的通俗教育虽然是以学养程度较低的“庶民”阶层为重心展开，但并不代表它的效果止步于此。就通俗教育的设计理念而言，其教育对象是面向全体国民的，所倡导的常识是横贯所有社会阶层的，因为“举凡一国普通士庶之性情、道德、智能皆受熏育陶镕于此”。当时某个观察者对出入讲演所的人获得这样的印象：“听讲者中，最常见的是商人阶层，其次是普通劳动者，再次是学生。据说有两家讲演所常有游手好闲者出没；另一处则经常聚集着前清的官员。此外，官员、士兵和警察偶尔也光顾一些讲演所。”[①]从他的观察中可以窥见通俗教育的实际运作情况，出入讲演所的人极为多元化。通俗教育的项目一般都是融入日常活动当中，参与者并没有明显感到自己正在接受教育活动。这种遍及全体“国民”的教育效果正是通俗教育的优点，汤化龙用“熏育陶镕”来形容它的教育过程，并最终以提升全体国民的性情、道德、智能为目标。

汤化龙的见解受到执政者的认同，因此批准正式成立通俗教育研究会，颁布章程，筹备物资与人员，终于在民国四年(1915年)九月六日举办了通俗教育研究会成立大会并正式宣布成立。首任会长由教育部次长袁希涛担任，同时任命了一众干事，他们当中还包括日后大名鼎鼎的周树人，通俗教育研究会的主要成员包括了大量的教育部部员，另外也从其他机构引入各类成员，这一点在后面的章节会进一步讨论。

通俗教育研究会能够得到执政者的认同，主要是受当时局势的影响，其时民国社会正因外交屈辱引发了激烈的民族情绪，政府面对这种情势，极需思考如何做出适当的引导，让一众“国民”认识到国家面对的危机，并借着民族情怀

①西德尼·D.甘博.北京的社会调查[M].陈愉秉，袁熹，齐大芝，等译.北京：中国书店，2010：150.

来号召民众为国效力，把民众培养成能够进行动员的资源。通俗教育作为塑造大众意识形态的工具，其效果得到统治者的认同，所以才让这个发自民国元年的构想最终得以实行。通俗教育研究会就在这种社会形势及风气下开展了它的初期活动，同时积极联络全国的相关机构社团共同协作，并在通俗教育研究会的统筹下推动各项工作。在通俗教育研究会的成立大会上，梁善济代表因病缺席的汤化龙指明通俗教育研究会的目标，"本会此后当有二种目的：一引起国民之自动力，一激发国民之爱国心"[①]。因此，通俗教育研究会得以成立，得益于民族主义的推动，并在往后的发展中与民族主义紧扣在一起。环顾通俗教育的大部分内容，或多或少都带有民族主义的味道，由此可见民族主义与通俗教育形成了相辅相成的关系，通过推动通俗教育发展来产生加强民族主义的效果。

## 第二节　通俗教育研究会的角色

一个有价值的社会机构必然具备某些社会功能，并且由其功能展现出来的重要程度来决定它在整个社会体系中的地位。通俗教育研究会扮演的角色与当时诸多教育社团有什么差异，这一点可以通过分析其会务工作得到答案。通俗教育研究会相关史料显示，通俗教育研究会在三个方面扮演相当重要的角色，除了具备教育机能外，更兼具其他的社会功能。由于通俗教育研究会角色多元，其定位不仅限于教育事务，所以需要处理的工作也相当多元化，这些工作或多或少与教育有些关系，但又说不上是纯粹的教育事务。通俗教育研究会扮演的角色超过了建立者的设想，以多种角色活动于民初社会中。研究会亦积极地响应社会对它的期待，其中一项就是对社会风俗的改良与舆论风气的塑造。以开民智这一目标来说，它本身涵盖的内容已不限于教育领域，故而研究会的工作往往需要涉及其他领域，需要与不同机构协作。

通俗教育研究会一个重要的角色就是作为建立在首都的中央机构，并且是隶属于政府的官方组织，这个身份让其活动通过国家机器产生扩大效果，让相关政策获得全国范围的影响力。各地从事通俗教育事业的相关机构，在寻求帮

①通俗教育研究会．通俗教育研究会第一次报告书·记事［M］．北京：通俗教育研究会，1915：2。

助或建议时，很自然地就会想到通俗教育研究会，而通俗教育研究会通过分享自行编纂及审批的教学材料，让自己的主张及想法得以扩散到全国各地。虽然当时北京政府在政治上面临地方分裂自治的危局，但在文教事业方面，首都作为参照对象的传统依然发挥着强大的作用。从通俗教育研究会表现出的特质及当时社会对它的设想可以看出，通俗教育研究会的工作带有多种意义，并在不同人士眼中各具特色。下面将从三个方面分析通俗教育研究会在当时担当的角色及功能，并分析其中的原因及影响，以便各位读者能把握其要旨。

## 一、作为中央机构的研究会

通俗教育研究会作为北京政府教育部辖下的机构，在中国这个拥有悠久中央集权政府历史的国家里，国民会习惯性地有一种印象，该会是中央政府为主掌全国通俗教育的发展而建立的机构，统筹全国各地不同通俗教育社团的工作，是具有中央政府性质的核心组织。这种印象在各地社团组织在推行通俗教育时，与通俗教育研究会来往的书信中得到印证。这些书信表现出一种寻求中央政府认可的态度，即地方上的社团组织希望获得通俗教育研究会的认可，这种模式就如同传统中地方官员需要寻求中央政府的认可来建立权威一样。

例如，扬州一个叫作芸智书报社的民间社团，于1917年通过信函将该社的组织简章送呈通俗教育研究会，在信函中表示借此向通俗教育研究会及教育部备案，并且申请通俗教育研究会能知会江都县知事，促使他提倡通俗教育，帮助江都县相关事业的发展，鼓励知事拨给款项资助该社活动。虽然通俗教育研究会由教育部出资成立，可以算作官方机构，但其章程中并没有体现对地方团体的管辖权，更遑论款项批给等事务。面对这一请求，通俗教育研究会回复："本会专以研究通俗教育为职志，本非行政机关，承嘱函致周知事拨款补助一节，事属行政范围，本会未便越俎代谋。"[①]从它以"未便越俎代谋"为由婉拒芸智书报社的请求中可以看出，通俗教育研究会清楚地了解自己的职责，并没有过度干涉各地通俗教育事务的想法。但这则事例显示出一条重要的信息，就是地方上的人士会把通俗教育研究会拟想成中央行政机关，并试图借助中央政府的权威

①通俗教育研究会.通俗教育研究会第三次报告书·文牍二[M].北京：通俗教育研究会，1918：5.

来影响地方政府施政，通过请求通俗教育研究会向地方政府施加行政压力来帮助自身社团的发展。这种互动方式，正是承袭了传统的地方士绅与地方官员的交涉技巧。

另外还有一个来自四川的例子，这个例子中这方面的特征就更为明显了。1918年10月，一封来自四川灌县通俗教育研究会的信函中提出这样的要求："窃敝会僻处一隅，若不联络贵会，殊非集思广益之道，照七年十一月十二日成立大会表决议案，协请贵会查核可否设立四川分会以期教育普及等语，会长以事关公益，难负众心，兹特函请贵会转呈教育总长俯赐核准，藉由贵会颁发图记一颗，以昭信守但，敝会成立尚在幼稺，务祈时赐箴言，以匡不逮，实为公便，此致。"①

这个例子中，四川灌县通俗教育研究会不仅在取名上与通俗教育研究会有雷同之感，甚至直率地表达了想要成为通俗教育研究会四川分会的期望，更希望通俗教育研究会能颁发图记，借此证明其身份是得到中央政府认可的。这种想借助中央政府的权威帮助社团在地方上获得更大影响力的做法在当时并不稀奇，因为中央政府的权威虽然在政治上影响力被削弱，但其根植于历史与习惯的威望犹在，作为一种求助的选择，中央是种"可供运用的资源"，中央政府对地方的影响力虽然说不上强大，但在特定领域中它的方针是具有普遍效力的，得到中央政府的认可或寻求协助，这些想法本身存在于大众的脑海中，毕竟这是以往的行事习惯，这些习惯并未因一时的革命被完全打断。当通俗教育研究会收到这样的请求，它一样以会章未有规定为由来婉拒设立分会的请求，这是基于行政机制而做出的响应，同时也是研究会在衡量自身实际情况后得出的结论。事实上，刚建立不久的通俗教育研究会不具备扩张组织规模的条件，在北京教育部中任职的主要成员都很清楚通俗教育研究会的限制所在。虽然无法答应设立分会，但通俗教育研究会也表达了希望与之紧密联系的想法，"窃谓双方联络，但期集思广益，如有研究之处，尽可互相商榷，正不必定需分会名义，所有本会格于定章不克遵办之处，诸惟鉴原是幸"②。比之地方上的人士，身在中央的通俗教育研究会成员很明白其组织的虚实与定位，因此期望彼此能以对等

①通俗教育研究会.通俗教育研究会第四次报告书·文牍一[M].北京：通俗教育研究会，1919：18.

②通俗教育研究会.通俗教育研究会第四次报告书·文牍二[M].北京：通俗教育研究会，1919：25.

关系来交流。四川灌县通俗教育研究会也没有必要局限于名分，这种关系可避免通俗教育研究会负担过多的责任。

地方上的通俗教育组织希望借着中央机构的权威来促使通俗教育在地方上发展，除了上述希望获得中央赋权的例子外，还有些组织会主动向通俗教育研究会进行活动报告，如塞北通俗教育事务所所长阎天纯在信函中就做出这样的报告："窃查年画、读物、弹词大鼓等类感人最深，其良者固足以启发人民之观感，其不良者亦足以妨害社会之改良。如读物中有和尚奇缘、龙凤配、说腋等种种名目，年画中有裸体美人、春宫等，弹词大鼓内有十八摸、打呼噜、淫词艳曲等调。前奉教育部通俗教育研究会咨行各省区严禁在案，兹届旧历年关，正值年画、读物、弹词大鼓盛行之时，合亟呈请贵厅将以上所呈各节出示公布，本所仍派调查孙林华、张培基随时审察以资禁止实为公便等情前来查售卖淫书淫画及演唱淫词，久悬例禁，兹届旧历新年，无知商民恐不免仍蹈故辙，任意售唱，自应重申禁令，以维风化，除令各署派警严行查禁外，仰商民人等各宜懔遵毋违。又八年春季，本所呈请禁止不良戏曲一案，当蒙绥远警察厅牌示，内开该所长呈称窃查戏曲一道至关风化，我国旧有戏曲足资劝惩者固多，而编制不良或演唱不善，致失本意，足以导社会之恶习者亦复不少，本所根据教育部通俗教育研究会议决改良戏曲案，对于不良戏曲分全部禁止、部分删改两种办法，兹由本所职员随时调查审核，就绥远现行戏剧中择其害俗尤甚者，有万花船、青云下书、错中错、阴阳河、打樱桃、梵王宫、关王庙、卖胭脂、拾玉镯、花园赠珠、遗翠花等戏，前已先后呈请贵厅察核，禁止在案，兹查丹桂茶园、天桂茶园复经演唱梵王宫、错中错、阴阳河、万花船，谨请贵厅重申禁令，将以上应禁之戏公布各该园，以肃风纪而杜流弊等情，均悉查万花船、错中错、阴阳河、打樱桃、拾玉镯等戏，京津戏园均有演唱，不在禁例，其梵王宫、青云下书、关王庙、卖胭脂、花园赠珠五出应准饬区查禁，以肃风化，该所又称研究会新编戏曲，现派员刘永和与伶界接洽排演，具见感化风俗促进文明热心可嘉，合行批示知照此。本所对于年画、读物、弹词大鼓、小说、戏曲等项在绥远警察厅呈请进行经过之大概情形也，理合声明以便核夺。"①

①通俗教育研究会.通俗教育丛刊第二辑·函牍[M].北京：通俗教育研究会，1919：4-5.

在这封信函里，所长阎天纯讲述了有关中央禁令未能在地方上有效执行，对改良地方风俗情况效果不彰等问题，因此要求“重申禁令”，促使地方政府重视。绥远在当时属于偏远地区，中央政府的影响不及该处是可以理解的。从这个例子可以看出中央机构对外辐射其影响力的局限。虽然在行政上效果有限，但在观念上的影响不小。据阎天纯所说，塞北通俗教育事务所的活动方针，主要依据通俗教育研究会的标准进行，并把地方上收集到的情形向其汇报，向通俗教育研究会做出种种建议，以求把握各类不合标准的戏剧演出情况。由此可见，即使政令效力有限，但通俗教育研究会制定的章程文件因其带有中央政府色彩而备受各地人士的认同及重视，并引为工作标准。阎天纯在信函中除了汇报塞北通俗教育事务所的工作情况外，还在信函的结尾部分提出一些请求：“一请本会函致绥远警察厅遇事维持，以资进行，本所在该厅呈请禁止戏曲项目除十八摸、打呼噜外，皆根据本会报告书议决应禁之剧，而该厅有禁有不禁者，是有信有不信之明证，请事疏通以便进行；一请本会发第四次报告书以资借镜，以便遵行；一请本会将教育资料继续发下，借窥全豹以便参考，此时已继续接奉十册矣；一请本会择要寄发讲演稿件以便讲演；一声明本所排演新剧已略有头绪，待开演时再行呈明此请。”①

这些要求大部分是希望通俗教育研究会赠予教学活动所需的文本资料，还有一部分是希望通俗教育研究会向绥远地区的警察厅施加影响力，以便塞北通俗教育事务所在地方上的活动能得其助力。其中要求教学资源的部分具有不可忽视的意义，当塞北通俗教育事务所在地方开展活动，并参照、运用通俗教育研究会给予的资料时，相当于间接把通俗教育研究会设定的思想内容在绥远扩散开。原本受困于中央政府乏力，各类政策无法真正在全国落实，然而通俗教育研究会可通过这种软性的方式向全国辐射其影响力，这种情况皆有赖研究会的角色优势，在传统里，中央机构总是地方组织参考与学习的典范。而通俗教育研究会对于阎天纯的请求，就有以下回应：“贵所提倡通俗教育热心毅力，企图进行无任佩慰，承开示各节所嘱，由本会函致绥远警察厅遇事维持一层，本会系研究性质，不涉行政范围，即本会议决禁止小说戏剧各事，均系呈准教育部核

①通俗教育研究会.通俗教育丛刊第二辑·函牍[M].北京：通俗教育研究会，1919:5.

行，若由本会直接函致地方官厅，与历来手续不合，碍难照办。至第四次报告书正在编辑中，一俟出版自当寄奉，其关于时局之教育资料一种，业已寄至第十二辑。此外，讲演稿件本会如有出版者，应即随时寄上备用，兹将本会历次寄奉贵所各种书籍开列清单，寄请台阅，如有未经寄到者，尚祈函示，容即按数补寄。”①

通俗教育研究会本身并不具有向地方官厅寄发文件的权力，研究会的权限主要止于咨询一项，各种政策决议要发挥效力终究需要通过教育部来进行。在这份回复里，通俗教育研究会碍于行政体制的限制，无法答应其致函绥远警察厅的要求。但即便如此，这也不过是手续上的障碍，因为通俗教育研究会的干部本身就是由教育部的管理人员兼任，所以研究会的议决几乎等同于教育部的意见。虽然对地方上通俗教育机构的部分要求无法答应，但对其索取数据的请求等通俗教育研究会皆允诺配合，可见通俗教育研究会在能力许可范围内，对于地方上的通俗教育发展都是尽力支持的。从这份陈述中可以清晰地看到，通俗教育研究会明白自身并非行政机构，即便具有发挥影响力的机会，也不会尝试僭越自身本分。但在北京以外的各地人士往往对此认知不足，常常把通俗教育研究会当成政府的行政机关。这种认知上的落差，除了地理远隔造成的信息不足的原因外，基于传统的想象也是一大主因。历经辛亥革命的中国，并不意味着国人都真的明白革命带来的变化，他们往往以清政府时代的经验来认识新政府的变化，在信息不足的情况下，通俗教育研究会被认知成一个中央政府的行政单位，具有通俗教育方面的实权等，也是地方人士自然会有的想象，并不令人惊奇。但这种想象在其他方面为通俗教育研究会带来不同的好处，使它具备相当的权威，自然而然地成为各地仿效的典范。

通俗教育研究会常因碍于权限未能满足地方上通俗教育组织的请求，但对于这些地方上的组织都尽量设法鼓励，希望它们保持推动通俗教育发展的热情。如山东易俗社在地方上推行通俗教育贡献颇多，有感于此，通俗教育研究会特地去函山东教育厅表示：“本会自成立以来，每因各处通俗教育机关之通讯得以联络感情、交换意见，藉于各处通俗教育状况略知梗概，其有办事热心成效卓著者，亟思量力翼助，以资提倡。兹查山东社会教育经理处办理多年，夙著成

①通俗教育研究会.通俗教育丛刊第二辑·函牍[M].北京：通俗教育研究会，1919：8-9.

绩,前经教育部给予经理人王君泽同奖章。现在王君仍与同志诸人企图进行,热心毅力,实可钦佩,又王君所组织之山东易俗社编制各种剧本曾奉部发交本会审核,已由会呈请奖给褒状。该社成绩优良,求之各省实不多觏,其社中经理诸员亦各著勤劳,所有王君泽同暨易俗社经理员,似可呈部请奖藉资鼓励,可否由贵厅呈部给奖之处,诸希裁夺示复。”①

通俗教育研究会无法以行政命令的方式影响地方政府机关,但通过婉转的信函给予建议也是能力之内的事,通俗教育研究会也愿意通过这种方式鼓励各地通俗教育的发展,甚至由研究会直接呈请教育部颁发奖励。如前面提及的塞北通俗教育事务所的阎天纯,通俗教育研究会就直接呈请教育部颁发奖章,其信函表示:“奉教育部指令据呈该所长阎天纯筹设塞北通俗教育事务所悉心进行著有成绩,查与本部奖章条例第一条之规定相符,应即给予四等奖章以资鼓励,合即检同奖章执照,令行该会转发可也。”②

从以上两例可见,虽然通俗教育研究会重视正式的行政程序与权责限制,但也愿意在能力许可的范围内激励各地的组织者与推行者。带有中央政府机构的光环是通俗教育研究会的重大优势,但它终究不具有实际的行政权力,更遑论跨出北京直接推动地方上的通俗教育发展。为此,如何让地方组织能热心于此,并合乎中央政府的政策方针,实为通俗教育能否在全国获得积极成果的关键所在。因此,设法鼓励地方组织本身对通俗教育的热情是相当必要的,通过授予中央政府的荣誉性奖励,让他们感到从事的工作备受认同,就是很好的方法。而且得到中央政府认可的人们,也能提高他们在地方上的地位,让他们在推动通俗教育活动时能有更大的能力调集资源,这种鼓励的循环对通俗教育的发展是一种重要的助力,其中更体现了通俗教育研究会作为中央机构的意涵。

## 二、作为教育机构的研究会

通俗教育研究会附属于教育部之下,必然担负着教育的职能,这些职能主要体现在研究会要执行各类由教育部指派的任务。表3-1中记录了通俗教育

①通俗教育研究会.通俗教育丛刊第四辑·函牍[M].北京:通俗教育研究会,1919:16-17.

②通俗教育研究会.通俗教育丛刊第四辑·函牍[M].北京:通俗教育研究会,1919:18.

研究会与教育部间正式文书往来的数据，这些数据显示通俗教育研究会经常接收到教育部的训令与指令。这些训令及指令往往传达了教育部指派的工作内容，有些是临时给予的短期工作，有些则具有相当的持续性，需要花费相当的时间来处理，这些工作与研究会自身的小说审核、戏剧调查与编审、举办讲演活动等事务一起构成了通俗教育研究会的常态事务。从研究会所承担的工作内容可以看出研究会在教育部眼中所担当的角色。教育部指派的工作类型通常是审查由各地收集得来的年画与通俗教育画，还有各家出版商出版的通俗教育参考书籍等。这些审查工作往往是以教育为目标，一般没有政治方面的色彩，主要以是否对风俗有良善影响为判别标准，方便推展改良活动时参考之用。

另外，各省的教育机构及政府机关会收集当地的材料，然后转呈到中央的通俗教育研究会进行审查，在审查过程中需要做出回馈，并提供详细的改良意见。当时主要的出版商如商务印书馆、中华书局、中国图书公司等，都会主动上呈他们的出版物以供审核，以取得教育部的认可，以便这些出版物能正常刊印，这些主动上呈的材料通常都能通过审核。对于无法通过审核的材料，通俗教育研究会也需要给予完整的处理办法以及改良意见，各出版商可待修改完毕后再次呈上要求审批。这种审查工作相当常见，甚至可以把通俗教育研究会视为教育部处理通俗刊物审查的主要机关。审查材料的数量与内容，因时而异。事实上，他们无法对所有的通俗出版物都进行审查，并且审查工作本身相当依赖于各出版商自愿配合的程度。就材料类型而言，有讲演参考书、年画、通俗教育画、戏剧剧本、小说等类型。就数量来说，也存在很大的差异。以年画与讲演参考书为例，据收集得来的统计数据，1916年审核年画780余种、讲演参考书47种；1917年审核年画26种、讲演参考书25种；1918年审核年画4种；1919年没有审核记录；1920年审核讲演参考书14种；此后的审核记录空缺。仅按这几年的数量发展趋势及当时的时势来看，由于往后几年社会日益动荡，审核工作似乎没有之前顺利，处理的数量也没有太大的提升。

具体的审核情况，下面列举数例以供参考。1917年3月，商务印书馆呈送通俗教育画8种，教育部将其交给通俗教育研究会审核。通俗教育研究会以“商务印书馆所交通俗教育画八种采取历史事实绘印成幅，色彩鲜明，取材亦正洵，有裨于风俗社会”[①]为由准许印刷发行，但要求正式出版时，需要做出部分修改，“每张说明原系浑括文言，若于再版时改用白说鲜细说明，尤于通俗之恉相合”[②]。可见通俗教育研究会对于通俗教育材料的出版，重视的是其能否彰显教育的效能，因而鼓励采用白话以接近民众的生活经验，同时研究会也鼓励出版商以切合大众语文程度的方式来制作相关的通俗教育用品。商务印书馆在收到这种意见后就表示再版时会按意见改良，并表示后续出版的通俗教育画都会按这些原则进行设计。商务印书馆往后又上呈的30幅通俗教育画，教育部依然交由通俗教育研究会审核，可见通俗教育研究会成为处理这类型业务的固定机构。

另一例则为1922年3月安徽舒城县通俗教育讲演所主任王立谦上呈教育部《社会鉴》三册，请求审定为讲演参考用书，教育部将其交由通俗教育研究会审核。通俗教育研究会认为“原书所列讲稿均系短篇，词旨浅近尚无纰缪，用作讲演参考尚称合用”[③]。因此，批准三册《社会鉴》作为讲演参考用书。由此例可见，审核业务在数量上具有一定的弹性，没有规律，审核业务的多寡主要由上呈者提交的数量来决定。

除了执行教育部指派的工作外，通俗教育研究会同时也需要处理一些质询性的问题。民国时期，一切处于过渡阶段，如通俗教育一项，往往因其本身缺乏可供利用、参照的典范，因此对教育材料的选择会采取较为宽松的标准。如前清时期出版的材料与民国时期出版的材料一体并用的情况较为多见，这些材料因其时代差异产生的扞格问题亦不在少数。如1922年，通俗教育研究会函商务印书馆，要求其在《通俗教育谈》一书再版时进行修正。该函称：“查民国五年间，本会奉教育部发交贵馆所呈各种通俗教育用书，内有《通俗教育谈》一书，本会审核时以当时此类之书合用者尚少，是书大体可采，故呈准作为通俗教育参考用书，兹有人具呈到部，谓是书有爱戴君主诸条，与政体不合，并附呈原书及贵馆图书汇报为证。查是编本前清时中国图书公司出版之书，固宜与现今政体

①通俗教育研究会．通俗教育研究会第三次报告书·文牍一［M］．北京：通俗教育研究会，1918：13.

②通俗教育研究会．通俗教育研究会第三次报告书·文牍一［M］．北京：通俗教育研究会，1918：13.

③通俗教育研究会．通俗教育丛刊第十六辑·函牍［M］．北京：通俗教育研究会，1922：3.

不合,惟既经列入贵馆书目,再版时务宜修正,以期完全合用。”[①]

由此函可见,通俗教育研究会基于实际情况往往采取一些变通措施。随着通俗教育的发展及时间的推移,这些措施有时会遣生出一些问题。如上文所举的例子,当一些参考数据在内容上出现不适宜,甚至与民国培养国民意识的主要方针相矛盾,且这些矛盾被突显出来时,通俗教育研究会就有修正的职责。其因应方式主要以修改有问题的部分来解决,而非简单地直接禁止,毕竟在通俗教育的意旨与方法上,晚清与民国之间并无多大的差异,无须为了一点瑕疵而弃用珍贵的参考材料,除非该材料在政治意识方面存在严重问题而不得不抛弃。废弃整本参考材料的做法是很少见的,大多数情况都只需稍做修改就能继续使用。

又如通俗教育研究会所出版的《关于时局之教育资料》一书,就曾因内容问题受到质疑。清华学校校长周诒春于1918年10月16日去函通俗教育研究会,对其出版的《关于时局之教育资料》的内容陈述表示疑虑,他在信函中表示:“查书内所载多是采辑德报言论以为资料,编纂自易,惟我国自加入战团与德宣战,而后所有德报之言论似不宜代为鼓吹,采为时局之教育资料,盖同为政府之机关,一方面颂扬德国,而一方面则对德宣战,孰是孰非,安所适从,嗣后通俗教育似宜与政府之政策取同一之主张,方免出尔反尔之诮,管见所及顺以附陈,尚希贵会采览为荷。”[②]

周诒春认为通俗教育研究会作为政府的教育机构,所出版的刊物应当与政府的政策立场一致,所出版的教育材料也需要体现这一点。然而,《关于时局之教育资料》一书中呈现的却是偏向德国立场的观点,与当时民国政府在一战中的立场有所抵触。这种担忧正好显示了通俗教育与时局的密切关系,受欧战背景影响,通俗教育也被要求配合国家整体需要。作为主办通俗教育的核心机构,通俗教育研究会自然要符合这一原则,这种对研究会角色的期待是相当合理的。但通俗教育研究会的响应相当有意思,其在1918年10月18日迅即回信解释,并以一种略带国际主义的风格回应了周诒春的疑虑:“原书系日本文部省出版,本会据以辑译,第一册略例中业经载明,日本亦协约国之一,所以采及德报者,诚以

①通俗教育研究会.通俗教育丛刊第十六辑·函牍[M].北京:通俗教育研究会,1922:4.

②通俗教育研究会.通俗教育研究会第四次报告书·文牍一[M].北京:通俗教育研究会,1919:15.

教育一途本无国界之可言，且语云知己知彼而后百战百胜，由斯以观，则本会之译是书于所采德报，不悉屏除似与政府政策尚无妨碍，惟德人之言论容有铺张过当之处，嗣后当酎加删节，以副雅意，是否有当，惟希察禀为幸，此颂公绥。”①

通俗教育研究会虽然以转译日本文部省所译本为由来推诿责任，但这则回应展示了该会人员怀有的“诚以教育一途本无国界之可言”观念。晚清新政至当时也就十多年的光阴，清季时内向保守的士风，来到此时已然全面扭转，通俗教育研究会汇集的知识分子可代表当时士绅阶层中的改革派，一种国际主义的世界观是他们所共有的，中国不再是个独立的世界，不管是否反对中国传统，这时期的知识分子不可避免地需要拥有国际观，活动范围以及交友圈子已突破了一国的限制，对于他国事物更表现得如饥似渴。像教育这种普世事业，无须囿于国界，传统与新兴、西方与东方、本国与世界的截然对立已渐渐消解，即使彼此立场不一，但在某些事情上是具有共性的，抱着改良的心态，以择粹弃粕的态度来处理问题，教育内容上可以出现别国的观点。这种鼓励多角度认识问题的态度，促使通俗教育研究会的成员能以较为宽大的心胸处理工作，即使在审查类型的工作上，也不会表现得过度敏感。

此外，通俗教育研究会经常会收到不同的建议，这些热心的意见对通俗教育研究会确定计划具有一定的影响。例如一位名叫邹莹的人士，就提供了一个相当有趣的建议：“窃以轮船通俗宣讲员之设有必要者，盖吾国载客轮船往来长江北洋南洋者不下数十余艘，均为程三四日之久，旅客舟居岑寂默然寡欢，于是诐辞淫说之书赌博狗苟之行以为惟一消遣之法，将大好光阴掷诸虚牝，已属可惜，而国民道德之堕落实可寒心，如派有良好之宣讲员于轮舟开行时，发动听之演讲，则彼辈趋之若鹜，有断然者伟言谠论，为上流所欢迎，言浅意简则为妇孺所乐闻，而旅客又来自四方，散之异地山陬海澨往往而有，则其功效当胜城镇宣讲所，一筹此举，所费极微，而收功甚大，诸公皆一时贤者，希望国家富强之心想同之也，乞于鄙议详加研究，是否可行乞赐一示。”②

这位在轮船上工作的邹莹颇具观察能力，他注意到轮船在往来的旅程间，旅

①通俗教育研究会.通俗教育研究会第四次报告书·文牍二[M].北京：通俗教育研究会，1919：20.

②通俗教育研究会.通俗教育丛刊第二辑·函牍[M].北京：通俗教育研究会，1919：2.

客需要长时间逗留在轮船上,亟须活动来消遣,那些传统的消遣方式很自然就成为主流,但由于这些传统的消遣本身带有不良风俗的成分,因此整趟轮船旅途就成为熏染不良风俗的过程,算得上是通俗教育发展的障碍。他建议设立轮船讲演员进行讲演,以代替以往的不良消遣,并指出这种方法一来"所费极微",而且可扩大通俗教育覆盖的范围。这个不错的建议更指出"上流"和"妇孺"这两个群体的喜好倾向,前者喜听"伟言说论",后者则受"言浅意简"所吸引。从这一例子可知,对通俗教育发展的关心并不只局限于主掌相关事务的官员,不少民间人士也会向通俗教育研究会表达意见,以求促进民间风气的改良。通俗教育研究会对各种建议也本着认真的态度来处理,以体现其"研究"的功能。

通俗教育研究会对于自己的教育功能相当重视,一直积极以各种方式加强及扩大通俗教育的效果。例如1920年,河北、山西、陕西、山东、河南发生罕见的旱灾,灾情遍及5个省的317个县,几千万灾民离乡背井,逃荒逃难。当时担任通俗教育研究会会长的王叔钧在当年12月27日年终大会的演说中表示:"年来水旱各灾虽足为学校教育之障碍,而在社会教育则为发展之机会也。如民国六年,津地大水,一时灾民逃难就食于津者甚伙,聚若干,无识愚民群居而萃处之,饥寒所迫,未必不流而为匪,所有无道德、无法律之事殆无不可为者,章袺乃与埠中办理社会教育之人商办露天学校多处,俾于群聚时稍受教育。既于未发生危险前施以相当之教育,则一切危险均可消灭于无形矣!此种学校虽未十分发达,然能继续办理至今尚无懈也。本年津地因灾致生一种流行病,要以无知愚民既无相当知识,又于卫生毫不讲求,故致有此,否则于无病前俾稍有卫生知识,则必无此现象也。现在北数省因灾致学校多数停办,然正可乘此时机,举办露天学校及各种讲演而施以社会教育。此事正宜设法进行,即本会各股应办之事,如讲演、小说、戏剧等,亦均可扩而充之,使彼灾民不致发生何等危险,是为最要,故鄙意现时学校教育虽尚一时的停顿,而社会教育并不因之停顿,并可利用此停办之学校作施行社会教育之处所,盖吾人不怕无事可作,但恐不肯去作,如肯作事,则随时随地均有机会,且凡事均应重主观而不重客观,当此时局阢陧,天灾人祸流行数省,正宜发展社会教育以图补救,至进行时之条文办法,可请与会诸君斟酌办理，固无俟详述也。"[①]

在这篇演说中，王叔钧举例说明了通俗教育在预防灾害上具有的功效，通过教育普通民众的方式可避免祸事发生，对于整个社会来说是极有帮助的。另外，演说中也强调通俗教育的灵活性。在天灾人祸发生时，可以通过通俗教育对一般学校停办造成的损失弥补一二，把天灾转化为通俗教育的良机，只要通俗教育研究会能积极发挥作用，担负责任去筹办相关事务，因应灾情进行各种讲演活动，派发各种宣传卫生知识的小册子，以及开办露天学校等，就可尽量避免人民因天灾的冲击而误入歧途，甚至丧命。另外，"此等灾民大抵皆来自田间未受教育之人，亟宜乘此时机施以相当教育，俾将来回籍得有常识之良民"[②]。通俗教育研究会一直碍于资源所限，其活动范围难以覆盖全国，大部分的通俗教育活动主要集中在城市中进行，乡村地区的居民受教机会相对较少。所以，通俗教育的成效在乡间居民身上的效力远远不及城市居民，即便在乡村举办通俗教育活动，也碍于民众分散，并且他们未必有参与的兴趣，故而成效不高。趁天灾发生期间，乡间民众集中于城市时推行通俗教育，可以强化通俗教育对乡间民众的影响力，而且可以期待这些受过通俗教育影响的民众在灾后返乡时成为"有常识之良民"，并把这些常识带返乡间推广。

表3-1　民国五年至九年通俗教育研究会收发文件表[③]

（单位：件）

| 年度 | 文件类别 | | | | | | | |
|---|---|---|---|---|---|---|---|---|
| | 收文 | | | | | 发文 | | |
| | 饬 | 批 | 训令 | 指令 | 函 | 详 | 呈 | 函 |
| 民国五年 | 21 | 29 | 11 | 18 | 28 | 36 | 24 | 67 |
| 民国六年 | | | 28 | 25 | 40 | | 35 | 95 |
| 民国七年 | | | 23 | 16 | 78 | | 32 | 74 |

①通俗教育研究会.通俗教育丛刊第十辑·纪事一[M].北京：通俗教育研究会，1920：6-7.

②通俗教育研究会.通俗教育丛刊第十二辑·函牍[M].北京：通俗教育研究会，1921：11-12.

③通俗教育研究会.通俗教育丛刊第九辑·表册[M].北京：通俗教育研究会，1920.

续表

| 年度 | 文件类别 | | | | | | | |
|---|---|---|---|---|---|---|---|---|
| | 收文 | | | | | 发文 | | |
| | 饬 | 批 | 训令 | 指令 | 函 | 详 | 呈 | 函 |
| 民国八年 | | | 20 | 9 | 53 | | 20 | 81 |
| 民国九年 | | | 15 | 10 | 46 | | 25 | 93 |
| 总计 | 470 | | | | | 582 | | |

表3-1除了反映出通俗教育研究会与教育部之间的往来关系,还透露了通俗教育研究会与全国各地机构间的互动情况与频率变化。如民国七年(1918年)的收发函件数量显示,这一年通俗教育研究会与各机构的交流最为频繁,之后,来函的数量有所下降,但发函的数量有所增加,这表明通俗教育研究会积极地辐射其影响力,不断加强与其他机构的交流。在使用这些数据与其他资料相互印证时,更可窥知通俗教育研究会积极伸展其影响力的态度,这些信函往往不止于表达意见,有时更是主动向各方寻求协助,以便其各种计划得以顺利推展。通过表3-1,我们可以从数量上把握通俗教育研究会与外界交流的频繁程度,另外结合表3-2来思考,我们更可了解这种交流关系在地理意义上表现出的广度。

表3-2为各省区办理通俗教育机关与通俗教育研究会通讯的记录表,表中列有联系机构的地区、名称、通讯年月以及事由。通过事由一项可知,大多数机构与通俗教育研究会联系交流的主要目的是索取刊物,这些刊物主要由通俗教育研究会出版,或者由通俗教育研究会代为印刷出版,其中有的刊物是由研究会自行编撰,也有的是整理自各地的通俗教育材料。通俗教育研究会出版的刊物主要表现的是通俗教育研究会的价值观,读者在思想上很自然会受到其影响。另外,收集各地材料并加以整理的行为,可以将全国各地自发自为的通俗教育活动梳理出一条全国性的主线。通过编辑并发放通俗教育文本,能让通俗教育研究会获得发挥影响力的空间。那些向通俗教育研究会索取刊物的地方组织,或是出于资源不足而请求援助,或是习惯于以中央政府的做法为参考,或是单纯地交流信息。但不管理由为何,当他们运用这些来自通俗教育研究会出版的刊物构成自身的教育内容时,其结果必然是回归到通俗教育研究会的思想

脉络中，各地的歧异渐渐减少并整合到通俗教育研究会设计的版本中，使各地的通俗教育发展在步伐上与中央政府保持大体的一致性，确保通俗教育始终是"国家"的教育活动，具有"全国"的普遍性。

表3-2　各省区办理通俗教育机关与通俗教育研究会通讯表①

| 地区 | 机关名称 | 通讯年月 | 事由 |
|---|---|---|---|
| 京师 | 京兆尹公署通俗书说编纂会 | 民国五年五月 | 请赐讲演各书 |
| 京师 | 京都模范通俗教育讲演所 | 民国五年八月 | 送讲稿三册 |
| 绥远 | 塞北通俗教育社筹备处 | 民国五年九月 | 送该处简章并请寄示讲演规程 |
| 四川 | 山字乡教育会 | 同上 | 请发给通俗教育印刷品 |
| 江苏 | 扬州芸智书报社 | 民国六年三月 | 请本会径函江都周知事代为提倡并助款，附简章 |
| 广东 | 南雄县通俗教育巡回讲演所 | 民国六年四月 | 请寄本会章程 |
| 江西 | 江西通俗教育会 | 同上 | 请示讲演用何书为宜并索本会所编讲稿 |
| 绥远 | 塞北通俗教育社 | 民国六年五月 | 送塞北通俗周报式样请转呈教育部备案，并请发本会改良戏曲、小说各书 |
| 江苏 | 上海新少年报社 | 同上 | 购本会所编《编剧浅说》《泰西名小说家略传》《社会的国民教育》三书 |
| 京师 | 京师模范通俗教育讲演所 | 同上 | 送第二辑讲稿四十册 |
| 福建 | 涵江镇教育会 | 民国六年七月 | 索本会章程及报告书 |
| 四川 | 山字乡教育会 | 同上 | 征取本会印刷物及讲稿 |
| 京师 | 公立郊外西区通俗教育讲演所 | 民国六年八月 | 征取本会讲稿选录 |
| 京师 | 通俗图书馆 | 同上 | 《薰莸录》等小说十种送会审核 |
| 福建 | 莆田教育会 | 同上 | 索取本会章程 |

①通俗教育研究会．通俗教育丛刊第九辑·表册[M]．北京：通俗教育研究会，1920：1–4.

续表

| 地区 | 机关名称 | 通讯年月 | 事由 |
|---|---|---|---|
| 京师 | 公立郊外北区通俗教育讲演所 | 同上 | 索取本会讲稿选录 |
| 福建 | 莆田县通俗教育讲演所 | 民国六年十一月 | 索本会报告书 |
| 京师 | 词曲研究社 | 同上 | 送该社简章 |
| 京师 | 戏剧研究社 | 同上 | 送该社简章 |
| 江苏 | 上海少年宣讲团 | 民国六年十二月 | 请补发《关于时局之教育资料》(第一辑) |
| 江苏 | 扬州芸智书报社 | 同上 | 请本会致训词 |
| 江苏 | 上海少年宣讲团 | 民国七年二月 | 索本会《三义士》等剧本 |
| 福建 | 龙溪通俗教育会 | 民国七年三月 | 请本会指示办法 |
| 山东 | 通俗图书馆 | 民国七年四月 | 索本会出版书籍 |
| 江苏 | 金坛县立通俗教育馆 | 同上 | 索本会出版物 |
| 福建 | 龙溪通俗教育会 | 同上 | 谢本会所送出版书籍,仍请寄近时出版各书 |
| 京师 | 评书研究社 | 民国七年五月 | 送该社简章及发起人姓名清单 |
| 绥远 | 塞北通俗教育社 | 民国七年六月 | 索本会所编剧本 |
| 福建 | 龙溪通俗教育会 | 民国七年七月 | 请本会寄送图书目录 |
| 绥远 | 塞北通俗教育讲演所 | 同上 | 复收到本会讲稿一册,并送《禁烟说》请审查 |
| 黑龙江 | 绥化县通俗教育社 | 民国七年八月 | 索本会戏剧脚本 |
| 江苏 | 吴县通俗教育馆 | 民国七年十月 | 索本会印刷各书籍 |
| 山东 | 省立通俗图书馆 | 同上 | 谢本会赠书 |
| 黑龙江 | 通河劝学所 | 同上 | 请代购公布良好小说目录各小说 |
| 绥远 | 塞北通俗教育社 | 民国七年十二月 | 收到本会剧本数种,现已联合伶界排演,该社拟改名塞北通俗教育事务所 |
| 四川 | 灌县通俗教育研究会 | 同上 | 请设四川分会 |
| 江苏 | 江都芸智通俗教育馆 | 同上 | 请本会致训辞 |
| 京师 | 京兆尹公署通俗书说编纂会 | 民国八年二月 | 索本会出版物 |

续表

| 地区 | 机关名称 | 通讯年月 | 事由 |
| --- | --- | --- | --- |
| 湖南 | 新城端风团 | 民国八年三月 | 送年刊一册 |
| 山东 | 私立通俗教育讲演所 | 同上 | 索本会出版物 |
| 江西 | 通俗教育会 | 民国八年四月 | 索本会出版物 |
| 绥远 | 塞北通俗教育事务所 | 民国八年六月 | 陈报该所办理情形及经过事项，并请继续发给出版物 |
| 黑龙江 | 通俗教育社 | 同上 | 索本会改良戏剧章程 |
| 浙江 | 寿昌县公立通俗教育讲演所 | 民国八年七月 | 索本会讲稿选录第一辑 |
| 浙江 | 海盐县通俗图书馆 | 同上 | 索本会出版书籍 |
| 福建 | 莆田县公立第一通俗教育讲演所 | 民国八年八月 | 送章程讲稿并索本会出版物 |
| 黑龙江 | 绥化通俗教育社 | 民国八年九月 | 索本会禁止小说、戏曲各表 |
| 绥远 | 塞北通俗教育事务所 | 同上 | 索本会各表 |
| 福建 | 南靖县教育会 | 同上 | 请代书校训 |
| 福建 | 涵江镇教育会 | 同上 | 索本会出版各书 |
| 山东 | 社会教育经理处 | 民国八年十月 | 复议奖易俗社剧本应对该社给奖 |
| 江苏 | 上海通俗宣讲社 | 民国八年十一月 | 索本会出版书籍 |
| 绥远 | 塞北通俗教育事务所 | 民国八年十二月 | 报设立分事务所 |
| 江苏 | 江都公立通俗教育馆 | 民国九年二月 | 请本会致训辞 |
| 河南 | 信阳通俗图书馆 | 民国九年五月 | 请购本会继续出版书籍 |
| 福建 | 长汀县劝学所 | 民国九年九月 | 索本会章程及印刷各物 |
| 福建 | 莆田戏剧改良会 | 同上 | 索本会剧本等书 |
| 福建 | 涵江镇阅报所 | 民国九年十月 | 索本会各出版物 |
| 福建 | 晋江县通俗教育讲演所 | 同上 | 索《关于时局之教育资料》《通俗教育丛刊》各书 |
| 浙江 | 省立通俗图书馆 | 民国九年十一月 | 索本会《通俗教育丛刊》 |
| 绥远 | 塞北通俗教育事务所 | 同上 | 送礼俗报告并请本会代呈讲演所立案 |

## 三、作为文化风气指导机构的研究会

通俗教育研究会的工作内容大部分涉及通俗文化领域，而研究会自身也有指导通俗文化发展方向的意图。因此，通俗教育研究会除了担负教育机构的功能外，同时也是北洋政府引导文化发展的官方机构之一，研究会以其积极的态度参与塑造大众文化的过程。

通俗教育研究会基于其文化传统与社会地位等因素，享有超过章程法规所赋予的影响力，但其终究不是真正的行政机关，无法直接运用行政手段来达成自己的目标，仅能通过教育部及其他部会的协助来推行相关政策。所以，通俗教育研究会常常需要通过正式的行政机关来实施公权力，如查禁刊物与戏剧等行为，都不能仅靠研究会自身来进行。通俗教育研究会最大的期望是能够引导社会风气往期待的方向良善发展，所以研究会很清楚地认识到仅靠行政机关的手段，对导正社会风气的工作来说不过是治标而已，要治本，需要来自社会自发的努力。因此，通俗教育研究会经常通过各种呼吁的方式来鼓励民间自发作为，期望通过教化的手段引发社会大众自发改善的动力。

1918年2月，通俗教育研究会发表了一封公开信函，题为"本会致各书店劝告小说编辑家宜注重提倡勤苦美德函"，该函是对当时社会风气败坏感到忧心，借由劝吁从事小说创作与出版事业的相关人士自我警惕，以免情况继续恶化。自晚清梁启超把小说捧为"文学之最上乘也"[①]开始，小说就以"改良社会的利器"这一全新身份获得极大的发展空间。但到了民国时期，其实际情况事与愿违，流行于市面的小说，其题材主要属于鸳鸯蝴蝶派类型，该类小说在当时的士人眼中不仅伤风败俗，更有激发青少年做出有违传统文化举措的作用。因此，这些以情爱为主的小说实际上并不受知识分子欢迎，并且其中更有甚者，常以标榜男女情色为主旨的小说广为发行以求谋利，除此之外，还有各种描写阴谋影射的黑幕小说也甚受欢迎。这种情况其实也是按市场原则自然发展的结果，小说作家及出版商依从商品化的倾向来出版小说牟利，这种题材的小说广受大众欢迎，这让知识分子把当时的社会混乱与它们联系起来，认定它们是败坏社会的渊薮之一。上海租界是出版这些小说最为兴盛的地方，上海的道德败坏与

①梁启超．饮冰室合集第十卷［M］．北京：中华书局，1989：7．

堕落更加深了知识分子把这类小说视为恶源的想法。[①]姑且不论这种认知是否是传统士绅的偏见，仅就“改良社会的利器”这一观点来看，这类题材的小说对于改良社会即便说不上败坏，至少也是无甚贡献。对于把小说作为社会改良工具的通俗教育研究会而言，极希望扭转这一风气，因此，在劝吁文中就如此说：“小说家言有关于通俗教育最为深切，本会自成立以来所审核之小说已达七百余种，内呈准给奖者，凡二十九种，其中以译本为较多，而陈述民生困苦，劝导国民勤俭者尚不多见，近时财力凋敝，生计艰难，几于全国皆然，而一观通都大邑，则俗尚奢靡，习惯豪华。学子惰游，百业颓败，盖生活程度日高，而国民自治之常识不能与之俱进，遂成此现象。而今之小说家复喜暴扬佻达之习，播散淫靡之辞，青年阅之最易荡情失志，欲救斯弊，计惟有从积极方面设想，提倡坚苦卓绝之风，或可挽回于万一。况我国民之勤俭耐劳本乎天性，若经小说家之表，必更足动阅者之观感。窃望编辑小说诸家，本此宗旨，以诚挚之意，述浅近之言，凡社会艰窘之状，人民困悴之情，以及学生、工人刻苦自励之美德，悉为据实抒写，以激励国民，挽回崇俭风气，其于通俗教育裨益当非浅鲜。”[②]

信函中诉诸的理念并不陌生，皆来自中国传统文化的美德观，这也是中国大众所熟识的训诫，这种面向保守的回归，并不代表该会在观念上表现出反动的倾向，而仅仅是对当时社会风气偏差的问题做出的回应，运用的语汇是传统的，是对“生活程度日高，而国民自治之常识不能与之俱进”的现象所做的调整，并不表示他们希望重返传统的中国模式，毕竟这也是不可能达到的。虽然通俗教育研究会能通过教育部来查禁“有害”小说，但这种消极的方式并不为该会所喜，他们更希望诉诸一种中国士绅阶层所共有的传统道德情感，即通过对社会的责任感来感召小说作家和出版商进行自律约束。此函获得了商务印书馆编译所的赞同，该编译所表示“敝所同人自当仰体盛意，奉为编辑方针，同尽劝扬之责也”[③]。

这一信函发挥了多少效用难以推断，但在同年7月，通俗教育研究会再次发表另一则公开信函，此函题为“本会劝告小说家勿再编黑幕一类小说函”，与

①陈平原.中国现代小说的起点：清末民初小说研究[M].北京：北京大学出版社，2005.

②通俗教育研究会.通俗教育研究会第四次报告书·专件[M].北京：通俗教育研究会，1919：1.

③通俗教育研究会.通俗教育研究会第四次报告书·文牍一[M].北京：通俗教育研究会，1919：5.

上一函比较,这次的题名则更具针对性。该函做出如此劝诫:“夫吾国教育尚未普及,不乏程度幼稚之人,故良小说劝导社会之力常不敌不良小说诱惑社会之力,本会成立以来,对于不良小说选经呈准教育部咨行内务部通行查禁。惟是不检之行为,与其赖官厅之禁令,终不如国民自知以道德为重之为愈。近时黑幕一类之小说,此行彼效日盛月增,核其内容,无非造作暧昧之事实,揭橥欺诈之行为,名为托讽,实违本怡,况复辞多附会,有乖实写之义,语涉猥亵,不免诲淫之讥,此类之书流布社会,将使儇薄者视诈骗为常事,谨愿者畏人类如恶魔,且使觇国乏人,谓吾国人民之程度其卑劣至于如此,益为谓将鄙夷轻蔑,以为文明种族不足比伦,作者诸君,孰非国民,孰无子弟,自返良心,何忍出此,本会为此滋惧,用敢敬告今之小说家尊重作者一己之名誉,保存吾国文学之价值,勿逞一时之兴会,勿贪微薄之赢利,将此日力多着有益之小说,庶于风俗人心不无裨益。”①

北洋时期政局混乱,社会处于过渡阶段,对当时年岁较长的人士来说,世局就是一幅风俗败坏的现实图景。小说风靡于世,其发展方向是按市场原则的自然过程,黑幕小说能风行于民众之间,与其说这是小说家刻意造成的结果,不如说是大众的喜好选择了这种类型的小说,而小说家往往是依靠创作小说赚取“微薄之赢利”以维生,所以他们不过是成功抓住了大众的倾向而加以配合。然而这种“此行彼效日盛月增”的风气,使原本定位为改良国民素养利器的小说的性质被扭转,同时对通俗教育的目标造成极大威胁。通俗教育研究会坦诚地表示了忧虑,“此类之书流布社会,将使儇薄者视诈骗为常事,谨愿者畏人类如恶魔,且使觇国乏人,谓吾国人民之程度其卑劣至于如此,益为谓将鄙夷轻蔑,以为文明种族不足比伦”。通俗教育研究会既害怕这类小说的价值观内化到大众的心灵之中,也疑虑外国人因接触到这类小说而对中国产生不良印象,这种想法的出发点是伦理性的,而非政治性的,其出发点仅仅是发自隐恶扬善的价值传统,所以应该避免把通俗教育研究会的审查行为视为一种政治性的举动,而应从型塑社会风气的角度来进行观察,以了解这段时期士绅阶层中普遍存在的疑虑,对社会风气变化日殊的担忧,并尝试重新引导这些风气的变化。事实上,

①通俗教育研究会.通俗教育研究会第四次报告书·专件[M].北京:通俗教育研究会,1919:2.

从通俗教育研究会的会议记录来看，该会人员思考应对策略时，对于以政府行政命令的强硬方式来禁绝不良小说也是持保留态度的，比起禁止这类较为负面的方式，他们更希望用积极的方式来唤起民众的自觉。

以上两则信函昭示了一个事实，即通俗教育研究会尝试通过唤起士绅阶层传统的道德情操，期盼通过个体自律的方式来改善风气日差的现象，扭转大众文化风气的“劣化”趋势。并且，通俗教育研究会希望从积极层面的提倡来达成这一目标，而不是单纯采取消极的禁绝方式。由于这种劝吁既缺乏强制力，又极度依赖小说家与出版行业从事者的自觉，且通俗教育研究会过分高估了知识士绅阶层的传统价值观，其矜持意识明显敌不过利润，故而最终这些呼吁也就显得成效不彰。

# 第四章

# 通俗教育研究会的组织架构与活动

对通俗教育设立研究会进行推广及研究的组织遍布全国，这些组织大小各异，人员规模亦各不相同，从表4-1可见，地方上的通俗教育研究会少则2处，多则30处，会员数少则30人，多则近2000人。从这些差异极大的数据可以看出，按照省份的不同，各地对通俗教育的热情也各不相同，这些通俗教育研究会之间并没有隶属关系，大多都是独立的机构，有的是公立，有的是私立。所以，要了解这些研究会的组织形态与工作性质，需要花费相当多的精力。为此，通俗教育研究会再一次以其典范的作用，为林林总总的类似组织提供了参照物。如前面所述，虽然通俗教育研究会仅仅是附属于教育部社会教育司下的一个咨询性组织，不具有真正的权力，然而种种因素使然，位于京城的通俗教育研究会得以通过间接的形式辐射其影响力，例如地方上要办类似的组织时，会自然参考已有的先例，而且会尝试通过各种方法向其寻求协助。因此，通俗教育研究会的组织形式就成了各地的参照物，让其带有普遍的代表性。

本章通过介绍通俗教育研究会的组织架构与活动，不仅可以展示研究会的内涵，更可借此参照物，得窥此类型组织的运作。即使未能一一研究各地研究会的实态，但通过把握通俗教育研究会的范例，对全国各地其他不同组织至少能有概念上的认识，并且以此作为深入了解各地通俗教育发展的尺度和考察通俗教育发展实况的重要借鉴，以小见大。

表4-1 全国部分地区通俗教育研究会情况统计表[①]

| 地区 | 处数/处 | 会员数/人 | 备注 | 地区 | 处数/处 | 会员数/人 | 备注 |
|---|---|---|---|---|---|---|---|
| 直隶 | 3 | 292 | 公立2处，私立1处 | 山西 | 8 | 155 | 公立3处，余皆私立 |
| 奉天 | 16 | 356 | 公立3处，余皆私立 | 江苏 | 12 | 1012 | 皆系私立 |
| 吉林 | 3 | 90 | 皆系私立 | 安徽 | 2 | 30 | 皆系私立 |
| 黑龙江 | 2 | 158 | 皆系私立 | 江西 | 18 | 923 | 皆系私立 |
| 山东 | 20 | 1571 | 公立8处，余皆私立 | 福建 | 6 | 433 | 皆系私立 |
| 河南 | 30 | 1956 | 公立4处，余皆私立 | 浙江 | 9 | 373 | 皆系私立 |
| 湖北 | 19 | 1441 | 公立3处，余皆私立 | 湖南 | 4 | 230 | 公立1处，私立3处 |
| 陕西 | 12 | 299 | 公立3处，余皆私立 | 甘肃 | 9 | 166 | 公立1处，余皆私立 |
| 新疆 | 2 | 58 | 皆系私立 | 四川 | 24 | 1022 | 公立4处，余皆私立 |
| 广东 | 4 | 510 | 皆系私立 | 广西 | 2 | 50 | 皆系私立 |
| 云南 | 24 | 1514 | 公立10处，余皆私立 | 贵州 | 2 | 283 | 皆系私立 |

## 第一节 组织架构

时任通俗教育研究会会长的袁希涛在第二次全体代表大会上发表演说时表示："中国办十余年新政，十余年教育，而其效验究竟安在，纵不能谓毫无效验，而其效验之薄弱，必百口同声而莫能为讳，此实可为感慨者，何况每办一事，

①陈元晖. 中国近代教育史资料汇编[M]. 上海：上海教育出版社，2007：393-394.

每成一会,只有章程、有条例即谓责任已尽,更无办事之实力。今本会诸君,俱素抱热忱,务从实际进行,推而广之,必使社会日益改良,国力日益扩张,此所希望于诸君者也。”[①]袁希涛有感于前清办理各种教育事务时往往止于制度、章程、条例,但真正能落实到执行层面的成果不多,如今踏入民国之世,教育部设立通俗教育研究会,研究会固然是“有章程有条例”的机构,但他更期望其能成为一个实务性更强的官方组织,在通俗教育方面做出具体的成果。虽然编写组织章程与实际的工作成果是两回事,但在探究通俗教育研究会的过程中,从其章程的内容来了解该会的组织结构、事务分工与运作方式,并检视该会的有关章程与条例等资料,能让人们更清晰地把握研究会的内涵。通俗教育研究会主要是根据《通俗教育研究会章程》成立的,该章程明确指出了研究会的发展方向。

首先总则第一条就开宗明义地表示“本会以研究通俗教育事项,改良社会普通教育为宗旨”[②]。其中以“改良社会普通教育”作为该会的核心宗旨,实践的方式是“研究通俗教育事项”。从第一条的陈述中可以看出该会并不只是一个行政机构,更是具备研究功能的智库团体,在教育部制定通俗教育政策与实施过程中发挥作用,并以提供咨询意见的方式来发挥影响力。

而总则第二条指出“本会由教育部设立,受教育总长之监督”[③],说明通俗教育研究会具备官方性质,并且具有直属于教育总长的身份,使该会俨如中央部会统筹全国通俗教育发展事务的机构。这种角色形象让通俗教育研究会进行的活动带有中央政府的色彩,这种身份背景影响使得通俗教育研究会的影响力不只局限于北京一隅,更能把影响力辐射至全国范围。

通俗教育包含的内容种类繁多,不可能所有项目都一起发展,需要挑选其中较具潜质的项目,有秩序地落实到现实层面。通俗教育研究会设立了3个股,它们各自负担不同的重点项目,分别是小说股、戏曲股、讲演股,从各股的名称就可以看出哪些项目获得了研究会的垂青。而各股的业务内容则可从《通俗教育研究会章程》的条文来大概了解,以下分别就各股的条文进行讨论。

①通俗教育研究会.通俗教育研究会第一次报告书·记事[M].北京:通俗教育研究会,1915:5.

②沈云龙.中华民国教育法规汇编[M].台北:文海出版社,1987:473.

③沈云龙.中华民国教育法规汇编[M].台北:文海出版社,1987:473.

## 一、小说股

首先以小说股为例，按章程规定，该股主要处理四项事务：(1)关于新旧小说之调查事项；(2)关于新旧小说之编辑改良事项；(3)关于新旧小说之审核事项；(4)关于研究小说书籍之撰译事项。[①]

从这些项目来看，小说股的核心职责主要集中在小说相关的内容上，调查与审核大致属于行政工作，而编辑改良与撰译等事项，则更接近于小说文本的生产。首先是对新旧小说进行调查，以把握当时小说发展的状况，并在这一基础上进行分析，以了解各类型小说对通俗教育的利弊所在，接着按通俗教育研究会所设定的标准进行选择，以去除“不适合的小说”来达成改良小说的目标。其基本进行方式是通过被动审核和主动创作，还包括翻译外国的优良小说等，务求以合乎通俗教育旨趣的小说逐步取代市面上流行的不良小说。

为了使活动有序开展，小说股就其进行办法亦经过一番讨论，并把讨论结果结集成《小说股进行办法案》颁行。此案主要分为6个部分，分别为小说种类、审核标准、征取、编译、奖励、禁止等。小说种类部分把该股关注的对象限定在3类文本中，它们分别是单独发行的小说、编集发行的小说报以及在报章上附载的小说。而审核标准、奖励、禁止等项则另有专件说明，这些内容将在后面的章节中进一步详谈，以下仅先就其余项目进行解释。

征取一项是就小说股进行审核活动的材料来源做出分类，大致分为会内自行购备、借通俗图书馆所有者、函请各书坊已出版小说赠送本会一部、私人投赠等四种来源。在其实际运作过程中，通俗图书馆的藏书是其审核材料的最大来源，由于研究会财政紧绌，缺乏足够的资金购买各类小说文本，加之小说的出版并不需要经官方认可就能在市面贩卖，故研究会既不能逼迫出版商无偿提供文本，也没有足够的经费来收购，所以，只有先从已有的小说开始检查。另外，依靠他人免费赠送的方式得到的文本数量有限，不足以达成审核活动的目标。通俗图书馆本身已购有大量小说文本供读者借阅，而且也是官方机构，调阅文本既免费又方便，所以小说股就承此之便，向通俗图书馆借取需要审核的小说文本，以求节省开支。通俗图书馆本身具有官方机构的性质，如果通俗图书馆提

①沈云龙.中华民国教育法规汇编[M].台北：文海出版社，1987：473.

供阅览的文本被官方认为是“不适当的书籍”，无疑是一件尴尬的事情。因此，小说股对通俗图书馆的藏书进行审核，也就顺势确保了馆中所藏图书文本符合官方改良小说的方针。

编译一项展示了小说股对民间小说编撰与翻译等活动所保持的立场。按此项条文的说明，小说股认为应该对现存的社会风俗加以劝诫，假如某种体裁的小说有利于通俗教育，研究会就应该积极与书商交涉，促使书商在出版工作上能符合官方改良小说的方针，符合“有益于世道人心”的标准，而通俗教育研究会也会通过一些措施来加以劝勉鼓励。总而言之，通俗教育研究会通过向小说出版商施加影响，以期小说的出版能与官方通俗教育的方针保持一致。

## 二、戏曲股

除小说外，戏曲也是通俗教育中的重头戏，而且在小说、戏曲与讲演三大项目中，戏曲也较为特别，它需要的技术水平更高，操纵难度也更大，所以，对其功效的期待也是最高的。蔡元培在形容戏剧的影响力时就表示“就中国往事观之，旧剧感人之魔力实为至巨，如清季拳匪之祸，肇于刚毅诸人，而此辈之见识，纯由观剧而得。刚毅尝谓人曰：‘董福祥者，我之黄天霸也。’是即受施公案等戏剧之教育者。拳匪之不曰‘神仙下凡’，即曰‘天将来助’，亦即本之于我国戏剧。”[①]蔡元培用这个负面例子来描述戏剧对人所能产生的作用，若能正确地把戏曲应用在通俗教育上的话，其做出的积极影响是巨大的。既然戏曲被如此期待，那承担这一项目的戏曲股主要负责哪些事务呢？考其章程，戏曲股负责处理的事项有以下五项：(1)关于新旧戏曲之调查及排演之改良事项；(2)关于市售词曲唱本之调查及搜集事项；(3)关于戏曲及评书等之审核事项；(4)关于研究戏曲书籍之撰译事项；(5)关于活动影片、幻灯影片、留声机片之调查事项。[②]

与小说股相比，戏曲股负责的范围更为广泛。戏曲股实际上包含“戏”与“曲”。“戏”泛指所有的戏剧类型，包括传统的戏剧表演，如京剧、粤剧等，同时受西方影响而产生的新型戏剧类型，如白话剧、歌剧等也包含其中。而所谓的

①蔡元培.蔡元培散文[M].侯晓菊，选编.上海：上海科学技术文献出版社，2013:61.

②朱有瓛，戚名琇，钱曼倩，等.中国近代教育史资料汇编·教育行政机构及教育团体[M].上海：上海教育出版社，2007:376-377.

“曲”主要是指唱词等,如昆曲一类以唱为主的表演形式。一般市民大众在街头巷尾经常遇见的各种纯粹以唱的形式进行的表演都属于“曲”的范围。因此,戏曲股以戏曲来命名,是因为当时中国社会皆以戏曲为主流大宗的表演艺术,当时各种新的或小众的戏剧类型尚处于萌芽发展阶段,它们未必如戏曲那样流传广泛,但其爱好者日增,发展日速,所以也成了戏曲股关注的对象。可以说戏曲股涉及的领域包括了当时所有以动态画面及声音为主的表演形式,包罗甚广。其他诸如词曲唱本、评书等市井常见的活动,无一不与通俗教育有关,再加上新兴的活动影片、幻灯影片、留声机片等项目也被归为戏曲股的工作对象,甚至随着时间的推移,新发展出来的主流表演艺术——电影也被添加至戏曲股的工作清单里。

戏曲股的主要工作除了对上述项目进行调查以外,更兼负实践重责,身体力行地为大众展示优良的戏剧模样,以带动改良戏剧的风气。例如对传统戏曲表演实施改良活动时,戏曲股就曾自行编订剧本,也会到现场观摩彩排,也会实地考察其上演情况,更会运用奖惩等审核手段来引导其发展趋势。在这段时期,主张改良中国旧剧的倡议不绝于耳,作为中国广受欢迎的传统娱乐项目,戏曲更是大家关心的重点所在,对其改良的方法林林总总,通俗教育研究会也希望把戏曲运用到教育大众的事业上,因为戏曲本身兼具趣味,也方便人们通过剧情编排来寓教育于娱乐,因此研究会在改良戏曲的工作中投入大量精力。这些工作包括对现有的戏曲进行调查,并对其内容与表演形式进行审查,甚至有部分研究会的干部会积极地自行编撰新作品,并通过无偿提供剧本的方式,使民间剧团愿意与之合作,这些作品往往都是精心之作,兼具教育意义及娱乐性,颇能体现研究会戏曲改良计划的宗旨。通俗教育研究会编撰的作品是无偿提供的,在缺乏优良戏本的情况下,采用官方编撰且质量较好的戏本也是各戏剧从业者合理的选择。对通俗教育研究会来说,只要达到示范的目标即可,毕竟官方编排的戏曲作品,其主要目标就是展示所谓“理想的”戏曲模样,促使私人剧团仿效,让他们在自行生产戏剧文本时,能参考官方的模板,确保戏剧改良能与官方的期待一致。

## 三、讲演股

与小说股、戏曲股不同，讲演股负责的事项不似前两者般重点鲜明，按章程所示，讲演股有以下四项工作：(1)关于讲演材料之搜集审核事项；(2)关于讲稿之选择及编辑事项；(3)关于书画报、白话报、俚俗图画等之调查及改良事项；(4)其他不属于各股事项。[①]

小说与戏曲作为通俗教育两大重点主题，都有明确的对象，这两个股的工作在技术层面上较为复杂，如小说的审查需要进行较长时间的阅读，而且小说数量众多，工作量也较为庞大，而戏曲股的工作在复杂度上更是三股之最。相对而言，讲演虽然也属重点项目，但从工作内容看，主要是收集既有的讲稿加以审查，在数量上不如小说多，阅览也较为方便。相对于前两者，其工作复杂性较低，因此讲演股除了处理讲演相关的事务外，还需要兼做其他杂项事务，例如书画报、白话报、俚俗图画等的调查工作与改良，而且第四条条文更暗示了以后新增的工作也可能归讲演股负责。因而，讲演股的工作范围既广泛又多元。据现存的文献数据显示，讲演股的工作主要有调查各地风俗习惯、审核各类讲演参考书籍、举办讲演活动、编辑各类讲演材料、收集和审查各种图像性的材料等，其工作在技术上的要求较低，但在繁复程度上因事务众多，种类不同，不比前两股轻松。

通俗教育研究会的业务主要通过以上三个股会进行，并由这三个股会把研究会的各种理念实践出来。一个机构的运作，除了特定的机能外，还有各种各样的日常事务需要处理，它们往往是较为沉闷的行政工作。通俗教育研究会主要从会员中挑选部分人士担任干部，但研究会的会员大都是不支薪的，所以在章程中除了会员外，还规定会招聘一些支薪的延聘员及雇员，以帮助处理会中各类事务，弥补名誉职的会员在功能上的限制。

通俗教育研究会把会务划分到三个股会处理，并规定了各股会每星期最少召开一次会议。然而，鉴于各股会工作性质差异，加上偶发事件的影响，在实际运作中，此规定并未切实执行，但这种做法并无碍各股会工作的正常运行。《通

①朱有瓛，戚名琇，钱曼倩，等.中国近代教育史资料汇编·教育行政机构及教育团体[M].上海：上海教育出版社，2007：377.

俗教育研究会章程》除了要求各股会定期召开会议外,也容许其召开临时会议处理突发事情,并且在正常情况下,通俗教育研究会通常于每年12月左右召开年终大会,在大会中报告各股会年内的工作情况及成果,同时也对该会的财务状况与运作情形进行说明。通俗教育研究会是隶属于教育部的机构,因此除了年终大会的报告外,通俗教育研究会也需要以文书的方式向教育部扼要地报告研究会该年度的进行情况,以备教育部了解通俗教育发展的成果。

通俗教育研究会的营运经费是由教育部支持的,在《教育部呈大总统拟设通俗教育研究会缮具章程预算表恳拨开办经常各费文》中,估算开办通俗教育研究会的开办费为1000元,经常月需为1200元。[①]如图4-1所示,与其他两家同样是推行通俗教育的机构相比,通俗教育研究会在经费的数额上略显优裕,且至1919年,其经费预算总体呈现上升的趋势。仅从经费的因素来看,通俗教育研究会的工作应该是颇受教育部认同的,肯定其作为通俗教育政策的重要执行者。可惜的是,在阅读了通俗教育研究会每年的年终报告书后,得知该会经常遇到未能如数获得预算编列经费的情况,在某些月份甚至出现欠发经费的问题,常常需要动用存款支应。造成这一问题的缘故,一是受民国常有的财政困难的影响,二是不时遇有突发的政治事件所致,如洪宪帝制与张勋复辟就曾一度导致该会活动受阻,被迫暂停一段时间。这种不正常的财政状况,使得通俗教育的发展及成效受到一定程度的削弱。通俗教育研究会虽然经历了种种困难,但都能勉力维持下来,并在各方面推进通俗教育的发展,这些成果主要归功于从事者们对通俗教育事业的热情。虽然图4-1的预算安排未能真正落实到实际运作中,但它反映了一些重要的信息,如通俗教育的价值至少受到当时教育部的肯定,所以教育部才愿意为之编列预算,投放较多的资源来推行。

从成员结构来看,参与通俗教育研究会的人员主要是知识分子,且大都是具有传统士绅经历的改良派及革命派中的温和分子,他们对于教育与中国现代化的关系具有相近的见解,当中更有不少官僚,所以具有相似的观念和价值观。在这种背景下,通俗教育研究会主要成员在工作上颇有效率,其会议记录显示成员们对处理问题的方式皆有所讨论,谋求共识,可见研究会的组织架构具有

①通俗教育研究会.通俗教育研究会第一次报告书·专件[M].北京:通俗教育研究会,1915:2.

相当的合理性。

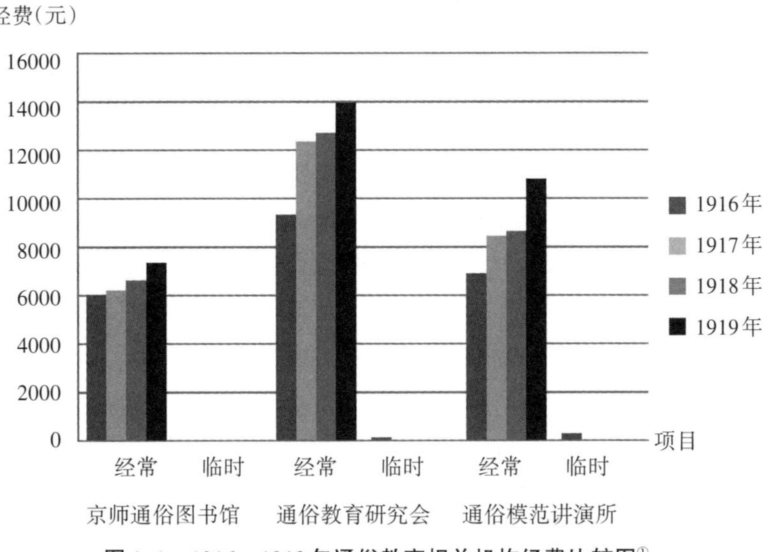


**图4-1　1916—1919年通俗教育相关机构经费比较图**①

## 第二节　成员构成

一个组织的成员构成往往对该组织的文化与特质起关键作用,自清末起,各类社团组织如雨后春笋般涌现,但真正能发生效用的只是少数。一般来说,传统士绅具有经办地方事务的经验,在组织社团方面自然驾轻就熟,但能否达成社团的默认目标,组织内部的成员构成就相当重要了,不能光靠几名干部来处理一切问题。通俗教育研究会自建立后,由于附属于教育部之下,因此必须要做出一定的成果作为政绩。为此,通俗教育研究会的成员不能只基于个人兴趣,也必须要具备办理实事的能力。通俗教育研究会既隶属于教育部之下,教育部本身的职员也就成为研究会的核心成员,另外,为了让各项事务得以顺利开展,《通俗教育研究会章程》还特别要求从北京其他部会及组织邀请代表参加,以期在推行通俗教育相关工作时能得到各方的专业意见。因此,考察通俗教育研究会的成员构成,可帮助我们了解研究会在建立其机构时的设计考虑。

①图4-1根据《北洋政府档案·教育部》中所收录的《教育部行政纪要第二辑》及《教育部所管民国八年度岁入岁出表》编制而成。中国第二历史档案馆.北洋政府档案[M].北京:中国档案出版社,2010:10.

按《通俗教育研究会章程》规定，研究会的成员主要分为两类，一类是名誉职的会员，他们担任会员及干部，没有薪资，另一类则是支薪的聘雇人员，是为了处理日常行政工作和杂务而聘请的人员。名誉职的会员是研究会的骨干成员，主导研究会的发展方向。在建会时，为了确保研究会的顺利运作，更特地规定某些定额会员需要从特定组织邀请，某些职位更是明文规定由某些人士担任，其规定如下：(1)由教育总长指定若干名教育部职员参与；(2)由学务局选派2名职员，经教育总长认定参与；(3)由教育部直辖学校各自选派1名职员，经教育总长认定参与；(4)由学务局选派京师劝学所职员2名，经教育总长认定参与；(5)由教育部函商警察总监选派京师警察厅4名职员参与；(6)由教育部饬知京师教育会会长选派会员2名参与；(7)由教育部饬知京师通俗教育会会长选派会员2名参与；(8)由通俗教育研究会延聘若干名对研究会研究事项有专长者。

以上八类除第一类与第八类没有规定数额外，其他六类人士均设有定额。这种安排主要是考虑到通俗教育活动本身相当多元化，往往需要循多种途径进行。因此，通过确保其他组织派遣固定数量人员参与，在推行各种活动时便于协同合作，彼此交换信息，让通俗教育的实施更为顺利。

另外，上述人员大部分都是来自教育机关的人员，鉴于通俗教育研究会附属于教育部之下，这一情况并不足为奇。然而，通俗教育研究会特地要求京师警察厅派员参与这一点，很自然地会引起研究者的注意。考其原因，有鉴于民国时期处理各种民政事务，不时需要仰赖警察厅的帮助，毕竟他们在处理市井间的事情时，较能把握民间的实际情况，也具有足够的能力去处理，通俗教育活动需要在民众间展开，自然也就是在这些市井环境中进行，熟知情况的警察厅不管是搜集相关信息，还是在落实执行的过程中，均是通俗教育研究会的重要助力。因此，规定警察厅派遣固定数额的人员参加通俗教育研究会，便于得到这些熟知警政事务人士的意见，可避免通俗教育活动在办理的过程中与警政法规有所扞格，并且这些人员也是彼此沟通的有效途径，以帮助协调各项事务。

通俗教育研究会内设若干干部，以便管理会务运作，按《通俗教育研究会章程》规定，设会长1名，总理会中事务，另外还设经理干事、交际干事、庶务干事、会计干事等职，以管理日常会务与对外交际。而小说股、戏曲股、讲演股，则各设主任1名，由会长指挥处理各股事务。会长及各股主任均由教育总长指派任免。各股之内亦设干事若干名，由会长从会员中选任，再经教育总长核定。干事主要的职责是听从会长指挥，在各股内担任调查、编译、审查等工作。除名誉职的会员外，还有支薪雇用的职员，他们的主要职责为专责处理各类编辑译述的工作，管理文书缮写、保存、收发等事项，以及处理各类日常行政事务，因其工作量较大，故需要特地聘员处理，此外还包括一些杂工、执行印刷等。

表4-2　通俗教育研究会会员名录（1915年）①

| 职任 | 姓名 | 别号 | 籍贯 | 职务 |
|---|---|---|---|---|
| 会长 | 袁希涛 | 观澜 | 江苏宝山 | 本部次长 |
| 经理干事 | 高步瀛 | 阆仙 | 京兆霸县 | 本部司长 |
| 交际干事 | 陈任中 | 仲骞 | 江西赣县 | 本部佥事 |
| 庶务干事 | 徐协贞 | 吉轩 | 湖北钟祥 | 本部佥事 |
| 会计干事 | 王丕谟 | 仲猷 | 京兆 | 本部主事 |
| 小说股主任 | 周树人 | 豫才 | 浙江绍兴 | 本部佥事 |
| 戏曲股主任 | 黄中垲 | 芷涧 | 湖北江陵 | 本部佥事 |
| 讲演股主任 | 祝椿年 | 荫庭 | 京兆宛平 | 京师学务局通俗教育科长 |
| 小说股调查干事 | 刘宗炎 | 勃安 | 安徽潜山 | 京师警察厅科员 |
| 小说股调查干事 | 王家驹 | 维白 | 江苏丹徒 | 本部视学 |
| 小说股调查干事 | 孙壮 | 伯恒 | 京兆大兴 | 北京通俗教育会会员 |
| 小说股审核干事 | 陈宝泉 | 筱庄 | 直隶天津 | 北京高等师范学校校长 |
| 小说股审核干事 | 陈懋治 | 颂平 | 江苏吴县 | 本部佥事 |
| 小说股审核干事 | 张继煦 | 春霆 | 湖北枝江 | 本部视学 |
| 小说股编译干事 | 许丹 | 季上 | 浙江杭县 | 本部视学 |
| 小说股编译干事 | 冯承钧 | 子衡 | 湖北夏口 | 本部佥事 |
| 小说股编译干事 | 吴文洁 | 玉汝 | 江西宜黄 | 本部主事 |

① 北京通俗教育研究会.通俗教育研究会第一次报告书·附录[M].北京：通俗教育研究会，1915：1-6.

续表

| 职任 | 姓名 | 别号 | 籍贯 | 职务 |
|---|---|---|---|---|
| 戏曲股调查干事 | 乐达义 | 印孙 | 京兆大兴 | 京师警察厅勤务督察长 |
| 戏曲股调查干事 | 梁咸熙 | 绩三 | 京兆大兴 | 京师警察厅科员 |
| 戏曲股调查干事 | 李廷瑛 | 雨生 | 京兆宛平 | 本部主事 |
| 戏曲股审核干事 | 曾广源 | 浩然 | 湖北江陵 | 北京法政专门学校教务主任 |
| 戏曲股审核干事 | 周庆修 | 国黼 | 浙江杭县 | 本部编审员 |
| 戏曲股审核干事 | 洪逵 | 芰舲 | 安徽怀宁 | 本部佥事 |
| 戏曲股编译干事 | 毛邦伟 | 子龙 | 贵州遵义 | 本部编审员 |
| 戏曲股编译干事 | 沈彭年 | 商耆 | 江苏青浦 | 本部佥事 |
| 戏曲股编译干事 | 宋迈 | 洁莼 | 浙江吴兴 | 本部办事员 |
| 讲演股调查干事 | 闵持正 | 湜甫 | 江西奉新 | 京师警察厅科员 |
| 讲演股调查干事 | 常国宪 | 毅箴 | 湖南衡阳 | 本部主事 |
| 讲演股调查干事 | 佟永元 | 旭初 | 京兆大兴 | 京师学务局通俗教育科员 |
| 讲演股审核干事 | 吴震春 | 雷川 | 浙江杭县 | 本部佥事 |
| 讲演股审核干事 | 张孝曾 | 稼庭 | 浙江安吉 | 北京大学学监主任 |
| 讲演股审核干事 | 杨天骥 | 千里 | 江苏吴江 | 本部视学 |
| 讲演股审核干事 | 陈恩荣 | 哲甫 | 直隶天津 | 北京高等师范学监 |
| 讲演股编译干事 | 张绂 | 耘叔 | 浙江永嘉 | 分部任用人员 |
| 讲演股编译干事 | 孙百璋 | 冠华 | 浙江杭县 | 本部主事 |
| 讲演股编译干事 | 包庸 | 润生 | 京兆宛平 | 京师学务局劝学员 |
| 讲演股编译干事 | 郭延谟 | 令之 | 江苏丹徒 | 本部办事员 |
| 小说股会员 | 李基鸿 | 子宽 | 湖北应城 | 本部办事员 |
| 小说股会员 | 赵梦云 | 叔超 | 京旗 | 本部办事员 |
| 小说股会员 | 许霨厚 | 禹生 | 京兆 | 本部主事 |
| 小说股会员 | 张联魁 | 惺午 | 山西代县 | 北京农业专门学校 |
| 小说股会员 | 齐宗颐 | 寿山 | 直隶高阳 | 本部视学 |

续表

| 职任 | 姓名 | 别号 | 籍贯 | 职务 |
| --- | --- | --- | --- | --- |
| 小说股会员 | 朱文熊 | 造五 | 江苏昆山 | 本部编审员 |
| 小说股会员 | 戴克让 | 芦舲 | 浙江杭县 | 本部主事 |
| 小说股会员 | 朱颐锐 | 孝荃 | 湖南衡阳 | 本部主事 |
| 小说股会员 | 裘善元 | 子元 | 浙江绍兴 | 本部办事员 |
| 戏曲股会员 | 胡家凤 | 秀松 | 江西南昌 | 本部主事 |
| 戏曲股会员 | 李世英 | 骏声 | 直隶任丘 | 北京师范学校学监 |
| 戏曲股会员 | 许绳祖 | 梓政 | 浙江绍兴 | 北京工业专门学校教员 |
| 戏曲股会员 | 葛成勋 | 竹书 | 江苏嘉定 | 北京医学专门学校教员 |
| 讲演股会员 | 李实荣 | 芾孙 | 湖北孝感 | 本部办事员 |
| 讲演股会员 | 金庚绪 | 心余 | 京兆宛平 | 北京教育会会员 |
| 讲演股会员 | 赵毅 | 贯一 | 京兆大兴 | 京师学务局劝学员 |
| 讲演股会员 | 梁锡光 | 载之 | 京兆 | 北京教育会会员 |
| 讲演股会员 | 张廷霖 | 萍青 | 浙江杭县 | 北京女子师范学校教员 |
| 聘员 | 唐碧 | 靖垓 | 湖南永明 | 本会聘员 |
| 聘员 | 冯孝思 | | | 本会聘员 |
| 聘员 | 魏易 | 冲叔 | 浙江仁和 | 本会聘员 |
| 翻译员 | 虞锡晋 | 叔昭 | 广东番禺 | 分部任用人员 |
| 翻译员 | 刘熊 | 荣甫 | 浙江镇海 | 分部任用人员 |
| 翻译员 | 张恺 | 端卿 | 湖北钟祥 | 分部任用人员 |
| 名誉会长 | 梁善济 | 伯强 | 山西崞县 | 前本会会长 |
| 小说股名誉会员 | 刘抱愿 | 抱愿 | 江苏江宁 | 化石桥法政学校教员 |
| 小说股名誉会员 | 陈兆琛 | 席儒 | 江苏丹徒 | 化石桥法政学校教员 |
| 小说股名誉会员 | 陶铸 | 润生 | 江苏丹徒 | |
| 小说股名誉会员 | 毕惠康 | 斗山 | 湖北蕲水 | 前本部秘书 |
| 小说股名誉会员 | 廖琇昆 | 旭人 | 福建闽侯 | 京汉铁路局总管理处考工科科员 |

续表

| 职任 | 姓名 | 别号 | 籍贯 | 职务 |
|---|---|---|---|---|
| 戏曲股名誉会员 | 嵩堃 | 彦博 | 京旗 | |
| 戏曲股名誉会员 | 溥侗 | 后斋 | 京旗 | 总统府顾问 |
| 戏曲股名誉会员 | 乌泽声 | 泽声 | 京旗 | 国华报经理 |
| 戏曲股名誉会员 | 王劲闻 | 劲闻 | 安徽英山 | 大理院书记官 |
| 戏曲股名誉会员 | 恒钧 | 石峰 | 京旗 | 蒙藏院编纂员 |
| 戏曲股名誉会员 | 齐宗康 | 如山 | 直隶高阳 | |
| 戏曲股名誉会员 | 曾泽霖 | 志忞 | 江苏上海 | 中西音乐会会长 |
| 戏曲股名誉会员 | 高寿田 | 砚耘 | 江苏上海 | 中西音乐会学监 |
| 戏曲股名誉会员 | 王益保 | 君直 | 直隶天津 | 内务部 |
| 戏曲股名誉会员 | 周岐 | 支山 | 直隶天津 | 中华书局经理 |
| 戏曲股名誉会员 | 邓文瑗 | 云溪 | 广东香山 | 前本部秘书 |
| 戏曲股名誉会员 | 张毓书 | 展云 | 京兆宛平 | 内务部编纂会编纂员 |
| 戏曲股名誉会员 | 袁祖光 | 瞿园 | 安徽太湖 | |
| 戏曲股名誉会员 | 许鸿逵 | 豪士 | 江苏太仓 | |
| 讲演股名誉会员 | 林兆翰 | 墨卿 | 直隶天津 | 筹办京师模范通俗教育讲演所所长 |
| 讲演股名誉会员 | 王金绶 | 紫珊 | 直隶丰润 | 军政宣讲处监督 |
| 讲演股名誉会员 | 曹振勋 | 致尧 | 直隶安新 | 教科书编纂处员 |
| 讲演股名誉会员 | 彭诒孙 | 翼仲 | 江苏吴县 | 京话日报主任兼塔尔巴哈台参赞公署驻京委员 |

表4-2为1915年通俗教育研究会初建立时的会员名录，其中由教育部派遣人员34人，支薪聘用人员3人，来自其他机构的派遣人员和以个人名义充任名誉会员的有48人，共85人。他们当中主要的活跃分子大都是来自教育部的派员，并且大多数都任职于社会教育司，其中不少人在晚清时期已经开始从事通俗教育的工作，具有相当丰富的经验。以高步瀛为例，他在光绪三十二年（1906年）就曾经与陈宝泉合著过一本名为《国民镜》的讲演参考书，该书内容主要是辑录世界各国的历史事例作为国民效法的模范，并且以此解释当代国民应有的行为准则，说明国家的兴衰与个人自身的利害关系，强调学习列强先进知识是对抗列强侵略的唯一办法，同时也积极为学习列强知识者正名，指出他们的行为并非

崇洋媚外，而是忍辱负重之举。这些讲演的内容更是劝勉群众要有为国难献身的精神，以国家破灭民众也难以幸免等理由来说服民众，强调因爱国而身遭困境也胜过坐视国家破亡而沦为亡国奴。同时，严厉斥责那些勾结外国势力掠夺国家利益的人，劝诫国民莫因一时的自身小利而损害国家的大利，解释这种短视行径最终都会祸及自身。除高步瀛外，其他的成员在晚清多有功名，或为举人，或为进士，他们办理相关事务已具有一定经验，由这些人主导的通俗教育研究会很自然在通俗教育事务的办理上会延续前清的经验和做法。由此可知，通俗教育的发展并非横空出世，而是历史积累的结果，它在实施方法与教学内容上，承袭了前清的基础，以改良的方式继续发展，以延续晚清未竟的事业。

通俗教育研究会的成员，除了大都具有教育事业的背景外，另外也有不少著名人士参与其中，如周树人、北京高等师范学校校长陈宝泉、著名媒体人彭翼仲等。各会员的参与力度有多大缺乏足够的资料来评估，从现在留下的会议记录中，大概可以推知一众干事是研究会的主力。这些干事中最为今人所熟知的就是周树人，即鲁迅，其他干事在名气上不及鲁迅，但在当时也都是经验丰富，能力不俗的行政官僚。鲁迅在北洋政府教育部任职过一段时间，在这段时间中他就参与过通俗教育研究会的工作，并且担任小说股主任，然而历时不长，1916年袁世凯称帝，鲁迅就以“部务太繁，势难兼顾”为由离职，后来虽于1916年10月4日再次担任小说股审核干事，但活跃程度已不如之前。[①]在鲁迅参与的过程中，最重要的工作就是制定《劝导改良及查禁小说办法案》与《公布良好小说目录案》。鲁迅作为我国著名的文学家，尤以小说作品闻名于世，而小说同时也是通俗教育的重要工具，因此，虽然鲁迅任职时间不长，但这些数据对于了解鲁迅的小说观念有重要意义。本文不以鲁迅为讨论核心，也就不加详谈，但从鲁迅这类新人能在通俗教育研究会担任小说股主任一职可知，通俗教育研究会在最初至少不是故步自封的，不是如一些人所批评的封建官僚小团体，他们所表现出的世界观与价值观事实上比传统印象中的北洋政府更加宽容与开放，这将在后面的章节中仔细讨论。

作为一个官方性质的组织，其人员构成与组织宗旨决定了研究会的取态方

①陈漱渝．鲁迅与通俗教育研究会——介绍《通俗教育研究会第一、二、三次报告书》[J]．山东师范大学学报（人文社会科学版），1977，22（05）：72-75.

向，它一方面传达了官方认可的观念，另一方面，其骨干成员大都有心于通俗教育，如何诠释和表现官方的观念，事实上会受到这些骨干成员想法的左右。然而民初政局混乱，所谓的官方意志经常随政局变动，很难说有一确定的指导力量存在，在这种情况下，骨干成员的影响力就具有很强的作用。通俗教育研究会的会员构成并非固定不变，其成员历年都有所变动，数额不一。按《通俗教育研究会章程》所示，大部分会员都是受其任职处所的派遣而参加通俗教育研究会的，个人参加意愿各不相同，再加上如果其任职处所或职务有所变化，如调任或辞职等，就需要按《通俗教育研究会章程》的规定调派新的人员进行递补，以符合规章要求的需有特定组织的定额会员。其中有部分人会因个人意愿，继续以私人名义参与通俗教育研究会的工作，抑或纯粹保持会员头衔而不积极参与活动，但因职务而参与的会员名额则必须合乎规章。例如1917年，京师学务局劝学员赵世安因停止职务，所以改派赫春林充任会员，这种情况时有发生。此外，有时候同一机构的派员可能在短时间内数次更换，为了确保会务推行的稳定性，这些人员难以成为活跃分子。与之相比，教育部自己的派员则稳定得多，通俗教育研究会的骨干成员自然而然就以他们为主，因此这些人员的思想观念就主导了研究会的工作方针。大多数情况下，与其说通俗教育研究会展现了北洋政府对通俗教育的想法，不如说这些人员构造了北洋政府的通俗教育观，并据之以推进各式通俗教育政策。

## 第三节　通俗教育研究会的活动

通俗教育研究会于1915年正式成立，其活动直至1928年正式终止。事实上自1920年起，通俗教育研究会的活动就有渐渐式微的趋势，主要是受政局动荡的影响，教育活动难以持续，这一点可以从通俗教育研究会留下的相关文件中得以了解。时间越往后，通俗教育研究会的文书记录在质量与数量上都越来越差，本来定期出版的丛刊也都经常不按时出版。由此，其机构运作情况的艰难可想而知，通俗教育研究会真正能推动其教育计划的时间也不过五六年，虽然时间不长，但在这段短短的时间里，也留下不少可圈可点的成果。在对通俗教育研究会的活动资料进行整理后，我们能够概览研究会的工作实况，并了解研究会的工作成果，以及其成员如何构思他们的工作方向。

通俗教育研究会的活动可分为两大类型：一类为日常事务，包括编译出版、调查事项、审查书籍戏剧等事务，这类事务的性质较为平实，在处理方式上通常按既定程序进行；另一类则为特别事项，需要经过众多干部一番讨论后方能决定，它们往往受到会员的高度关注。这种分类是以研究会会员的关注程度来区分的，特别事项不一定比日常事务更重要。究竟如何判断各项事务的重要性，通俗教育研究会每年年底的年度报告都很好地解答了这一问题。通俗研究会既然是教育部辖下的官方机构，自然需要对教育部汇报其工作进度，而这些报告里就很清晰地罗列了该年的工作重点，供人们了解其活动成果。

表4-3　1915—1922年通俗教育研究会重要事务一览表①

| 年份 | 议案 | 章程 | 发表 | 其他 |
| --- | --- | --- | --- | --- |
| 1915年 | 选印讲稿议案 | 通俗教育研究会章程 | | |
| | 调查年画议案 | 通俗教育研究会议事细则 | | |
| | 推广巡行讲演议案 | 通俗教育研究会办事规则 | | |
| | 戏曲脚本搜集议案 | 通俗教育研究会小说股办事细则 | | |
| | 劝导改良及查禁小说办法议案 | | | |
| | 公布良好小说目录议案 | | | |
| | 改良戏剧议案 | | | |
| | 调查戏剧议案 | | | |
| | 戏曲股宜专设交际员案 | | | |
| | 戏剧奖励章程草案 | | | |

① 资料整理自《通俗教育研究会第一次报告书》《通俗教育研究会第二次报告书》《通俗教育研究会第三次报告书》《通俗教育研究会第四次报告书》。

续表

| 年份 | 议案 | 章程 | 发表 | 其他 |
|---|---|---|---|---|
| 1915年 | 试办通俗教育讲演传习所案 | | | |
| | 提倡学术通俗讲演案 | | | |
| | 审核讲演参考用书案 | | | |
| 1916年 | 小说股进行办法案 | 奖励小说章程 | | |
| | 附设星期讲演会简章案 | 审核小说标准 | | |
| | 调查社会风俗习惯案 | 小说股发给褒状条例 | | |
| | 提倡中等以上学生讲演练习会议案 | 审核小说杂志条例 | | |
| | 拟呈请教育部通咨各省转饬各讲演机关将禁烟一事特别注重讲演案 | 修正戏剧奖励章程 | | |
| 1917年 | 本会禁止不良小说应从根本着手议 | | | |
| | 拟履行上年议决事件议 | | | |
| | 拟奖励白话新剧议 | | | |
| | 拟调查一切评话时曲鼓词议 | | | |
| | 实施本会附设星期讲演会之计划 | | | |
| 1918年 | 拟推广公布良好小说目录办法案 | | 本会致各书店劝告小说编辑家宜注重提倡勤苦美德函 | |
| | 拟发布本会征求小说章程案 | | 本会劝告小说家勿再编黑幕一类小说函 | |
| | 保护新剧著作权案 | | | |
| | 拟呈请教育部通行各省转令各讲演机关将劝诫儿童勿吸食纸烟一事特别注重讲演案 | | | |
| | 星期讲演会继续办理之计划 | | | |

续表

| 年份 | 议案 | 章程 | 发表 | 其他 |
| --- | --- | --- | --- | --- |
| 1919年 | 提议取缔新世界民声社男子文明新剧意见书 | | | 京外各机关团体与本会通函接洽索取本会所编剧本排演 |
| | 拟呈请教育部咨商司法部准于监狱举行通俗教育讲演借资感化案 | | | 报告评书研究社与词曲研究社、戏剧研究社年内办理情形 |
| | 拟于京师举办女子讲演所以扩充教育案 | | | |
| | 星期学术讲演会继续办理计划书 | | | |
| 1920年 | 将本会历年办理情形暨议决改良戏剧议案与修正奖励戏剧章程呈请教育部通行各省区以利推行 | | 函致上海书业公所，对其劝告同业毋复编印淫秽之书启事一则极表赞同，并将本会七、八年份审核小说表一并函送 | 以京中有一类小贩兜售小本小说内多淫秽之书流播甚广，由会择其尤为淫秽者将原书函送京师警察厅查禁，同时并呈请教育部咨请内务部饬警察厅随时查察 |
| | 呈请教育部援审核讲演参考用书例通饬各书肆将关于通俗教育用书送会审核以备采用案 | | 函致全国商会，送本会七、八年份审核小说表，请其转告各书店于贩卖小说时加意别择 | 浙江公民夏烈呈请取缔不良戏剧并拟具办法，经股会讨论后决存会备作参考 |
| | 提议取缔有害风俗之画片案 | | 函致各省教育厅，送本会七、八年份审核小说表，请转饬各通俗图书馆等于购备小说时加意别择 | 戏曲股议决对陕西易俗社统予褒状一纸，以资提倡 |

续表

| 年份 | 议案 | 章程 | 发表 | 其他 |
| --- | --- | --- | --- | --- |
| 1920年 | 提议实行举办女子讲演案 | | 函京师警察厅抄送本会历年呈请禁止书目,请其转饬各区随时查禁 | |
| | | | 呈请取缔及函劝勿演之剧年内由会呈请教育部咨行内务部转饬京师警察厅取缔 | |
| 1921年 | 议决协助佛教筹赈会所办之饥儿收容所施行临时教育 | | | 因应北五省旱灾,编辑灾区临时小册十一种,分送各灾区讲演 |
| 1922年 | 上海书业商会设立的正心团,订立章程普告书商,禁止印售淫书,并自行调查销毁,其法甚善,因议决呈准钧部咨行内务部,饬警厅召集书商,劝令仿照上海办法,设立团体自行劝禁,旋经本京书业同人设立进德会,成立之日由本会派员参与,并由该会订立章程呈报官厅,暨抄送本会在案 | | | |
| | 因近年京城电影院日见发达,因议决由本会函请警察厅饬各电影院照剧院例,先期将所演剧目开送本会以资考核 | | | |

表4-3所示为通俗教育研究会在1915—1922年的重要事务，其选取标准以通俗教育研究会向教育部汇报工作进度时提及的事项为主。考察通俗教育研究会留下的文献资料可知，研究会经常需要通过其他行政部门来推进各项计划，其中常见的情况是经由教育部与内务部的渠道将该会计划方案颁布实施，并借由官僚机构推展至全国范围。而在规划政策与推行较小型方案时，通俗教育研究会会直接与那些素有交往的团体洽商合作，其办理过程与官僚机构处理政务的方式大同小异，这种办事模式符合通俗教育研究会的官方身份，加上其主要成员大都担任公职，对这种办事模式自然驾轻就熟。

表4-3展示了通俗教育研究会1915—1922年间的各类主要活动，并按其类型划分成四项，分别是议案、章程、发表和其他，其中尤以议案一项最为重要，构成了通俗教育研究会工作的核心。章程则属议案的产物，可与议案合并讨论。发表与其他则属于偶发性事件，没有一定的规律，通常为因应外部问题做出的反应，并不属于研究会的长期计划，这些问题因各种原因引人关注，并通过讨论的方式制定响应之道。如《浙江公民夏烈呈请取缔不良戏剧并拟具办法》就是一个典型的例子。这位名叫夏烈的公民在他的呈文中表示："事窃教育为立国之根本，而以通俗教育为必要，通俗教育之种类不一，而以戏剧为普及吾国，戏剧除一二通商口岸之新剧略有通俗教育之性质外，其余各省内地之戏剧大都诲淫败俗者居多，苟不严加取缔，其流毒于社会宁有底止。"[①]他关于戏剧对中国社会通俗文化影响的见解颇具代表性，切合当时士绅阶层的看法，而他对取缔不良戏剧办法的建议则如此论述："通俗教育之利器有三，曰报纸、曰演说、曰戏剧，然阅报纸者必须通文义之人，吾国通文义者十人中不得二三，其收效甚微。演说虽能普及于一般人，但下等社会每多厌之，其收效亦仅与报纸等。求其收效溥而且大者，厥惟戏剧，试执下等社会人而询之曰：'尔暇时亦读报纸乎？'必曰：'我不识字。'曰：'尔听演说乎？'必曰：'所言者尽迂腐无味之谈，吾厌闻之。'若其观剧者莫不连声而首肯，此可见下等社会中人之心理矣。其所以然者，以戏剧之含有娱乐性质也，且其感动力亦较报纸演说为大，尝见愚夫妇女观剧至悲惨处，竟有流泪者，则其他可想而知，故戏剧良能化人为善，戏剧不良能化人

①通俗教育研究会.通俗教育丛刊第七辑·函牍[M].北京：通俗教育研究会，1910：2.

为恶。噫！戏剧之有关于教育既大而且巨，则取缔之举岂可须臾缓哉。吾国近日之戏剧除一二历史古剧外，其余非属伤风败俗，即为诲淫训恶，求其具有劝善惩恶之宗旨者，殊不多觏，遑论其有开通智识之剧乎，此等戏剧劝人为善则不足，劝人为恶则有余，而以妇女为尤甚。每见青年之妇女乎，居耳不闻恶声，目不视恶形，虽无智识之可言，固不失为一良善之妇女，一阅此种戏剧，往往演出伤风败俗之事，即其明证，长此以往，苟不严加取缔，则其流毒于社会宁有底止。取缔之法有二端，一积极的，一消极的。消极之办法维何？即禁止其不良者，由地方官通令各戏园或戏班，将现在所演之剧目一律开单送请审查，须具有通俗教育之宗旨者，方予以核准，有伤风化之剧，一概严加禁止，倘地方官不知剧中之情形，可委托本地士绅审定，自经审定之后，如有再演未曾核准或已经禁止之剧者，处以重罚，其处罚之权在已办警察地方责之警察，未设警察地方属之于绅董，此消极之办法也。积极之办法维何？即奖励其良者，嗣后如有新编之剧，均须送由地方官审查，经核准后方可开演，倘能特出心裁或将小说传奇中之具有教育性质之书本编为戏剧者，于呈请审查时，由地方官予以名誉奖励，并给以专演执照，特许专演几年，他班不得仿演，如书之有著作权及工艺出品之有专卖权者然，此积极之办法也。以上办法，地方官苟能实力奉行，则不良之戏剧自能绝迹，善良之戏剧亦必逐渐增加，不数年后，必能收巨大之效果，其利益于社会岂浅鲜哉。”[①]

夏烈首先概述了当时通俗教育主要的途径，然后分析它们的优劣之处，并通过比较报纸、演说、戏剧后指出戏剧为最有效益的方法，且解释了其缘由，指出现实社会中不良戏剧充斥的情况，不仅不利于通俗教育的发展，更有损害通俗教育的可能性，因此提出“积极的”与“消极的”方法来改善。这份呈文大概引起了教育部人士的共鸣，因此交给通俗教育研究会讨论，通俗教育研究会在讨论后表示：“至取缔戏剧办法条陈，则众以戏剧与小说不同，其效力每限于京师一隅，所有办法多与条陈相合，外省见闻未及，复有此项条陈，除将原条陈存会备作参考外，决议将本会戏曲股议决各案择要抄印，并将历年办理情形概况一并呈送教育部咨行各省省长及各教育厅，俾资查照办理。”[②]在戏曲股的讨论中，

①通俗教育研究会.通俗教育丛刊第七辑·函牍[M].北京：通俗教育研究会，1910：2-4.

②通俗教育研究会.通俗教育丛刊第七辑·纪事[M].北京：通俗教育研究会，1910：1.

除了说明戏剧改良工作不同于小说，其效力难以跨越到北京以外，他们将这份呈文中有关取缔戏剧办法的条陈与通俗教育研究会的《改良戏剧议案》《修正戏剧奖励章程》相互比照，发现其理念逻辑甚为相合，而且因为缺乏外省的戏剧调查资料，这一呈文正好多少弥补了这一空白之处，因而具有很高的参考价值。

通俗教育研究会自1922年以后，因记录研究会活动情况的主要资料《通俗教育研究丛刊》基本停止发行，所以自1922年到研究会正式结束期间的情况就难以得知。按其历史背景推论，这一时间段通俗教育活动不可能有太大进展。所以，要讨论通俗教育研究会的活动情况，1915—1922年是重点所在，而这段时间又可划分成两个阶段，1915—1919年为前期，1920—1922年为后期，往后则不可考，兹就这两部分各自进行论述。

## 一、前期阶段（1915—1919年）

1915—1916年属于通俗教育研究会建会初期，会中事务缺乏可以依循的规范，因此通俗教育研究会初期的工作重点即修订会内各种工作章程细则，以便日后执行工作时能有所依据，这些章程文件分别有《通俗教育研究会章程》《通俗教育研究会议事细则》《通俗教育研究会办事规则》《通俗教育研究会小说股办事细则》《奖励小说章程》《审核小说标准》《小说股发给褒状条例》《审核小说杂志条例》《修正戏剧奖励章程》等。通俗教育研究会初期的工作就是根据这些章程文件开展，这些章程文件都是经由各股会充分讨论后制定的。如小说股的第一次会议，就以小说股的办事细则为焦点，对小说股的例会日期、办事细则、进行方法等进行议论。当时小说股的主任为周树人，他指定该股三名会员毕惠康、冯承钧、王家驹起草初稿，但一次会议未能做出决定，仍需在第二次会议时，待草稿完成后继续讨论。在正式进行讨论时，大部分意见都是对条文用字遣词的修改，很少对规则的核心主旨有所争论，这种情况不限于《通俗教育研究会小说股办事细则》的讨论过程，也散见于各股的讨论过程，这一点可从研究会留下的会议记录中看到，大部分讨论重点都集中在条例的字句与操作等细节上，可见通俗教育研究会对于该会的运作宗旨具有一定的默契，因此没有产生很大的分歧。

这些章程的条文内容表现了通俗教育研究会的观点，这会在之后的章节进一步谈及，此处集中讨论通俗教育研究会的议案内容，以了解其工作。首先以《选印讲稿议案》为例，这是由讲演股议决的议案，通俗教育研究会希望通过讲演来教化百姓，因此希望制作一本官方修订版本的讲演参考书来代替坊间杂乱无章的情况。这个议案分为三部分，分别是搜集、选择、印行。搜集的方式有两种，一种是各省讲演机关上交给教育部审核的稿件，由教育部发交给通俗教育研究会；另一种是由会内的调查员设法征取市面上各种私人撰述的讲稿。这些稿件收集起来后，由会内的审核员及编译员按会内标准选择收录，只要合乎"培养国民道德及增进国民常识者"与"以普通白话为主"等宗旨即可取用，若遇有小瑕疵的稿件，由研究会稍做修改后亦可收录，经过编辑后交教育部审核准许即可印行，并供各省参考取用。[①]按此标准，通俗教育研究会先后出版了《通俗教育讲稿选录》及《通俗教育讲稿选录第二辑》，这些文稿也成为各地讲演活动的重要参考书。

《调查年画议案》就是讲演股认为当时民间盛行的俚俗图画之一的年画中"荒谬怪诞"的作品过多，对少年儿童的教育会产生不良影响，所以需要进行调查。具体执行办法是由教育部要求各地警政机关与教育机关在年节前搜集相关的年画交由通俗教育研究会审核，挑选其中"良善"者设法提倡或奖励，"不良"者则设法禁止。这一工作集中在1916年，通俗教育研究会共审核了780余种年画，往后的审核数量则相当少，至1919年就再也没有审核成果了，大概因缺乏搜集能力与受政局影响，这一工作因而停止。[②]

讲演股还规划了《推广巡行宣讲议案》，计划派遣巡行宣讲员到乡间地区进行宣讲，但这一活动不是由通俗教育研究会亲自执行的，而主要是由学务局进行。该议案计划每月派员轮流到乡间讲演一次，并由学务局函请步军统领衙门知会各处兵营派兵保护讲演者，讲演地点由讲演者与劝学员联络地方上的绅董商定，讲演材料由学务局核定，讲演者人数也由学务局视情况而定，资金亦由学务局负责。因此，这个规划虽然由通俗教育研究会制定，但其实施由其他部门执行，可见通俗教育研究会的工作需要与各部门充分协作才能顺利实施。

---

①通俗教育研究会.通俗教育研究会第一次报告书·议案[M].北京：通俗教育研究会，1916：1.

②通俗教育研究会.通俗教育研究会第一次报告书·议案[M].北京：通俗教育研究会，1916：1–2.

除讲演股外，戏曲股也为其基础工作修订了《戏曲脚本搜集议案》，中国历史悠久，戏剧在中国传统文化中虽属边缘文化，地位较低，但这并不妨碍戏剧在中国的发展。中国地广民众，各地风俗文化各有差异，而戏剧的发展也因应各地的风俗特色衍生出种类繁多的类型，就戏曲一类而言，北京当时就流行一种“二簧”，另外戏曲名目粗分就有昆腔、秦腔、高腔等，在其他更细致的分类法下，区分出的类型与项目更多不胜数。通俗教育研究会为了把戏曲运用在教育上，自然要对这方面的学问有所了解，因此戏曲股的首项工作就是从搜集研究入手。前清所藏的各类戏曲数据自然是参考的首要对象，由教育部知会内务部与清室内务府辖下的南府接洽，商借数据抄录，同时通过私人渠道设法抄录资料，必要时更由通俗教育研究会出资收购，通过或公或私的方法来搜集资料，为日后的改良工作打下基础。①

小说股的想法也差不多，但小说股的工作开展得更快，建会初期就推出了《劝导改良及查禁小说办法议案》。这份议案是通俗教育研究会有感于市面上充斥着不良小说，而光靠查禁的方式实非正本清源之道，所以希望通过劝告书业商人自行戒慎，由教育部知会全国书业商会，再由各商会知会出版家，自行取缔不良小说，另外对于报纸杂志上刊载的小说，如感到有伤风化，即由教育部通过内务部及各省巡按使转告各报馆加以注意。而通俗教育研究会也制定了应禁书目，以便各书业商人遵照办理，同时也会要求各关卡税局配合检核，务求减少市面上流通的不良小说。②

配合《劝导改良及查禁小说办法议案》，通俗教育研究会又陆续推出其他相关议案及章程，如《公布良好小说目录议案》《奖励小说章程》《审核小说标准》《小说股发给褒状条例》《审核小说杂志条例》等，都是这一议案的延伸产物，以整顿市面上不良小说流通的状况，促使符合通俗教育目标的小说能代替那些不良小说，成为民众的日常读物。

戏曲股在搜集了一定数量的资料后，为了正式开展改良工作而修订了《改良戏剧议案》与《调查戏剧议案》，随后又因工作需要议决了《戏曲股宜专设交际员案》及《戏剧奖励章程革案》。上述小说股与戏曲股的议案皆可整合成两大议

①通俗教育研究会.通俗教育研究会第一次报告书·议案[M].北京：通俗教育研究会，1916:3.

②通俗教育研究会.通俗教育研究会第一次报告书·议案[M].北京：通俗教育研究会，1916:3-4.

题来探讨，分别是通俗教育研究会的小说改良工作与通俗教育研究会的戏剧改良工作，这两部分在后面的章节中将会详细分析，此处暂且略而不谈。

与小说股及戏曲股相比，讲演股的工作亦不少，如《试办通俗教育讲演传习所案》《提倡学术通俗讲演案》《审核讲演参考用书案》等，分别从培训讲演人才、举办讲演活动、编辑讲演参考用书等三方面入手，推行该股的工作。

首先，《试办通俗教育讲演传习所案》就是有感于当下讲演人才不足以及素质参差不齐的现状，讲演股希望建立一个培训机构来培养适当的人才，该机构定名为通俗教育讲演传习所，在京师交由京师学务局筹设，在各省则由该省最高级行政长官筹设，而其他道县则视其情况自行决定是否筹设。这一议案并非由研究会直接办理，而是交由其他行政机关按研究会设计的章程来推行。这一计划要求培训对象的年龄必须在25岁以上，品行端正并且至少符合以下两个条件中的一个：(1)师范学校或中学校毕业者；(2)曾担任过高等小学以上学校教员者。具有合适资格的人士可经试验后录取，试验科目由设立机关定立，并以口试的方式进行。传习所中主要教授以下科目：(1)社会学大意；(2)心理学大意；(3)社会教育概要；(4)雄辩法；(5)世界大势；(6)法制经济大意；(7)讲演实习。观其内容与今天公民社会课程的培训内容甚为相似，可见这种讲演人才发挥的功能应与公民社会课程教师相当。传习所的讲授与实习时数按设立机关自行定立，以每周30小时为限，另外非全日讲授者可减至12小时。讲演实习的部分应占总时数的三分之一，全日讲授者应在3个月内毕业，非全日讲授者可以延展至1年毕业。这种安排方便那些兼职讲演者，能让他们有足够的时间完成培训，确保通俗讲演者都能得到足够的训练，从而提高通俗讲演活动的质量。[①]

其次，《提倡学术通俗讲演案》显示了通俗教育研究会的工作对象并不局限于下层人民，那些知识水平较高的人士也属于研究会的教育对象。专为下层知识水平较低的民众所设计的讲演活动，对知识水平较高的人士缺乏吸引力，有见及此，讲演股提出了《提倡学术通俗讲演案》，希望办理一些当时尚属缺乏的学术讲演，以通俗的形式讲解各专门学术的主题，以增进智识水平。其方法就

①通俗教育研究会.通俗教育研究会第一次报告书·议案[M].北京：通俗教育研究会，1916：9-10.

是交由高等专门学校以上的学校，设立开放公众参加的讲演会，每月至少举行一次，可一校独办或多校合作，具体形式由校方自行决定，讲演时间定在星期日或公众休息日，场地选在校舍或公众场所。用这种方式尝试推行一种较高层次的讲演活动，以吸引知识水平较高的人士参与。①

最后，《审核讲演参考用书案》则明确了搜罗市面流通的通俗教育参考书的方式以及评价标准。该案以教育部的名义，要求各地的书商将编辑出版的参考书赠送两份给教育部进行审查，审查合格的文本将详列清单，通传各地通俗教育讲演所，以便按表采用参考用书，并且准许各书商于合格书本封面上标明"经通俗教育研究会审定合格"的字样，而审核未尽完善的文本，则由研究会与书商直接商讨如何修改。②

以上议案为1914—1915年通俗教育研究会的主要工作内容，考察研究会历年议案的数量，应以这一阶段为最，主要是建会初期，各项工作的开展都需要订立规章，故而工作量显得较多亦可理解。这些议案的内容大多成为通俗教育研究会的核心工作，并在以后几年间成为常态事务，或断或续地进行下去。

1916年，讲演股议决了《附设星期讲演会简章草案》，此案是基于以下考虑而产生的："通俗讲演为社会教育最重要之机关，所有社会万般现象胥属应行讲演之范围，故讲演员一职必须常识充足者始能胜任愉快。况在今日进步之世界，凡百学术事业无不日新月异，非及时补修储备学识尤不足应社会之需求，讲演员之地位在社会上为先知先觉，实负有觉世牖民之责，使学识不充，语言偶或有误微论其不能尽指导社会之职。而讲演员之威信一失，斯教化上之效力全消，关系匪轻，办理宜慎。"③

"通俗教育研究会附设星期讲演会"的设立，其宗旨就是为一线执行讲演工作的讲演员补充各种知识，以保证他们为民众提供的常识体系能跟上时代的发展，并且通过这种培训来维持讲演员的知识素养。讲演会安排在星期日上午举行，而讲演的科目则在社会教育、历史地理、普通理科、法制经济大意、雄辩学等范围内择一宣讲。讲演员由通俗教育研究会按期延请专门人员担任，由讲演股

①通俗教育研究会.通俗教育研究会第一次报告书·议案[M].北京：通俗教育研究会，1916：10-11.

②通俗教育研究会.通俗教育研究会第一次报告书·议案[M].北京：通俗教育研究会，1916：11-12.

③通俗教育研究会.通俗教育研究会第一次报告书·议案[M].北京：通俗教育研究会，1916：3.

主任兼管举办事宜,并会同京师学务局共同办理,地点则是在北京模范讲演所,听众以京师地方的讲演员为主,同时也开放给有兴趣听讲的人士参与。

此案通过后,1917年4月在讲演股的股会上就如何办理等细节性问题进行了讨论。星期讲演会的举办时间暂定于每星期日早上9时至11时,每次讲演2小时,中间休息10分钟,首次讲演的范围则选择普通理科中生理卫生方面的知识进行讲解,以其与一般人关系最为密切,并以研究会中对生理学科最有研究的会员王道元首先担任讲员。星期讲演会主要涉及讲员酬金与杂费两项经费。讲员酬金取高等教员与中等教员薪酬差距的中间值,每小时为3元或2.5元,一切教学相关用具则由研究会及讲员自行筹措,按此推算星期讲演会每月开支不过30元左右。原案经过这一细节性的补充,于同年5月正式实行。

此次讨论过程中有两个问题值得关注,即是否应设限只供讲演员听讲与强调使用易懂的语言并配置教具以加强讲演效果。这种细节性的讨论表现了通俗教育研究会对办理这一计划的想法与思虑较为周详。

至1918年3月,生理卫生的科目讲演完毕,其成效备受研究会认同,因此继续办理。接下来的讲演则选择地理、历史范畴的题材,由大学文科毕业的田世谦担任讲演者。此次讨论中值得注意的是其对于地理、历史中应讲内容的选择。高步瀛认为地理、历史内容繁多,而讲演时间每次只有2小时,为了保证讲演的质量,有必要对讲演内容进行预定。而讲演题材的选择则体现了士绅阶层的时代价值观,历史方面选择了讲解进化史,地理方面则着重于"要塞商埠在所必详"①。除了讲演内容和讲演者有所更改外,其他一切均按旧章进行。此后,在通俗教育研究会的文件中再也未见有关星期讲演会的记录,故无法得知后来是否继续办理。仅就这两年而言,星期讲演会的构想对通俗教育产生了良好的影响。首先,它体现了通俗教育研究会对讲演员的素质有所要求,并且通过提供培训来提升讲演员的能力。其次,它显示了研究会对办理通俗教育活动严谨认真的态度,活动的办理流程不是草草而成,而是经历了详细的规划与讨论方才实行。由此可见,把他们视为用北洋政府官僚作风来做事的偏见是不合理的。

①通俗教育研究会.通俗教育研究会第四次报告书·议事录三[M].北京:通俗教育研究会,1919:13-14.

讲演股为了掌握当时的社会风俗情况，修订了《调查社会风俗习惯案》，以便推行调查活动。该案的宗旨以提倡良俗、规诫恶俗为主，调查方法既有由通俗教育研究会讲演股股员随时调查各地风俗，并就他们所知进行报告，还有通过联络各机关设法调查，并特地知会北京教育会、北京通俗教育会以及各讲演机关进行调查，并把调查内容汇报给通俗教育研究会。调查结果由通俗教育研究会审核整理后发交各讲演机关作为参考数据，调查内容以表格的方式来记录，其中包括5个项目，分别是地名、习俗崇尚、婚姻习惯、丧祭习惯、特殊习惯，其中特殊习惯除了记录特别风尚外，但凡不属于其他项目者，都一律记载到这一项中。

1916年，通俗教育研究会以讲演股提出的议案为主，其中为了培养在校学生的口才，讲演股推出了《提倡中等以上学校学生讲演练习会议案》，该案认为学生在学校时缺乏练习讲演的机会，所以希望学校能为他们组织讲演练习，以培养学生雄辩之才。通俗教育研究会通过教育部指令各中等以上的学校设法以每星期一次或两星期一次的频率办理讲演练习，而此项活动必须在课外时间进行，余下的规则由各校自行确立。从这一议案可以看出，通俗教育研究会的工作对象广及学生，而不止于一般大众。①

清末民初这段新旧交替的时期里，旧有的陋俗与新到的恶习对大众的影响力尤为强烈，这些陋习存在于民众的生活习惯中，对他们的生活产生了直接而不良的影响，其中为祸最烈的莫过于抽烟，通俗教育研究会面对这一情况，并且因应政府与英国缔结的禁烟条约再有三个月就届期满，因此提出了《拟呈请教育部通咨各省转饬各讲演机关将禁烟一事特别注重讲演案》，以改变这种风气。虽然通俗教育研究会并没有惩治的权力，但还是希望通过加紧劝导的方式来为民生大事尽其绵力。②

小说股在制定了一系列小说审核与评价章程后，持续开展其工作。但是当时社会的思想与舆论流播已不是政府所能约束的，通俗教育研究会判定的不良小说依然大行其道并风行各地。因此，1916年期间市面上不良小说的流通依然未能得到有效抑制。针对这一现状，小说股会员戴克让提出了《本会禁止不良

---

①通俗教育研究会.通俗教育研究会第二次报告书·议案[M].北京：通俗教育研究会，1917：5-6.

②通俗教育研究会.通俗教育研究会第二次报告书·议案[M].北京：通俗教育研究会，1917：6.

小说应从根本着手议》，该议案认为上海是导致不良小说流行的最关键因素。上海处于商贸交汇中心，而且有各国租界，中国政府的法令往往无法干涉其中，大部分不良小说的发行都集中于此处，其情况甚至是政府已颁布禁令的当下，相关小说的广告依然随处可见，甚至在报章上连载。为了真正根绝源头，戴克让提议由通俗教育研究会将已禁止小说的名目列成清单，通过教育部与内务部知会江苏省省长，指示当地官厅与各租界工部局协商，合作查禁相关禁书，并且将禁止小说的清单函送至江苏教育会，由其代为与当地官厅洽商查禁事宜。然而，通俗教育研究会这一提议函送至江苏教育会后，江苏教育会表示，通俗教育研究会此前关于奖励良好小说的方案甚为有效，用开示禁书清单的方式反而会为贩卖禁书者做广告，对改善现实状况似乎没有帮助，因此建议研究会还是循积极面教导民众，推行美感教育，提升社会大众的品位。[①]这一案例说明通俗教育研究会的意见并不一定为其他机构完全接纳，而通俗教育研究会本身也就江苏教育会的意见进行了讨论，他们认为这则意见与研究会一向的工作方向甚为切合，而相关具体办法可在日后再讨论。实际上，这种查禁的方法效果并不明显，这类型的小说依然风行，毕竟在缺乏强力的统治机器下，任何禁止思想观念流播的手段都是难以奏效的。

通俗教育研究会的议案不一定都能在议决后得以立即实行，有时碍于各种情况而出现延宕，如《拟履行上年议决事件议》就提出要查禁不良小说一项，至1917年小说股已编定了一份名单，可供上报教育部并知会民间书业商人勿再贩卖名列当中的书籍，并且借此劝诫民间书商。另外，鉴于小说股运作不便的理由，对原规定每月一次的评审小说会议做出变通，以更灵活的方式来进行，并且提出把各小说的评审意见刊登在相关刊物上，以供大众了解通俗教育研究会的评审观点，明白通俗教育研究会的劝导之意。[②]

通俗教育研究会提出的议案不一定都获得实行，也存在缓办甚至不办的情况，《拟奖励白话新剧议》就是其中典型的例子。北洋时期，社会中出现了大量新兴事物，其中供人娱乐的事物更是层出不穷，如西方的歌剧、白话剧等。知识分子相中其中潜藏的教育功能而加以引进，受注意的对象不独有新的舶来品，

①通俗教育研究会.通俗教育研究会第三次报告书·提议事件[M].北京:通俗教育研究会,1918:1–2.

②通俗教育研究会.通俗教育研究会第三次报告书·提议事件[M].北京:通俗教育研究会,1918:3–4.

受其启发，注意的焦点更延伸至传统的娱乐活动中，这些以往不被认真看待的活动潜藏的功能也被重新发掘出来。它们包括戏曲、唱词、说书、皮黄等传统通俗娱乐活动，所以戏曲股把其业务范围扩充至它们，并对之加以改良，使它们在供人娱乐的同时兼而发挥教育功效。1917年，戏曲股会员嵩堃与苏少卿提出了《拟奖励白话新剧议》，他们从西方与日本各国的戏剧经验中获得灵感，希望借由提倡白话新剧让更广大的群众获得教育，其方法主要有以下四条："(1)京师方面，依惯例手续搜集警察厅所有已经存案白话剧之脚本，由会派员前往接洽，俾勿稍有遗漏，从前无脚本时之戏目或节略，亦在搜集之列；(2)各埠方面，天津、汉口、上海、杭州、苏州等处开演白话剧较早亦较盛，然有租界之埠，租界内演剧从来不须呈报，脚本可暂置勿论，是宜先从杭州、苏州着手搜集，现在该处演剧之民鸣、民兴二社均已成立四五年之久，又为纯粹白话剧团体，足以代表其余，但依合法手续由该处警察厅间接抄送而来，亦非完全脚本，欲得着实，须由部派人前往办理；(3)名誉奖励，迩来学士颇有编辑剧本以资消遣者，倘再加以鼓励，脚本事业发达，文艺亦将因以进步，宜照戏剧奖励章程意旨，凡有白话脚本送会审查合格，即分等与以徽章，诱之以名则闻者兴起；(4)权利奖励，我国已稍稍采用著作专利权法，则剧本专权当然允许特有，但现时新编脚本不禁与行，要知专权则可，无权则不可，宜由本会详请教育部咨请内法两部妥定脚本著作专权利法，明令公布，则将来恃此啖饭者众，不患无好脚本矣。①

由于议案的讨论范围相当广泛，涉及白话新剧的演技、道具、舞台、演员、观众、剧团、现况、国内外经验，甚至包括性别议题，例如对女性演员的应对方法等，各个方面都需要进行详细讨论。在各方争论中，大抵对前3条意见表示同意，但普遍认为第4条意见窒碍难行。因此，在1917年8月17日戏曲股第四十三次会议中未能取得一致意见，决定先行对各类戏剧进行调查，其他意见以后择机复议。

在同年10月5日戏曲股第四十六次会议时，经过调查后认为该决议暂时难以实行而决定缓议，待出现正式的白话新剧团时再行讨论。值得注意的是高步瀛在讨论的过程中表示："本股虽名戏曲，不能无种种研究提倡，然主旨所在仍

①通俗教育研究会.通俗教育研究会第三次报告书·提议事件[M].北京:通俗教育研究会,1918:3-4.

在教育,不在戏剧也。质言之,不过藉戏剧之改良为灌输社会教育之方法而已,即有所奖励提倡,亦宜于一般戏剧中求之,不宜偏重某种。”[①]这一申述充分表达了教育是通俗教育的终极目标,工作的重心也应该以此为依归,所有相关的评价,其标准尺度都应建立在这种目标上,不能舍本逐末,过于关注其娱乐性而忽略了教育意义。因此,娱乐活动本身的内容和人们的喜好虽然对通俗教育研究会的讨论过程有所影响,但最终的关键仍在于它能否有效达成教育民众的目标。

中国的传统娱乐活动种类繁多,同一类活动在不同的地域可有五花八门的变化,通俗教育研究会也很清楚这一点。因此,戏曲股会员戴克让提出《拟调查一切评话时曲鼓词议》,该议案认为戏曲股以改良戏剧为目标,经过一年多的调查审核工作,也有了概括性的认识,但戏曲的范围极为广泛,另外其他的评话、时曲、鼓词等都多少带有戏剧性质,但在表演场所、剧本与表演方式上千变万化,当中需要的知识甚多,不经由教学数年实在难以掌握其内容,而且各地风俗差异也使这些活动差异极大,虽然在民间流传极广,但要详尽调查亦不简单。戴克让的提议经过一番讨论后,股会最终决定由通俗教育研究会资助设立词曲研究社,并由该研究社负责改良旧曲与编制新词的工作,在每个月定期进行演习,以资戏曲股研究与实验。[②]

至1918年,通俗教育研究会的议案开始减少,一方面受时局影响,另一方面研究会初期的工作已经为其定下了不少日常事务,所以在后期另外新增事务的空间也较小。1918年总共提出五项议案,其中《拟推广公布良好小说目录办法案》《拟发布本会征求小说章程案》《星期讲演会继续办理之计划》等,都只是前述议案的延伸或继续,而《拟呈请教育部通行各省转令各讲演机关将劝诫儿童勿吸食纸烟一事特别注重讲演案》也是宗旨明白,是对危害民众的恶习进行劝诫的通告而已。其中唯独《保护新剧著作权案》值得研究者加以关注。

《保护新剧著作权案》是由会员裘善元于1918年提出的,鉴于各方剧团踊跃索取通俗教育研究会戏曲股自编的剧本,而民间自编新剧的情况似乎未见有

①通俗教育研究会.通俗教育研究会第三次报告书·股员会议事录二[M].北京:通俗教育研究会,1918:30-31.

②通俗教育研究会.通俗教育研究会第三次报告书·提议事件[M].北京:通俗教育研究会,1918:4-5.

所增长，可以认为民间剧团生出依赖官方的心理。考其实际，应为缺乏著作权保障的缘故，致使民间剧团缺乏创作的动机，虽然于1915年颁布了《著作权法》，但其中没有明文保障剧本著作权与其连带的演奏权，民间剧团即使苦心创作剧本，也很快会被其他剧团所仿效，这种为他人做嫁衣的事情让民间剧团不愿意费心创作，因此日渐依赖官方。参考外国例子，裘善元认为可由通俗教育研究会呈请教育部颁行一种演剧条规，将演奏权一并列入剧本著作权中，或由教育部咨行内务部于提出修正《著作权法》时将戏曲演奏权进行明文规范。由于这一决议涉及法律的变更问题，以通俗教育研究会的权限而言，一时未能处理，最后决议缓行。

从这一议案可看到，通俗教育研究会当时已经意识到著作权对于文化创新的意义，以及这一权益在现实社会运作中的细节问题，并锐意改良《著作权法》使之更为精致，确保其为文化发展发挥良性效益。虽然通俗教育研究会的想法实属先进，但受到现实条件的局限，这种超出其职权的想法最终未能得以实现，这也昭示了通俗教育研究会在现实中受到的限制。

至1919年，通俗教育研究会就不再出版报告书，改为出版《通俗教育丛刊》，并在该刊上对会务的进行情况做出简介。相比之前的报告书，丛刊较为注重成果的展现，因而会刊登小说及剧本，而对会内工作与事务的介绍则相对扼要简约，议案数量也逐步减少，几乎没有新的工作类型，大多是延续以往的工作或稍微转换主题，如讲演股提出的《拟呈请教育部咨商司法部准于监狱举行通俗教育讲演藉资感化案》与《拟于京师举办女子讲演所以扩充教育案》等，虽然关注到监狱犯人的更生与女性学习的面向，但就活动类型上来说，其本质也就是讲演活动，与其他的讲演活动差异甚少，只不过是对个别听众类型施加更多的关注而已。

## 二、后期阶段（1920—1922年）

五四运动后，中国社会处于各种动荡中，中央政府的管治能力有每况愈下之势。因此，自1920年后各类政务的推行与维持都越见困难，通俗教育研究会自然也不例外。除了议案数量减少外，原有的工作也有废弛的迹象，这从记录研究会事务的主要文本——《通俗教育研究会丛刊》的出版状况可见一斑，如1920年提出的议案仅有《将本会历年办理情形暨议决改良戏剧议案与修正奖励戏剧章程呈请教育部通行各省区以利推行案》《呈请教育部援审核讲演参考用书例通饬各书肆将关于通俗用书送会审核以备采用案》《提议取缔有害风俗之画片案》《提议实行举办女子讲演案》等，只是把以往的工作成果进行推广或延伸，又或是查禁不良画片，都没有深刻的影响力，而且缺乏足够的数据来观察其办理成果与方法，因此，仅知有此提议却无法考其详情。

1921年的工作重点更是变为救灾，为那些入京避难的人提供一些卫生及常识教育，此外就再无特别事项。1922年则是有工作记录的最后一年，但也只是知其事而不知其具体情况的状况。故而，1920年后的通俗教育研究会受动荡混乱影响逐渐失去其组织功能。但在这一阶段中，仅是能维持以往的工作就已是值得敬佩了。

除上述主要工作外，通俗教育研究会不时还要处理一些有趣的工作。美国哥伦比亚大学于1920年7月寄来一封信函，里面写道："欧美各国之教育报告表册及他出版品均已搜集无遗，而对于贵国之教育报告杂志等，犹付阙如，深以为憾，盖近来不独敝国教育家欲研究贵国教育者日多，即贵国学生来此留学者亦日众，兹特函达尊处乞将下列及其他尊处印成之教育文件或定期出版品，赐寄敝院，并望以后有出版时随时寄下。"[①]此则事例显示，通俗教育研究会的存在甚至被远在美国的教育机构所知晓，并把它视为潜在的学术研究对象。虽然无法确知通俗教育研究会本身的工作成果是否大到能引起外国人士的兴趣，但可以肯定的是通俗教育研究会作为中国北京政府的附属机构的角色地位给予它一种特殊的意义，具有值得让人一探其所以然的价值。通俗教育研究会对于这种请求当然感到十分高兴，因此，在收到信函的翌日就立刻回信表示同意，并表示待材料刊印完毕后就会立即寄赠，当中的一切费用所需由研究会负担，只要求哥伦比亚大学回赠其学校章程。这则案例或许是个特殊例子，虽不宜过分夸大到把它认知为"通俗教育研究会在国外享有广泛知名度"，但我们可以持谨慎的态度看待它，或许可为人们探究通俗教育研究会活动范围的极限提供某种指标作用。

①通俗教育研究会.通俗教育丛刊第七辑·函牍[M].北京：通俗教育研究会，1920：1-2.

虽然因篇幅所限而无法对通俗教育研究会历年业绩逐一详述，但以上例子为研究者建立了对通俗教育研究会运作认知的图景，并呈现了其办事的方式与能力的限制。综合本章而观之，可对通俗教育研究会各种计划的形成与实行有所了解。上述的事务主要是各种计划与章程，另外，编译书籍与印刷出版刊物也是通俗教育研究会重要的日常事务。

表4-4　1916—1922年通俗教育研究会出版事务概况表①

| 年份 | 编印书籍（种） | 戏曲股编辑剧稿（种） | 编修鼓词（种） | 会员所编小说（种） | 石印室印刷本会出版物（种） | 石印室印刷本会出版物份数（份） | 石印室代印各件（种） | 石印室代印各件份数（份） |
|---|---|---|---|---|---|---|---|---|
| 1916年 | 7 | | | | | | | |
| 1917年 | 13 | | | | 12 | 2000 | 12 | 39000 |
| 1918年 | 19 | 14 | 7 | | 31 | 21800 | 21 | 48290 |
| 1919年 | 14 | 8 | | 4 | 21 | 19260 | 16 | 9580 |
| 1920年 | 12 | 5 | | | 34 | 27240 | 7 | 26250 |
| 1921年 | 27 | 4 | | 1 | 39 | 26855 | 10 | 98860 |
| 1922年 | 7 | 4 | | 3 | 24 | 50960 | 2 | 700 |

表4-4是根据通俗教育研究会的出版事务记录整理而成的出版概况表，由表中内容可知该会的出版物主要分为研究会自行出版的刊物与代为印刷的刊物。通俗教育研究会在1917年有感于会务进行过程中印刷出版的需求很大，而近年以来印刷价昂，承印者又多任意稽迟，屡催罔应，所以时任会长陈明将教育部中所存的石印机运至会中并设立石印室，由研究会雇用人员自行印刷出版。教育部与其他机构有印刷刊物的需要时，也会借助该会的石印室进行印刷。就表4-4所见，1917—1921年通俗教育研究会的出版物平均每年都有20种左右，而代印出版物的情况每年各有不同。就印刷物的数量而言，因为资料中是以印刷物的份数来进行统计的，而不同的出版物其厚薄不一，没有一定的准则，仅就其份数来观察，代印的数量不时高于研究会自身出版物的印刷量，这显

①资料整理自《通俗教育研究会第一次报告》《通俗教育研究会第二次报告》《通俗教育研究会第三次报告》《通俗教育研究会第四次报告》。

示了该会为其他组织或个人提供印刷服务的情况相当频繁，这也从侧面显示了通俗教育研究会的活跃程度。而通俗教育研究会自身的出版物主要是书籍，也包括了宣传单张和各类刊物。编印书籍一项，1917—1921年间每年平均10种以上。通俗教育研究会还会自行编辑剧稿、鼓词、小说以及该会报告书与《通俗教育丛刊》，除了报告书与《通俗教育丛刊》定期出版外，剧稿、鼓词、小说等类型的出版物每年出版数量不稳定，主要是因为这方面的创作往往比较费时并具有特定的目标，所以稳定性较差。

表4-5　1916—1922年通俗教育研究会印成书目表[①]

| 年份 | 书目 |
| --- | --- |
| 1916年 | 《通俗教育讲稿选录》<br>《调查日本社会教育纪要》<br>《美国感化教育》<br>《英国模范市格拉斯哥》<br>《俄国演剧法择要》<br>《通俗教育研究会第一次报告书》 |
| 1917年 | 《北京入学指南》<br>《通俗教育研究会第二次报书》<br>《编剧浅说》<br>《社会国民教育》<br>《泰西名小说家列传》<br>《图书馆小识》<br>《蒙养院谈话(猴与蟹、长鼻人、舌头会长)》<br>《关于时局之教育资料》(第一至四辑) |
| 1918年 | 《通俗教育研究会第三次报书》<br>《通俗教育讲稿选录第二辑》<br>《关于时局之教育资料》(第五至十一辑)<br>《童话十册》 |

①资料整理自《通俗教育研究会第一次报告》《通俗教育研究会第二次报告》《通俗教育研究会第三次报告》《通俗教育研究会第四次报告》。

续表

| 年份 | 书目 |
| --- | --- |
| 1919年 | 《关于时局之教育资料》(第十二辑)<br>《通俗教育丛刊》(第一至三辑)<br>《牵牛花》<br>《虾蟆求雨》<br>《千里马》<br>《传书鸽》<br>《皮黄剧目》<br>《秦腔剧目》<br>《演唱戏目次数调查表》(五年分)<br>《侨工须知》<br>《通俗教育研究会第四次报告书》<br>《莽渔翁》 |
| 1920年 | 《通俗教育研究会第四次报告书》<br>《通俗教育丛刊》(第四至八辑)<br>《莽渔翁》<br>《传书鸽》<br>《蟋蟀叹》(以上3种为童话)<br>《驱除蝇害》<br>《预防霍乱》<br>《日月蚀图说》(以上3种为图) |
| 1921年 | 《通俗教育丛刊》(第九至十三辑)<br>《灾区临时讲演小册子》(11种)<br>童话(4种)<br>图(2种)<br>短篇浅说(本会自编3种,会外所编2种) |
| 1922年 | 《通俗教育丛刊》(第十四至十七辑)<br>童话(3种) |

表4-5是1916—1922年通俗教育研究会印刷出版的书目表,其中包括了各种通俗教育的通俗阅读刊物、报告书与丛刊、外国的翻译刊物、讲演参考用书以及与通俗教育相关的资料。从其刊印的书籍类型来看,可以了解到该会在通俗

教育上的灵感来源和追踪该会活动的进行概况。1922年之后,因缺乏记录而无法知晓该会的出版状况,但按1922年的出版状况和当时社会政局的发展来推测,其出版活动应该与其会务一样受到不少阻挠。

就出版的刊物来看,《通俗教育丛刊》与《通俗教育讲稿选录》可以说是最为重要的。首先,《通俗教育丛刊》本身就是汇集了通俗教育研究会活动成果的刊物,作为之前报告书的替代物,《通俗教育丛刊》在内容的编排上更注重可供他人参考的功能。例如《通俗教育研究会报告书》(第一至四次)中,对于该会的运作会议都有详细的记录,由此可知该会的计划由发想到实施的整个过程,报告书的数量相当多,而《通俗教育丛刊》减少了该会记录部分的内容,并添加了其他的内容。例如《通俗教育研究会报告书》的内容分类主要有专件、文牍一(收文部)、文牍二(发文部)、文牍三、提议事件、记事、命令、表、图、股员会议事录一(小说股)、股员会议事录二(戏曲股)、股员会议事录三(小说股)、报告等。而《通俗教育丛刊》的内容大类主要有插图、论著、译丛、小说、戏曲、讲稿、报告、章程、表册、函牍、调查、时闻、纪事、杂俎等,视每一期情况的不同,以上各类不一定每期皆备,在其凡例中对每一类都有解释:插图类"择所有关通俗教育之图画";论著类"有关通俗教育之著述,以白话体为主";译丛类"择译各国通俗教育之资料";小说类"选登长短篇各体小说及本会审核小说评语";戏曲类"选登本会及会外所编之新旧剧本及词曲评书等";讲稿类"选登各处通俗教育讲演稿";报告类"发布本会会务";章程类"发布本会及各处通俗教育机关之章程";表册类"本会审核及调查所得各种表册";函牍类"本会往来函牍择要登载";调查类"调查有关通俗教育之事实及一切礼俗";时闻类"采取有关通俗教育之新闻";纪事类"纪(记)录本会经过之事实";杂俎类"择登有关通俗教育者"。①以上各类包含的内容相较于《通俗教育研究会报告书》显得更为精炼,减少了该会记录的篇幅,增加了对其他通俗教育信息的收集,使得《通俗教育丛刊》具有更高的参考价值,更切合实际使用的需要。

《通俗教育讲稿选录》作为讲演内容重要的参考文本,它收集了全国各省的讲演稿件,并成为讲演活动的官方参考物,主导了讲演内容的思想方针,考察该

①通俗教育研究会.通俗教育丛刊第一辑·凡例[M].北京:通俗教育研究会,1919:1-2.

文本可以对通俗教育研究会的思想脉络获得详细的了解，这将会在后面的章节中进一步谈到。

综观史料，通俗教育研究会从1915年立会开始，在民国社会及政治剧变的影响下，在一段不短的时间内都能勉力进行通俗教育活动。据该会主要出版物《通俗教育研究丛刊》的出版状况来分析，大致可窥见通俗教育研究会的处境变化。从1919年开始，通俗教育研究会开始出版《通俗教育研究丛刊》，该刊物主要刊载了有关通俗教育的各种信息，同时也代替了以往的《通俗教育研究会报告书》作为该会记载其活动经过的文件。起初平均两至三个月出版1期，从1923年开始，出版间隔变为1年，直到1926年之后就再没出版，同时内容也越见贫乏，因此1923年之后该会的发展状况大概也可以想象。而根据《通俗教育研究会审核电影一览表》中被审核的电影上映记录来看，至少直到1928年3月，该会还是在进行一些活动。[①]然而，运作详情自1923年之后就因缺乏详细的记录而无法深究。考虑到当时的历史背景，通俗教育研究会应该是受到政局动荡的影响，缺乏财政支持而难以持续发展，对于是否能维持正常活动，这就不免成为一个疑问了。饶有趣味的是，从《通俗教育研究会审核电影一览表》内的行文笔迹来看，开头采用相当工整清晰的楷书书写，至文件中间部分，书写笔迹已渐见潦草，这暗示了当时的执笔人员可能已无法专心工作。由此可窥见，当时北伐对北洋政府内部公务人员心理影响之一斑。

①中国第二历史档案馆．北洋政府档案（教育部）[M]．北京：中国档案出版社，2010:567-577.

# 第五章 各股的工作实况

之前的章节已经分别就通俗教育研究会的特质、源起、发展经过以及一些重要的活动进行了叙述与分析，相信读者已经把握了通俗教育研究会大概的历史轮廓，并且通过通俗教育研究会的活动内容，对北洋政府时期的通俗教育发展情况有了更深入的认识，例如研究会的实际工作内容、日常事务、发行的出版物等。更基于通俗教育研究会的特殊地位，得以类推认识各地形态各异的通俗教育组织，对这些组织的工作方式与内容在概念上形成一定的认识，这种基本概念将成为探讨全国范围内通俗教育发展的线索，有利于研究者更有效地建立研究的理论模型。

从宏观的发展趋势看，通俗教育的发展是合乎时代潮流与需要的，尤其宝贵的是，这种教育形式在中国传统文化中也能找到不少基本元素，比起那些纯粹从西方移植过来的现代化项目，通俗教育很容易就被中国人所接受，并在很短的时间内就掌握了办理这种教育的技巧与方式，并灵活地采用清代遗留下来的教育资源，以最经济的方式办理通俗教育。即使通俗教育研究会拥有的资源并不丰裕，但通俗教育研究会的成员也尽力思考最佳方案，这些都反映在通俗教育研究会的工作实况之中。

在把握了通俗教育研究会活动的整体轮廓后，接下来就深入各股的具体工作中，分析其工作特质，并从这些特质中发掘出更多思想文化史方面的启发，并且通过分析通俗教育研究会各股的活动细节，研究其采用或编辑的文本，探讨研究会办理通俗教育的主导思想。如“改良社会”的具体形式是怎样的？那些被视为改良社会利器的方法与技巧是基于怎样的意识形态？从事通俗教育的工作者如何把他们的教育理念实践到现实之中？通俗教育最终又产生了什么影响？对于这些问题，本章通过对各股会的深入分析，尝试理出头绪，通过小说股、戏曲股、讲演股等三个股会的工作，说明北洋时期通俗教育的目标与意义。

## 第一节　文学的教育实践——小说股的工作

通俗教育研究会把其工作分成三个范畴，各自分派股会主理，而小说股即为其中之一。按数据显示，小说股的核心事务是通过改良小说进而达成改良社会的目标，其旨趣与中国传统有着微妙的吻合。自孔子以来，以人文教养教化民众并不少见，翻开中国文学史，相似做法早已存在，例如以文学教化百姓的观念早在周代已经出现，《诗经》中的《风》即民间诗歌的集成，它反映了人民生活的风俗习惯，百姓可以通过学习《诗经》而习得正确的生活态度，这就是一种生活教育。"不学诗，无以言"正是一种以文学方式培养人类习得各种生活常规的教育方式，这种传统一直延续下来，虽然历代采用的文学类型有所变换，但以文学作品作为人生参照与学习对象的形式一直未变。以明清两代来说，小说已经成为对俗民影响甚深的文学类型，在民初更是得到长足的发展，各种出色作品涌现。小说的影响力除了依靠阅读的文本通过视觉产生外，它更派生出其他副产品，其影响力广及阅读能力较低的阶层，如说书文化，它是一种通过听觉来产生影响力的方式。

小说的优势在于题材的吸引力，它能随着需要的不同而灵活转化，除说书的话本外，更能演变成各类戏曲的剧本，因此同一个故事能以不同的方式出现在生活中，原本只属于识字阶层的文学作品渐渐演变成通俗文学，更进一步成为日常生活的娱乐项目之一。小说类文学的通俗化使社会各个阶层有了一个相通的话语体系，即由通俗文学形成的世界观，背景不同的人之间借由不同的方式吸收同一个故事来形成共同点，故而小说从一种文学类型上升至社会重要的参照坐标，成为建构大众意识的重要文本。

另外，小说更因应着时人口味的变化，以简单明了的方式展示传统价值观，通过话本化及戏曲化，小说具备了更多的娱乐色彩，借助娱乐的方式来突破受众的限制，最终成为对整个中国社会影响力较深的传播媒介之一，其作用堪比宗教仪式，于是文学成为观念传播的工具。就如普通民众或许可以不读书不考科举，但街头巷尾的说书故事，逢年过节的戏曲表演，种种观念及价值体系通过这种轻松的娱乐活动渗透到时人的日常生活中，并以潜移默化的方式影响着人们的思想。

这种现象在庚子拳乱时就明显展现出来，那些属于上层阶级的王公贵族与底层民众受到相似的观念及话语驱使，做出令人震惊的相似的判断及作为，让人不得不惑究竟是怎样的因素导致这种情况的出现。其实，正是借由小说通过娱乐化及通俗化之功构建了一套能让上下阶层都心领神会的话语体系。这一社会现象早于晚清时已为人所察觉，当时舆论界的奇才梁启超敏锐地认识到这一现象，并希望借助同样的方式来施行其改良国民思想的计划。

梁启超在他的《论小说与群治之关系》中就提倡以“小说改良社会”，他敏锐地察觉到这种通俗文化潜藏着巨大的教化效果。除此之外，小说最先引起知识分子注意的原因，一方面与明清时期小说文学盛行民间的历史背景有关，但更重要的是西方也存在小说体裁的文学类型，其时以狄更斯为首的写实主义小说作品，其立意及笔法十分合乎中国士人的口味，尤其其中对民间疾苦的描写、对社会问题的批判等，莫不与士人忧世的儒家传统相吻合，很多故事情节都能与民众产生共鸣，彼此的日常生活感受与伦理价值观契合之处甚多。由于上述原因，中外小说之间存在相互比较、相互学习的空间，故而西方小说成为中国小说的参考对象，并将其用作批判传统小说的参照物。这种比较关系让当时的人们很自然地联想到东西方强弱的差距，正如清末民初常见的习惯，人们常常援引西方例子作为抨击中国传统的工具，并积极提倡以西方优秀的典范来取代传统的陋习，把西化作为救国的重要手段。按照这种逻辑，改良中国传统小说的方法必然是模仿西方的技法，通过小说的西化进而谋求风俗的改良，最终达到强国的目标。

这种把小说作为改良社会的工具的想法，对提高小说创作的社会地位有着积极的影响。回顾传统，小说创作活动在士人阶层中称不上是体面工作，甚至会被主流士人鄙视为落魄的特征。例如明代正统七年，国子监祭酒李时勉就表示“近有俗儒，假托怪异之事，饰以无根之言，如《剪灯新话》之类，不惟市井轻浮之徒争相诵习，至于经生儒士，多舍正学不讲，日夜记忆，以资谈资”，并认为这类文本有害风俗，特地上书要求禁止，而这一请求也得到当时朝廷的认可。[①]这个事例显示了小说创作在中国传统社会中处于较低的地位，然而这种处境最终在梁启超的重新诠释下得到了改变，这种天翻地覆的地位变化无疑得益于西学的助力，小说作为广受欢迎的文学形式，终于在晚清时期得到了跻身主流文化地位的机会。

由梁启超倡议的小说改良理论，得到众多知识分子的吸收和引用，并在不同人士手中加以发展。改良小说最先的效果就是在晚清社会中掀起一阵阅读小说的热潮，这股热潮到民国时期已经发展成一个巨大市场，其中包含巨大的商业利益。小说由文学变身成“商品”，意味着小说文本的生产将要受市场原则的制约，其过程不再是一个纯文学的现象。在这种背景下，原本打算用作改良社会工具的小说反而成为败坏社会道德的媒介，以香艳、猎奇、黑幕、秘闻、影射等题材最受大众喜爱，小说创作者及出版商在生产小说文本时，重点考虑的是切合读者口味赚取回报，改良社会的想法就退到次要地位了。在这种情况下，依靠传统道德感，或者单单使用行政命令，都无法遏止这股逐利风气。不少士人都对这种风气表示忧心，北洋政府自觉有维持世风纯朴的责任，认为应该设立具备专业知识的团队来加以管理。故而，这个责任最后落到通俗教育研究会小说股的头上。

虽然政府有管制的意愿，但其管制能力是心有余而力不足。一方面受制于资源稀缺，另一方面管制的手段亦相当有限，小说股能使用的方法并不多。例如有些意见认为可以通过自行创作优质小说来与市面上的劣质小说进行竞争，然而这种方法根本不可能与“商品化”的小说相竞争，毕竟作为“商品”的小说在生产数量上有压倒性的优势，并且私人在创作小说时一般都是根据大众的喜好进行撰写，更符合大众的口味。所以，通过官方自行生产小说文本来主导市场风气的做法缺乏成功的可能性。小说股最终选择的手段是文本批评与奖禁混合的办法，首先这套办法可通过官方的行政权力来施行，加上在中国传统认知里官方的认可对文风偏好具有强大的引导能力，同时配合行政手段禁止那些严重违反官方标准的作品，采取“胡萝卜与棍子并用”的方式来重新把握小说这项思想倡导工具。

①王利器.元明清三代禁毁小说戏曲史料[M].上海：上海古籍出版社，1981：15.

小说股利用了传统读书人渴望官方认可带来荣誉的心理需求，直接向小说创作者施加影响，通过奖励民间创作合乎官方价值观的小说作品，让民间的小说创作者自发地配合。具体的实施方法按以下文件章程来办理：《劝导改良及查禁小说办法议案》《公布良好小说目录议案》《小说股进行办法案》《奖励小说章程》《审核小说标准》《小说股发给褒状条例》《审核小说杂志条例》《本会禁止不良小说应从根本着手议》《拟推广公布良好小说目录办法案》《拟发布本会征求小说章程案》。

《劝导改良及查禁小说办法议案》认为改良小说不能单靠查禁，更要正本清源，使小说创作产业的相关人士能自我戒慎。其办法有以下4条："(1)请部通知书业商会并通咨各省巡按使分饬商会转知出版家令此后自行取缔不复印行有害社会之小说；(2)报馆附载之小说每有甚妨害于风俗者，应请部咨行内务部并各省巡按使转饬各报馆令其注意；(3)请部将应禁之书籍目录按次咨行财政部及税务处转饬各关卡税局按照书目搜捡核办；(4)请部将应禁之书籍目录按次通知书业商会并通咨各省巡按使分饬商会转知书铺自行取缔停止贩售。"[①]

小说股按照上述办法推动"改良小说"工作，这份议案的核心思想在于鼓励民间通过自我审查的方式来取缔不良小说，官方的取缔则是作为补充手段。这种安排主要基于政府机关缺乏足够能力来自行取缔不良小说，并且考虑到官方查禁的做法在文化层面上带有负面意义，如果民间创作者能自行处理相关问题，那么不论在实际层面还是声誉方面都能有较好的效果。

既然要进行小说审查，并且让民间作者能有标准参照，小说股更进一步于1916年制定了《审核小说标准》《奖励小说章程》《审核小说杂志条例》等标准化文件，以便小说股在进行审核工作时有清晰的参考材料，同时让审核过程更为标准化，而其中的《审核小说标准》更可让民间创作者了解官方的要求。

为了能恰如其分地品评小说的价值，必须先把小说分门别类，然后按照所属类别的标准给予评价，因此《审核小说标准》将小说作品区分为十类：教育、政事、哲学及宗教、历史地理、实质科学、社会情况、寓言及谐语、战事记载、志怪、杂记等。根据其所属类别的不同，审核的标准是有差别的，例如历史地理类的

①通俗教育研究会．通俗教育研究会第一次报告书·议案[M]．北京：通俗教育研究会，1915：4.

作品，小说内容是否符合史实是重要的评价指标；而志怪类的作品，对其内容是否属实的评判标准就相对宽松。因此，小说的分门别类影响了小说审核的松紧程度。在细分了小说的门类后，就会根据以下四条准则来审核小说内容："(1)宗旨纯正，有益于国家社会者；(2)思想优美，有益于世道人心者；(3)灌输科学智识，有益于文化发达者；(4)文词优美，宗旨平正者。"①

以上四条准则中，第(1)条要求小说的宗旨要有益于国家社会，第(2)条则是针对社会风俗，对小说本身表达的思想提出了"有益于世道人心"的要求。将前两条要求置于传统文化脉络下解读，其所指示的方向相当容易把握。而第(3)条就较为特别，要求小说创作能"灌输科学智识"，这是传统小说所不具备的条件。因为科学智识来自西方，也只有在模仿西方小说进行创作后，才能做到符合这条要求，小说创作者本身也需要掌握一定程度的西学知识，才能在其作品中达到灌输科学智识的要求，因此第(3)条准则充分展现了通俗教育研究会期待"良好小说"应具备启蒙功能，除了让阅读者获得道德上的提升以外，更能在现代科学观念上得到提升。而第(4)条则是从文字功能上有所要求，属于一种文学的艺术性要求。纵观这四条准则，可以清楚地看到，通俗教育研究会对于小说的评价是基于思想倡导的功能，好的小说应该具有传达正确思想，感染读者向善的功能，这是一种功利主义的行为，对于小说本身作为文学的艺术性价值的考量则相对欠缺，故而评审优劣与否的关键还是根据价值观来判断的。

小说股除了通过制定奖励的标准来引导民间小说创作者顺应官方期望的方向进行创作外，同时也借着制定出明确的禁止标准来对民间创作做出限制，促使创作者考虑到小说出版可能受到查禁的风险，在创作时会先自我检视。相关禁止的标准有三条："(1)宗旨乖谬，妨碍公共秩序者；(2)词意淫邪，违反善良风俗者；(3)思想偏激，危害国家者。"②

以上三条禁止标准涵盖范围广泛，例如提到"宗旨乖谬"，怎样才算得上宗旨乖谬？这其中就存在着广阔的灰色地带，可以说只要实际上对公共秩序有影响的作品，都可以被归为"宗旨乖谬"。而与第(1)条相比，第(2)条和第(3)条就显得较为具体了，分别是针对社会风俗和国家安全等层面的问题——是否违反

①中国第二历史档案馆.中华民国史档案资料汇编·文化[M].江苏:江苏古籍出版社,1991:152.

②中国第二历史档案馆.中华民国史档案资料汇编·文化[M].江苏:江苏古籍出版社,1991:152.

善良风俗，可以从当时的常理来判断，而危害国家的偏激思想针对的对象也较为明确。综合来说，这些标准响应了当时因革命造成的混乱风气，辛亥革命之后从政治到社会风俗都出现了极为混乱的情况，旧的价值观及道德制约已经失去抑制力，从而引发了各种社会问题，小说股显然认为小说是散播不良思想的一种媒介，所以需要加以规范。如同奖励的标准、禁止的标准也是以国家及社会为本位出发，考虑的是小说传达的思想对社会的影响，小说本身的艺术性并不构成被查禁的理由，这种思维根源于当时的现代化思想及民族主义思潮都认同国家对国民的品性及观念负有责任，认为国民思想的败坏会直接腐蚀国家的实力，并且通俗教育就是国家履行相关责任的工具之一，能够用来建立合乎现代化与民族主义需求的思想风气。

小说的评价分为上、中、下三等，从获得上等评价的小说里择优奖励，而获得下等评价的小说，则只针对其中过于恶劣者才加以禁止。奖励及禁止以外的作品，对获评上等者加以提倡鼓励，获评中等者放任自流，获评下等者设法限制。这种安排淡化了思想管制的色彩，因为它并没有对所有下等小说进行查禁，仅查禁其中特别恶劣的作品，大多数作品即使是获评下等，还是能在市面上流通，这表现出小说股的态度还是较为宽容的。

对于获评上等加以奖励者，小说股将根据其作品类型而授予不同的褒状。由作者自行创作的小说给予甲种褒状，翻译外国著作者则给予乙种褒状，采集古今中外的杂事琐闻汇编成书的作品，如札记一类的则给予丙种褒状。褒状由著作者领受，并由通俗教育研究会登报公示，做出表扬。这种奖励主要是荣誉性的，它的价值属于一种社会认同，表示该作品受到国家的认可，是一种非物质性的获益。对于具有传统士人文化的中国社会，这种荣誉性的认同拥有相当程度的影响力，能让获奖作品得到名声，并且获得宣传效果，使其更有可能风行各界。事实上，获奖作品中有很多的确能因此获益。

当时，除了小说的出版相当盛行外，还流行一种以杂志形式出版的小说集刊，对于这种小说集刊，通俗教育研究会修订了《审核小说杂志条例》加以管理。小说杂志的评审标准基本沿用《审核小说标准》，但因杂志性质较为特殊，如小说杂志本身包含各种作品，题材各异，篇幅长短也不尽相同，对比小说的独立成书，小说杂志在评审上显然难以按照一般小说的形式进行审核。所以，《审核小说杂志条例》按其性质的不同做出相应调整，对小说杂志及其中个别刊载的作品进行审核时，需要先收集数期杂志，然后经过较全面的阅读后再进行审查，确保对文本有较深入的了解后再做出判断。如果要奖励某一小说杂志，也必须确定获奖杂志内并不包含其他不恰当的作品。当需要查禁某一小说杂志时，则需要考虑该杂志的其他内容，查禁对象是否仅有恶劣作品，假如需要查禁的杂志内同时含有其他有价值的内容，则该小说杂志不会被直接查禁，如果该小说杂志内并没有其他有价值的作品，就会被直接查禁。

在《审核小说杂志条例》中特别列出3条，只要该作品内包含其中一条就肯定不会向其颁授奖励。这三项条件分别是：(1)封面及插画秽亵者；(2)题之名目无关义理一者；(3)编辑之宗旨谬误者。

在这三条特别列出的条件中，条件(2)和(3)都具有相当大的解释空间，在实际审查过程中，根据怎样的标准来判断标题之名目是否合乎义理，以及宗旨是否谬误，主要端看审查者的个人意见来判断，然后在股会上据其意见进行讨论是否应该禁止。相对地，条件(1)就较为具体了，毕竟图画是否秽亵是有客观标准可循的，这三个条件除了展示了小说股对待小说杂志时所持的标准外，更表明了小说股对于图画具有的影响力甚为关注。小说内容尚需要经过阅读才能对人们产生影响，然而图画仅仅一瞥就已经能影响人们，就如同讲演股考虑推行年画改良的理由一样，对于从事通俗教育的人士来说，图画被认为具备极高的感染力，能让观者直接意会其中的意思，并且在较少条件限制下诉诸直观，让人易于吸收、学习以及模仿。基于对图画影响力的深刻认识，通俗教育研究会有意识地对图画性的内容加以管制，对于小说杂志的封面及插图特别关注，并视为审查的关键。

“不良小说”查禁活动究竟对小说风气的发展产生了多大的影响呢？这点可以从教育部与通俗教育研究会的文件中得到线索，这些公文内容中屡屡表示“不良小说”充斥市面，以及不断重申禁令等做法，可以看出查禁的成效并不理想，“不良小说”依然不绝于市，政府似乎禁之不绝。通俗教育研究会认为其中的主要原因在于政府权威有未达之处，例如上海租界往往被认为是罪恶渊薮，其治外法权让出版商通过在租界内印行及出版被禁小说，并把它们带到其他地方贩卖，即使政府严厉禁止，也无法有效遏止这类“不良小说”的流行，更何况政府能力有限，不可能严厉实施查禁工作。另外，这类“不良小说”更会使用各种技巧进行掩饰，单从表面难以分辨是否属于被查禁的范围，其中使用最多的技巧莫过于更改标题及改头换面，以伪装的方式来掩盖内容，这些“不良小说”流布极广，甚受读者欢迎，其严重程度一度达到在教育部门口也有小贩兜售，要从零售层面根绝这类小说的散布可谓极难。由此可见，查禁的做法听来甚具威慑力，但在缺乏强力有效的国家机器去执行，同时社会风气也喜爱这类作品的情况下，小说股的查禁工作影响甚微。由于当时正值革命时代，这类小说非但不能禁止，更能主张自己存在的合理性，通过攀附连带各种新思想、新主张，让其有时更拥有宣示正当合理的空间，就如同革命毁灭了传统的枷锁，审查者所持的价值观与标准也被嘲讽为落后及封建的残余。

通俗教育研究会对于查禁行为的局限性深有体会，因此，积极调动小说出版业者的社会道德感才是他们的工作重心，通俗教育研究会期待通过呼吁及施加影响力，让小说出版业者能自律。通俗教育研究会通过发函要求各商会书店自律，同时通过研究会会员的私人关系网络做出劝吁，这种做法成效多大实质成疑。但1922年7月上海书业公所就响应相关号召，创立了书业正心团，专门调查及销毁一切足以危害人心、风俗的淫词小说，第一轮查禁共销毁淫书底板36副，淫书46396本[①]，并刊登广告劝告各地同业仿效。

通俗教育研究会受到其启发，呈文教育部咨行内务部转饬警察厅按照这个例子进行。在通俗教育研究会的组织及协助下，1922年9月北京书业界模仿上海书业正心团组成了北京书业进德会，由书业商人自行组成团体取缔淫书，但凡参与的会员皆有止售、缴交、收集、禁止代印订装淫书的责任，并积极劝导其他非会员的零售商停止贩卖这类书籍，其中收集淫书所需花费和向缴交既有淫书存货人提供的经济补偿，暂时挪借书业商会的存款来应付，等待收到其他捐款时再行归还。这个组织是民间的非牟利团体，完全由书业商人自主推动，通俗教育研究会只是在发起及组织等方面提供协助。这种做法体现了通俗教育研究会对“改良社会风俗”措施的想法，与官方的严加打压相比，通俗教育研究会内的知识分子更倾向于民间的自律作为，这种倾向符合士绅的传统，同时官

①通俗教育研究会.通俗教育丛刊第十七辑·函牍[M]，北京：通俗教育研究会，1922:5.

方积极干预的做法在形象上不为通俗教育研究会的知识分子所喜,他们并不认为查禁是根本解决之道。这种想法与通俗教育的宗旨相吻合,其宗旨正是以建构具有自治能力的国民为目标,官方查禁的做法与自治的旨趣是矛盾的,所以鼓励民间自发作为的做法正是通俗教育研究会中知识分子表现自身理想主义的形式之一。

## 第二节　审查工作中的价值观

书籍审查是相当有启发性的社会行为,在人类历史中,古今中外都不乏一些关于书刊审查的记载,每当读到相关历史时,很自然地就会联想到这是一种思想控制,作为深受思想自由概念影响的现代人,总是对这种做法不抱好感,甚至有些厌恶。然而作为历史研究者,对于这个现象倒是抱着浓厚的兴趣,因为审查是一种内涵丰富的行为,通过深入发掘,总是能得到很多启发,并且能够更深入了解那个时代的种种事情。审查行为的本质是什么?事实上,这是一种筛选与管制的措施,通过有意识地安排来塑造大众的思维模式,如特定的价值观、常识体系、关心事项及重视的议题类型等,意欲推广者则奖励之,望其不为人所意识者则查禁之。不管何种形式的审查,都是了解、追溯管理者想法的蹊径,发掘其思想的系谱能让人们对历史的理解与诠释更为丰富深刻。中国的历史传统自然也有审查行为,由秦始皇著名的焚书坑儒开始,中国历朝历代都存在形式不同、宽紧不一的思想审查行为。辛亥革命后的中国,虽宣称终结了中国的封建传统,但审查行为仍表现出强大的生命力,并没有随旧皇朝的毁灭而一同扫进历史的垃圾桶。对新时代的权力者来说,自然也有他们对思想环境的一套设想。以本书讨论的通俗教育研究会为例,他们对小说作品进行奖禁评价正是不折不扣的审查行为,这一点是毫无异议的。然而,其审查的性质及内涵却有着深入讨论的空间。总的来说,由小说股主持的小说审查工作,从现存的股会讨论数据,以及一系列小说评语及奖禁名单来看,其审查工作的性质表现出较强的伦理倾向,其政治意味事实上并不浓厚,这与人们对北洋时期文化风气抱持的印象相当吻合,北洋政府虽然军阀当政,但在很多政府机关中,专业官僚在其领域的影响力还是较大的,毕竟军阀政府缺乏运转国家的专业知识,反而给予了官僚机构更多的自由度。通俗教育研究会隶属于教育部，其最为关心的是教育方面的影响，所以小说股的审查工作，其关注的重点并非政治问题，风俗伦理才是其关怀之所在。

通俗教育研究会的评审与奖禁活动显然是一个探索这些官僚及知识分子价值观及意识形态的理想场域，通过他们在小说评审中表达的意见，我们可以重整出他们最真实的想法。因为这种小说评审工作基本取决于他们自身的看法，而非政治性的命令，是奖是禁，位列何等，完全是评审人员的直观见解，纯粹而真切。因此借着通俗教育研究会的审查书目、评语及会议记录等材料，可以对这些过渡时代的知识分子脑中的意识形态及价值观有更真实的了解。

要印证通俗教育研究会审查工作的性质，最为直接的方法就是查阅那些受到审查的作品。图5-1为通俗教育研究会小说审查评等图，由图5-1可见，在通俗教育研究会的审查活动中，被评为中等的小说占受审作品的56%，占了大多数，获得上等给奖和上等评价的作品占了12%，被评为下等和下等禁止的作品总共占了32%。在众多受审作品中，大约只有三成作品被通俗教育研究会认为品质较差，六成左右的作品被认为是可接受的，而优秀作品约占一成。就这个比例分布来看，小说审查的标准并没有很严厉，因为真正被评为需要查禁的作品仅占4%而已。通过对各种等级小说的比例分布进行分析，我们对通俗教育研究会小说股的审查工作展现出的倾向性有了概括性的认识，被评定为下等的小说多于被评定为上等的小说，但被严格查禁的小说只有4%，这展示了研究会成员对查禁手段持相当谨慎的态度，在使用上小心翼翼，每本被查禁的作品除了负责评审的人给予评审意见外，更需要经过股会讨论，综合其他意见后才做出决定。通俗教育研究会虽然把32%的小说都评价为下等，认为不应提倡，但真正让他们厉行禁止的作品也仅是下等小说中的1/8，这表明研究会的态度是宽容的，与那种以思想管制为目的的审查是有区别的。

在受审作品中，获评为中等的作品数量最多，占了56%，这表明当时大多数作品在通俗教育研究会眼中算不上优秀，对他们期待的改良社会的目标来说帮助不大，但这部分小说即使放任自流亦无伤大雅，这充分显示了通俗教育研究会成员也是倾向给予较大空间及自由度，让不同类型的作品及想法得以生存，而非一味依靠官方的手来剪裁小说文学的枝枝叶叶。另外，约有28%的作品被评为下等,但没有被查禁。通俗教育研究会的审查工作主要通过出版商及图书馆藏书来搜集样品,而其中有三成的作品被认为不佳甚至恶劣,就比例而言"三成"实在不能说少数,这反映了当时的流行风尚并不为通俗教育研究会成员所乐见。然而,即使有三成多的作品不为通俗教育研究会提倡和鼓励,他们没有贸然采取查禁的手段来消灭它们,这种谨慎与宽容的态度切合了自晚清以来士人阶层对于新思想采取的开放及包容的态度,就儒家的思想传统来说,他们也更愿意以一种温和的方式来处理思想文化的问题。从数量比例来看,人们可以见到一个较宽容的趋向,而就内容来说,被查禁的小说大部分都涉及淫亵,与政治有关的则以宣称暴露黑幕一类小说为主,但这类被查禁的小说在数量上所占比例不多。综上所述,通俗教育研究会的审查行为与其说是政治性的行为,倒不如说是文化性的行为,其行为中并不涉及北洋政府有计划性的思想管制,更多的是反映了专业官僚与士人阶层的价值倾向,即自晚清以来通过小说文学来"改良社会"的想法与实践,故而应探讨的是他们想要实现的是怎样的社会理想。

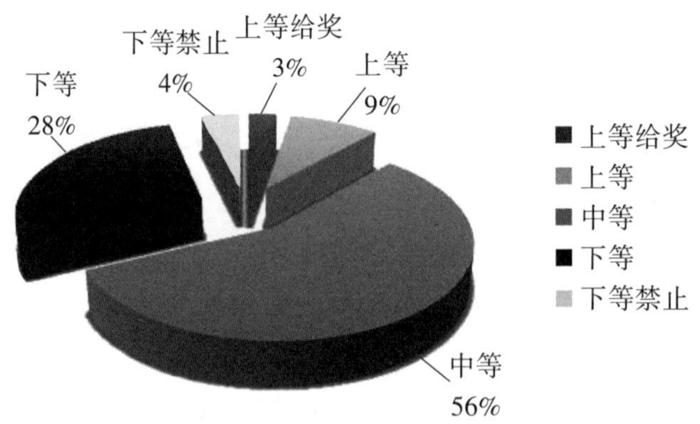


**图5-1　通俗教育研究会小说审查评等比例图**①

从"改良社会"这层意义来考察通俗教育研究会的审查行为,审查者本身所持的态度与价值观就是讨论的焦点,他们的态度与价值观具有相当的代表性,作为横跨两个时代的知识分子,任职于教育部的这些知识精英,他们的影响力可通过政府政策来体现,他们在审查过程中流露出的想法并不是一个人独立的想法,更是他们身处阶级的典型想法。

①资料整理自《通俗教育丛刊》"通俗教育研究会第一至七次审核小说一览表"。

首先，以那些被通俗教育研究会认可值得奖励提倡的例子来说，在被评定为上等给奖的34部小说中，有27部是转译自外国的作品，其中由著名译者林纾操刀的作品更是榜单上的常客，翻译小说占据了这一时期优质作品的大部分名额。究其原因，这些翻译小说都是以国外早享盛名的作品为底本，其内容质量已有一定保证，加上译者高超的转译技巧，其潜力自然较高，另外翻译作品自身具备了一种“新”的意涵，让它更容易为士绅阶层所喜。受梁启超主张的影响，大部分中国知识分子都先入为主地认定了中国传统的小说需要改革，就应该参照外国输入的优秀典范来改进。在这种观念的影响下，仅仅宣称是外国著名作品的翻译作，就已经能吸引广大读者，进而形成风潮。这种现象既是其历史背景促成的，同时也是因为有林纾这类文笔高超的作家，积极地把这些舶来品转化成能被那些深受传统小说熏陶的本地读者接受的作品。这些翻译小说的成功往往是通过在原来小说的结构上进行本土化的处理，让读者们在阅读时既感新奇而又不与原来的阅读习惯相抵触。

高超的创作技法是一部成功的小说作品的必要条件，但对通俗教育研究会来说，一部小说优秀与否，其考虑的核心还是在于作品的教化功能，因此小说的题材与内容是否能达到教化目的，才是一部小说作品能否被通俗教育研究会评为上等给奖的关键原因。以《黑伟人》这部小说为例，其内容讲述了一名奴隶出生的黑人博嘉·华盛顿，通过刻苦学习最终成为校长的励志故事。通俗教育研究会的评审者在其书评中表示：“书中所抉发皆至理名言，随在足以促国民之觉悟，不仅可作小说也”①。这部小说之所以优秀，在于其能够激励下层民众学习自强的教化意义，因此认为应该列为上等给奖。而另外一部《苦英雄》，所述的是关于美国总统林肯的故事，评审者认为该书“言其幼而苦身励志，长而救世成名极为亲切有味，绝无缘饰，译者悉用我国旧时小说体裁，而文笔极质朴淳雅，洵为历史小说、教育小说中有价值之书，可列上等给奖”②。同样在主题上具有激励人们奋发的教化功能，因此评审者给予高度评价，但在复核讨论时，有其他意见认为该小说内容涉及宗教性的内容太多，在教化上的宗旨不够纯净，所以列为上等不给奖。这两部小说能得到上等评价的主要原因皆是小说具有的教

①通俗教育研究会．通俗教育丛刊第二辑·报告[M]．北京：通俗教育研究会，1919：1．

②通俗教育研究会．通俗教育丛刊第二辑·报告[M]．北京：通俗教育研究会，1919：2．

化意义很强，因而被通俗教育研究会的评审者判断为有价值的作品，这些例子昭示了通俗教育研究会对小说作品的评价是建立在教育功能上，以其对民众的教育性作为圭臬。这正反映了通俗教育研究会通过小说文学“改良社会”的想法如何在评审小说的工作中体现出来，小说作为文学的纯粹意义并非评价的关键考虑因素。另一部小说《商人妇》，评审者的评语说得更为直接，评审者赞赏该书“于经营商业颇多心得语，洵近今小说中罕见之书”[①]。一部小说能够教育民众经商知识从而达到提倡工商业的目的，这种理由竟成为评价小说优秀与否的原因。可见，通俗教授研究会小说股的评审者采取的标准都是建立在促成民众现代化的目标之上，并且不嫌功利。

虽然评审的关键因素在于教育意义，但当它与某些其他因素有所抵触时，通俗教育研究会在处理时会更为谨慎且多加考虑，如《苦英雄》就是如此。另外还有《鹧巢记正续编》，评审者给予该书相当高的评价，认为：“是书大旨优点有四，人至艰难困苦之时宜有奋斗之精神一也；经营缔造宜有科学的知识及利用科学的方法二也；宜有创造之精神，征服物质归我利用三也；勿论何时何地，教育不可废四也。虽所叙述多不衷于事实，然小说之体亦自不妨可作青年读物，应列上等，给奖与否请俟公决。”[②]这部小说既具有振奋人心的功效，同时又兼具科学精神，尤其重视教育的价值，这样的一部作品，在价值观上完全契合通俗教育研究会的观念，然而此书最终仅被评定为上等而不给奖，其理由与《苦英雄》一样，书中涉及宗教的内容太多，影响了小说的价值。由此可见，虽然教育意义是评价标准的关键因素，但也存在其他限制因素，通俗教育研究会在给予作品最终评价时，会综合地考虑各种因素，尽量周详地确保作品没有渗入其他杂质。

翻译作品的风行让翻译作品获得一种特殊的地位，所以在评审过程中需要考虑更多的因素再做判断。以《标骑父子》一书为例，评审者原本将它评为下等，但是在复查时发现它的原著出自俄国文豪列夫·托尔斯泰之手，顾虑到这位大文豪在外国文坛的地位，把他的翻译小说评为下等似乎不妥，因而改列为中等。由此可见，通俗教育研究会在进行评审时，即使遇到不合其价值观的作品，依然会综合考虑各种因素再做判断，尤其以翻译作品更是如此，除了市面发售

①通俗教育研究会.通俗教育丛刊第九辑·报告[M].北京：通俗教育研究会，1920：1.

②通俗教育研究会.通俗教育丛刊第九辑·报告[M].北京：通俗教育研究会，1920：1-2.

的版本外，其原著的背景也是重要的考虑因素。

除了翻译小说外，当然也有中国作者原著的小说被评为上等给奖的，例如包公毅的《孤雏感遇记》、天笑生的《馨儿就学记》都是广受欢迎的作品。中国作者从晚清时期就开始对小说创作进行摸索，不断尝试突破传统小说的框架进行创作。由这些作者创作的小说之所以广受欢迎，往往不只是因为其“新”的意涵，更是这些作品都在一定程度上继承传统并加以改良，故而很容易被习惯传统小说风格的读者所接受，不会因其“新”的一面而感到突兀。例如《秦汉演义》一书结合了传统小说的章回体裁再配以白话写作。对于这部小说，通俗教育研究会展开了两次讨论以决定是否给予奖励：不少会员在评价时都秉持着评价历史类作品的标准，认为这部作品有多处与事实不符，因此不应该给予奖励；一些持支持态度的会员认为，当下小说市场上多为谈情说爱类作品，该书作为历史类作品本来就相当缺乏，而创作水平能达到如此程度的就更少了，所以应该以鼓励的态度给予奖励，以形成提倡创作此类作品的风气，势必对儿童学习历史有所帮助，也有助于市面上出现更多相关的通俗作品。

从上述例子可见，通俗教育研究会在评审小说时需要经过翔实的讨论，以及广泛而复杂的考虑后才能做出判断。其判断往往是多种因素相互折中后的结果，其最终都是以提倡通俗教育为目的，谋求小说对民众的风俗习惯产生正面的影响，其目标多数是伦理性的，政治性的考虑并不多。另外，通俗教育研究会更乐意采用奖励的积极手段，相对地视查禁为消极的不得已之举，尽量谨慎使用查禁手段。

那么通俗教育研究会如何决定是否查禁某一小说作品呢？就像前面提到的，通俗教育研究会查禁小说大多以淫亵为由。民国风气虽较晚清开放，但对于淫亵的标准还是比今天要严格，因此在理解所谓的“淫书”时，应避免先入为主，以今天的标准去想象。怎样的小说会被认为是淫亵？这一点可以从被评定为下等禁止的小说评语中略知一二。如《女学生之百面观》一书，即一部以描写女学生生活为主的小说，是时社会女学方兴未艾，评审者认为应该禁止该书的原因主要是这类小说着重女学生的生活细节，尤如偷窥女性闺阁之事，败坏社会风气，对女子教育的发展造成不良影响，所以必须予以禁止，该书的评语更提及：“虽未可竟目为淫书，实于学校风纪大有关系，且本书各序文无不以劝善惩恶，维持教育为主，而篇首插画四幅悉系妖装荡女之形，且题以不通之歪诗，又何为者”[①]。其中指出了这类“挂羊头卖狗肉”的小说，往往打着“劝善惩恶”的旗号，其内容常常被当时的社会认为是淫亵和不当的，这类小说相当普遍，恰好反映了过渡时代特有的价值混乱状态，这些作品是否全都淫亵不堪，难以遽下定论，但以当时严肃的知识分子普遍厌恶的鸳鸯蝴蝶派小说来说，这一风格类型的作品按今天的标准来看，远未能说得上淫亵，而从通俗教育研究会当时的很多书评中可见，鸳鸯蝴蝶派小说毫无疑问被认定是淫书的典型。因此，这里清楚地凸显了新旧价值观的差异问题。通俗教育研究会的目标就是整顿当时的社会风气，重建一种严肃与具有约束力的文化氛围，进而改善社会混乱的状况，考虑到他们对社会抱持的善意，对于这种做法也多少能给予同情的理解。

同时，上述例子更显示出通俗教育研究会对于图画的高度重视，如前述的评语所说，印有淫亵图画的书籍是必然会被果断禁止的，如上海世界书局发行的《春艳写影》一书，就因为“汇集时装妇女图多幅，每幅加以白话评语，皆轻佻淫亵之词，且附赠裸体美人四幅”[②]而被查禁，这种对直观性图画的敏感意识，促使通俗教育研究会采取严厉的取缔手段。

除了淫亵的原因而被查禁的小说外，其余查禁原因还有宗教迷信、荒诞不实等。如《三国还魂记》一书，就是以时下人物附会三国时候人物的作品，评审者认为“其说离奇谬妄不可究诘，非无忌惮之小人不能作此惑世诬民之书”[③]，所以应予以查禁。相当有趣的是，评审者把小说隐约比附为史书，以一种对史书的严格标准来审视小说作品，评语中就说：“夫当代人物功罪本未易分明，褒贬权衡宜听之后之良史，为稗官者，乃敢逞捕风捉影之词，肆敲诈逢迎之技，书之当禁似不待言。”[④]这种态度一方面受传统治学习惯的影响，另一方面不排除顾忌到现实政治人物，认为这类小说会影响舆情，所以提出禁止。虽然这一点史料中没有明确表示，但还是可以探究为何会用评审史书的眼光来评审历史类的小说。究其原因，自是梁启超把小说的地位褒为“文学之最上乘”的关系。同

①通俗教育研究会.通俗教育丛刊第一辑·报告[M].北京：通俗教育研究会，1919：2.

②通俗教育研究会.通俗教育丛刊第十辑·函牍[M].北京：通俗教育研究会，1920：11.

③通俗教育研究会.通俗教育研究会第四次报告书·报告一[M].北京：通俗教育研究会，1919：39-40.

④通俗教育研究会.通俗教育研究会第四次报告书·报告一[M].北京：通俗教育研究会，1919：39-40.

时，当小说成为通俗教育的重要工具时，人们无意间会期待它能与史乘比美。

因此，当从文化意义来理解通俗教育研究会的查禁行为时，就能更清晰地把握查禁工作的性质，避免误将其当作思想管制工具来看待。就这一层面来看，这种奖评查禁的工作体现了当时士绅阶层的价值观及想法，从现实层面来看，社会风气的混乱让人期待重建一套较为稳定的思想体系，扭转社会不良的发展趋势，这些知识分子得到了行政工具时，就会加以运用做出干涉，期望通过官方的引导来调整民间风气，甚至希望加以改良，从而实现他们的国民现代化构想。事实上，通俗教育研究会对查禁的行为表现谨慎，态度克制，如果作品程度未至于极端恶劣难以忍受，或者认为该小说影响力不大，即使对作品的内容有所不满，也仅列下等而不加禁止。如《风流梦》一书就是如此，其内容关于男女靡靡之爱，正是通俗教育研究会价值观所讨厌的类型，然而综合考虑下认为无须直接禁止，只是评为下等不加鼓励来处理，同时考虑到该书出版已经有一段日子，却未能广为流传，也就没必要花费气力查禁。由此可见，查禁并非盲目冲动的行为，而是基于对现实的具体认识上才加以实施的。

另外还有《巾帼指南十年游学记》和《嫖赌百弊大观附男女爱玩图》这类的作品，标题就充满了不良意味。小说股的审查人员对《巾帼指南十年游学记》有这样的评价："是书托为女子所作，虚构一二女学界不名誉之事，而归咎于学校，妄思推翻不可磨灭之学说。其所见已属迂谬，乃书中理想之模范人物如美小姐（即本书自述之人）不过思为一权贵之寄女，而醉心于赠遗之厚，游燕之盛，且专侦察暧昧之事，而以谑浪笑傲之伎俩，博腐败官僚之称许，迹其行为，亦复与娼妓何异，作者具此卑劣鄙贱之思想，乃欲腼颜著书以反抗世界之潮流，甚或提倡无才是德之说，冀投时好，必欲驱全国女子尽入于黑暗之域，犹标其名曰巾帼指南，吾不知作者之可耻与不道德竟至于此极也。"[①]这则评语以极差的言语来评价该作品，这样一部作品也仅列下等而已。同样，《嫖赌百弊大观附男女爱玩图》在复核中的意见就更为简洁了，直接表示该书"原评加以无聊二字极当，附图不惟丑劣，并毫无意思，不能动人，似无禁止之必要"[②]。同样认为该书价值极低，但考虑到其吸引力不大，也就列为下等而已。

①通俗教育研究会.通俗教育丛刊第六辑·报告[M].北京：通俗教育研究会，1920：9-10.

②通俗教育研究会.通俗教育丛刊第六辑·报告[M].北京：通俗教育研究会，1920：10.

从上述例子可见，通俗教育研究会的审查人员相当明白小说本身的娱乐性质，当其成为一种娱乐商品被贩卖时，其创作必以营利为目标，所以小说风格及题材会刻意迎合大众风尚是不可避免的结果。加之政府能力有限，故奖评查禁工作应量力而为，需要兼顾价值判断和现实条件，即使遇上素质价值俱低的作品，也只有在极为必要的情况下才加以禁止，例如该书甚受欢迎，流通甚广等情况，仅仅是内容不堪，也不至于直接禁绝。由此可见通俗教育研究会的宽容态度。

## 第三节　移风易俗——戏曲股的工作

小说股的工作总的来说属于一种文本批评的功夫，阅读小说然后撰写评语，与戏曲股的工作相比较，或许略显单调，戏曲股负责的戏剧评审工作更为复杂与多元化。小说创作与出版群体在传统上与文人群体关系密切，交集甚多。而戏剧业界则不同，戏剧在传统中的地位较低，通常认为文人与其交往属于一种不体面的行为，因此，一般文人虽然会观看戏曲，但两个群体的关系较为疏远，至少在公开的社交活动中，彼此交集很少。在这种传统的影响下，通俗教育研究会最初参与戏曲改良工作时，是充满很多未知空间的，再到之后诸如白话新剧、电影、唱词等项目，每每对传统知识分子来说都是新奇的领域，当它们被陆续收归到戏曲股的工作范围时，其涉足领域就日益广泛多元。

这种多元的特性表现在方方面面，如接触的人物来自不同的戏曲或唱词群体，每当某新事物兴起时，戏曲股的交涉对象就相应地增加，因此戏曲股比小说股及讲演股有更多交际工作需要处理，尤其是与那些在传统里关系较疏远的社群交往时，更需费时费劲地逐步建立共识与沟通渠道，以求有效地互通消息交换想法。戏曲股为了更好地工作，还特地设立交际员来处理相关交际工作。由此可见戏曲股的工作范围既广泛又复杂，甚至相对于其他两股来说，涉及的工作内容更为精彩，毕竟其处理的是时兴的新颖娱乐活动，并要费尽心思地运用这些活动来实现其教育目标。

通俗教育研究会对戏剧改良的态度与方针，从价值观层面来说，基本上与小说股及讲演股是一脉相承并无二致的，但由于戏剧的性质与内容更为复杂，所以与另外两股相比,戏曲股有其特别之处或难处。戏剧类型受时代环境的影响,其发展正处于活跃时期,新的戏剧类型如雨后春笋,旧类型的戏剧也正处于谋求改变的时期,所以,戏曲股需要做更多的准备才能处理相关问题。如戏曲在中国传统社会中自有其独特的历史与文化模式,传统中国士绅阶层与以唱戏为生的社群之间具有一定的文化隔阂,尽管士绅阶层中并不乏酷爱戏曲者,但顾及身份名声自然不会密切往来。受到种种主流价值的限制,戏曲股中的人士也就需要花费时间和精力来与戏曲从业者建立关系。从事戏曲相关工作的人士,也背负了种种包袱,在传统的社会文化中他们的社会地位是被贬抑的,其形象常被认为与娼妓相差无几,地位之低可见一斑。然而,受西方思想的影响,戏曲被重新发掘出来,它具备的教育及宣传功能受到重视,并融合了西方的概念,形成一个内涵更为丰富的“戏剧”概念,知识分子热情地投入相关改良工作中。借着士绅阶层以改良社会的观念,打破了过去的社会隔阂,接触那个与自己生活既近且远的领域,而从事戏曲工作的相关人士也敏锐地察觉到这个潮流,积极乘势而上,把握机会,重塑其群体的社会地位。在这股潮流的影响下,各自纷纷组成团体,积极参与各项戏剧改良的事业,通俗教育研究会与北京正乐育化会之间的交往就是典型的例子。

戏剧与小说、讲演最为不同的地方,就是无法仅靠士绅阶层来推动改革,其改良计划十分仰赖相关从业者。所以,改良计划中要考虑的问题就更多了,如戏剧业者们的谋生问题、业界传统、改革理想等,故而戏剧改良活动采取一种灵活变通的方针来推进相关的改革工作,并通过多次与业界的商讨、审核、建议、修改来逐步改造传统戏曲,即使遇上不满意的作品也会花费心思慢慢进行改良,而非直接进行禁止,以使其适合于通俗教育的需要。

通俗教育研究会修订了《编制各种剧本者应注意》,确保使用通俗教育研究会编制的剧本的人士能有规矩去遵从,确保通俗教育研究会的剧本资源能有效发挥教育功能,此三条守则分别是:“(1)本会编制各种剧本无论何人皆得演唱,但仍须遵例,预先呈报当地警察厅,并应于第一次唱演时先期通知本会;(2)各种剧本如唱词及过场有于演唱不便之处,得斟酌修改,但须将修改之本预先通知本会;(3)凡因便宜上修改本会所编各种剧本者,不得违背本剧宗旨或妄加荒诞秽亵之词句及过场。”①

这三条守则主要是保障通俗教育研究会的剧本不被人抄袭取利，守则容许使用者按自身需要对剧本做出一定的修改，但必须把修改部分知会通俗教育研究会，让研究会能检查其修改是否恰当，以确保出自通俗教育研究会的剧本不会带有违反该会宗旨的内容。

另外，通俗教育研究会还订定了《通俗教育研究会审查戏剧章程》，通过这份章程文本我们能了解戏曲股审查戏剧工作的做法，该章程共有七条。(1)凡私人或戏剧团体编演之戏剧，均须经本会审定后方准演唱。(2)凡编演之剧，有合于左(下)列各项之一者，经本会审查合格后得褒奖之：①编演戏剧，其事实深合劝惩本旨，而唱白复明了雅驯者；②编译或排演外国剧本，有益于中国人心风俗者；③唱演优良脚本，确能发挥编者之旨趣者；④改革旧剧不良之点而有益于世道人心者。(3)凡编演之剧，经本会审查结果认为有左(下)列各项之一者，应禁止之：①情节淫秽，有伤风化者；②凶暴悖乱，足以影响人心风俗者；③剧情荒谬，显悖人伦道德者；④倡论邪说，意图煽惑者。(4)凡编演之剧，经本会审查，认为有左(下)列各项之一者，得由本会令其修改之：①剧中某过场或某语涉及淫邪，有伤风化者；②情节离奇，淆乱观听者；③形容过当，易起反感者；④意在劝惩而反近诱惑者；⑤词句鄙陋不通者；⑥种种动作，涉及危险者。(5)关于奖禁办法，由本会议定之。(6)关于审查戏剧之手续，准依本会戏曲股办事细则办理。(7)本章程自呈请教育部核准之日施行。②

就条文内容来看，值得褒奖的戏剧必须要合乎四个条件之一，其中第(1)(2)(4)等三条是从内容出发，要求戏剧要具有教化意义，而第(3)条则是从戏剧表演的艺术性进行评价。由这四条可以看出，戏曲股对教化功能的重视与小说股是别无二致的。然而，在禁止与修改的标准上，戏曲股的要求比小说股更细致，禁止的标准有四条，修改的要求有六条。禁止标准也是从内容呈现的意象出发，分别是对淫亵、凶暴的内容做出禁止，另外对于违反伦理道德的内容也一样予以禁止，但第④点较为暧昧，毕竟何谓邪说，何谓煽动，其中存在着很大的

①通俗教育研究会.通俗教育丛刊第三辑·章程[M].北京：通俗教育研究会，1919：1.

②中国第二历史档案馆.中华民国史档案资料汇编·文化[M].南京：江苏古籍出版社，1991：166-167.

诠释空间，端看审查者的主观判断，这理由可以是文化性的，也可以是政治性的，而戏剧的性质又比小说复杂，不能单就一份文本做出判断，这也导致戏剧审查工作需要花费更多工夫去进行评审。同时，还有六项条件会影响戏剧的品质，如果违反，则由通俗教育研究会设法令相关人士修改。这六项条件除了涉及内容，也涉及表演过程，如对白、动作等，这些都需要直接观赏相关戏剧的表演才能做出评价。而同一剧目，在不同剧团及场次展现的风貌也各有差异，因此要给予修改意见，必须亲身观看后才能一一指正。可见戏剧的审核工作比小说审核更繁复，也更变化多端和有趣。

通过这些文本章程，我们对戏曲股的工作有了大致的认识，同时对该股的评审标准也有了一定的了解。具体做法在其《改良戏剧议案》中有所阐述，其议案引文如下。

戏剧一道至关风化良者则教忠教孝，不良则诲盗诲淫。吾国旧有戏剧其编制之初实具有劝善惩恶之苦心，足以移风易俗者固在所多有，然用意本自不正或后来演唱不善致失本意足以启诱恶性者，亦复不少，浸淫濡染影响于人心风俗者，已深故在。今日欲改良社会，非改良戏剧不为功，欲改良戏剧亦不宜流于苛细，此议案之主张在先去其太甚者而已，谨拟具办法如左(下)：

一、全部禁止

甲、标准　凡戏剧之全部情词淫邪有伤风化不能施以匡正者，宜全部加以禁止，务绝根株无使流毒于社会。

乙、办法　约分二种

(一)调集各种剧目：由本股会员先就北京各剧园常演之戏剧，如皮黄秦腔等，查明分别记出，以为审核之预备，其有剧目不能详悉者，则由本股委股员临时调查之。

(二)各会员及调查员关于戏剧禁止之报告，须经本股会议决后随时开列戏目详，部咨行内务部转饬警察厅实行禁止之。

二、部分删改

甲、标准　凡戏剧中有一二过场或一二语涉及淫邪有伤风化及情节离奇淆乱观听者，宜酌予删除或更易之。

乙、办法　约分三种

（一）搜集各种脚本　　搜集方法分为三项

1.向清宫南府借钞（抄）；

2.向正乐育化会及其他演唱机关征集；

3.由本股会员实地调查。

（二）本会所搜集之脚本，由本股主任指定若干员从事审核，酌加删改，但以不用深文能合戏剧体裁者为主。

（三）删改完竣后，应由本会会员以私人资格联络戏剧中人，劝其遵从，如无实效则由本会详部咨行内务部转饬警察厅或直接函知警察厅谕令暂将该剧停止演唱[①]。

这份议案认为，中国传统戏剧本来就带有劝善惩恶的苦心，只是因为风俗转移及某些人用意不善才出现后来的不良戏剧。今日要推行改良工作，必须先清除太过恶劣的戏剧，并且改良工作不宜困于细节，应给予戏剧改进的空间，只搜集那些极端恶劣的戏剧编成清单，经内务部转交警察厅按清单进行查禁，而对于一些素质稍差却未至于极度恶劣的，可采取较宽松的处理方式或给予改良的意见。在处理审查时，戏曲股几乎都是亲自调查，由股员各自详加考察做出记录，再带到会议上讨论。查禁的工作由警察厅执行，而审查的材料由通俗教育研究会提供，审查脚本多来自清宫中的南府、北京的正乐育化会及相关演唱机关，也有一些由戏曲股会员通过实地调查戏剧活动所记录。因此，戏曲股也会通过文本阅读来对有关戏剧进行评价或给予改良意见。

戏曲股主要根据《修正戏剧奖励章程》的标准来评判优质作品。该标准共有三条："（1）编制戏剧其事实深合劝惩本旨，而唱白复不涉于鄙俗艰深者；（2）唱演本会审定脚本确能发挥编者之旨趣者；（3）改革旧剧不良之点而有益于世道人心者。"[②]

只要该作品宗旨内容有益教化，而且演出上易于被民众接受，戏曲股就会给予其名誉性的奖励：合乎第（1）条标准的给予金色褒状；合乎第（2）条标准的给予金色彩花褒状；合乎第（3）条标准的给予银色褒状。如果某一作品合乎标准多于一项就同时授予复数的褒状，故而按标准的不同，给予的褒状也有差别，

①通俗教育研究会.通俗教育丛刊第七辑·函牍[M].北京：通俗教育研究会，1920：8-11.

②通俗教育研究会.通俗教育丛刊第七辑·函牍[M].北京：通俗教育研究会，1920：10.

在奖励的环节上，比小说股更为精细。同时，领受了褒状的人也会受到通俗教育研究会的监督，如果发现他们擅自更改内容，加入有伤风化的内容时，通俗教育研究会会撤销给予的奖状。这些奖状虽然没有给予直接的经济利益，然而经由官方加奖，有关戏剧也相应获得名气，而且戏曲股发挥了戏评人的作用，所选择的戏剧往往也是佳作，如此相辅相成，让戏曲股在改良戏剧的活动中，其工作质量不受规模限制。

## 第四节　从“卑贱之学”到教化工具

以戏曲为主的戏剧学问在传统中虽然受到不同阶层人士的喜爱，然而它的社会地位并不高，其地位得以提升除了它因具有教育功能而获得肯定外，另外一个重要的因素在于西方典范的激励作用。正是因为戏剧在西方享有一定的社会地位，才让中国的同行得以比附，让戏曲从社会的边缘得到走上正式舞台的资格。戏剧的教育功能也是在西方文明的影响下得到发掘及重视的，可见西方的影响至关重要。通俗教育研究会自然知道戏剧改良的工作不能凭空而发，参照西方的先进经验来寻找改良的灵感，这也是相当自然的发展。通俗教育研究会成员除了自己从各方吸收相关知识外，研究会也会把握各种机会向贤达请教。例如1923年3月，通俗教育研究会请陈绂卿先生来到研究会为大家分享其在西方游历所见的戏剧发展盛况，其分享详尽深入，研究会特地将其演说词刊印到《通俗教育丛刊》中与同道们一同分享。由这些内容可知中国知识分子对西方典范的心神向往。

陈绂卿于1919年随北京高等师范学校校长赴美国访问，由于其英语颇为流利，没有沟通困难，后来便独自留在康奈尔大学研究文科，故而有较长的时间深入了解西方的戏剧发展历史，而且陈绂卿本身就在该校研究莎士比亚戏剧，他很清楚戏剧研究在西方社会已经发展得相当成熟，并且分工精细。在演讲中，他对西方戏剧的发展做了相当精辟深入的介绍，甚至连大学内的学术活动与学生怎样参与戏剧活动都做了详尽的介绍。同时，他也将本人亲身观看各类戏剧表演活动的感受与大家分享，并提出对西方时兴的一些色情味道较浓的戏剧，中国社会在传播时应该注意把握好有关风气。总体来说，陈绂卿认为目前新类型的戏剧在中国的发展尚需时日，而对旧戏剧亦不应采取废弃的态度，应该积极改良戏剧，让戏剧成为促进社会进步的力量。他甚至举了一个奇特的说法："总之欧美各国均以戏剧为文学的，为社会教育的，觇国者于国家之文野亦恒于其国之戏剧及剧园之建筑上评判优劣，现代文化逐渐开通，一切迷信不攻自破，有谓此后或将以教堂改建剧园亦未可知。在欧宗教原以法国为最现亦不甚迷信，其教堂虽将钟击破仍不见信徒入门，是文学势力已驾宗教势力而上之，亦足见世人之视剧园较教堂为足重也。"①虽然无法确定实际情况是否如他所理解那般，但他把戏剧拔高到宗教的层次，这对戏剧的社会地位是极高的评价，在中国的戏剧改良中，这种拔高的行为是相当重要的。这种做法有利于戏剧与戏剧工作者形成更高的社会责任感，从而更积极地发挥改良社会的效能。

通俗教育研究会特地以专件的方式刊登此文，一方面是因为陈绂卿的演说内容丰富，深具启发性，另一方面更是因为这份演说表达了通俗教育研究会改良戏剧的方向——以西方为模板，把中国传统的戏剧及戏剧业界改良成像西方的样式，简单来说就是戏剧的"西方(化?)"。这一改良过程如何推行，可通过李中一撰述的《对于戏剧之意见》表现出来，此文的发表早于陈绂卿的演讲，相对于陈绂卿的演讲，李中一的立论基础则更为传统，是从中国传统的戏剧类型开始论述，并阐述了如何改良的方案。其文同样深刻，得到通俗教育研究会成员的认同，因而附录在《通俗教育研究会第四次报告书》中，供会员及关心通俗教育的人士共同参详。

《对于戏剧之意见》一文是李中一特地投书于通俗教育研究会的建议书，研究会认为彼此理念相合，因此在《通俗教育研究会第四次报告书》中特别附录全文以供参考。该文精辟地考察了中国传统戏曲的历史并提出了合适的改良方法，其论述甚为完整、系统，而考之于通俗教育研究会的工作，与其若合符节，因此通俗教育研究会将该文视为戏剧改良文本。

《对于戏剧之意见》探讨的问题主要有5项：(1)我国戏剧变迁之原因何在；(2)我国戏剧缺点与弱点何在；(3)我国戏剧之曲词及音节优劣何在；(4)我国观剧者之地位及其心理果何如乎；(5)白话剧究竟能否发达。在论述传统戏曲的缺点时，以其内容充斥"淫杀"为最，作者以昆曲作为传统戏剧的优良典范，指出

①通俗教育研究会.通俗教育丛刊第十九辑[M].北京：通俗教育研究会，1925：1-12.

在传统的戏剧文化资源中并不缺乏有价值的东西，但各种原因导致民众品位上出现差异，同时他观察到时下的现象："所谓观剧者之地位及心理，实为今日研究戏剧而有改革之志愿者所最当注意之一事，余尝默察观剧者之情形，各地方均有不同之点，今即北京一地而言之，以观剧者之身分言，则中流人士约居十之七，文人学士约居十之一，无知无识者约居十之二。以观剧者之年龄言，则壮者居十之五六，老者居十之二三，幼稚居十之一二。以观剧者之目的言，则重音节而轻情节，喜热闹而厌清淡，至于武技亦为至要条件之一，对于词句之浅深神情之合否不问也。此外复有人的问题，无论何种剧本，苟一为名角所排演，其中虽有极不洽之情节极不通之词句亦决不在苛求之列，此种情形本属例外，然在今日之北京则成为通例矣。"①

诚然，如欲使戏剧发挥通俗教育的功能，观剧者的心理是绝对不可忽视的，不同身份地位的人，对于戏剧的品位亦迥然相异，如何兼顾教育目的及戏剧自身的吸引力问题，更增加了戏剧改良的复杂性。如白话剧，李中一就指出："我国之白话剧其兴也晚，前后不过十年，而研究是种戏剧者比较的为至少数且以经济之困难意见之纷歧，在在均足为发达之阻碍，虽于前五年时，于长江上下流特形其盛，然昙花一现，俄焉即衰，在京津间，除学校学生偶然登场外，殊未多见观者，亦未尝为极度之欢迎，是以于目前三数年中白话剧之能否发达，实未敢以一言断定也。"②可见戏剧改良不能单就越新越好，而需要更细致的分析与选择。

李中一认为，改良的关键首先是排除内容的不合理性，即对那些"淫杀"观念的割除。此外，则是对表演技法的改良，其关键在于"肖"，而不在于"浅"，概括言之则是以写实主义为中心。他以小说的例子来比喻："我尝阅欧儒却而司迭根氏之小说矣，其为书也，未尝描写政治与神怪，但形容其国社会之状况，写一文士则宛一文士，写一柁工则宛一柁工，写一商人则宛一商人，如摄影之不差毫发，至于演剧亦何莫不然。"③如此改良，则可使戏剧兼具教育意义和吸引力。

除了《对于戏剧之意见》之外，《浙江公民夏烈呈请取缔戏剧办法文》《陈绂卿先生演说词》等文都对戏剧改良事业有所论述而被通俗教育研究会作为参考文

①李中一．对于戏剧之意见[J]．都市教育，1918，3(12)：6-7．

②李中一．对于戏剧之意见[J]．都市教育，1918，3(12)：7-8．

③李中一．对于戏剧之意见[J]．都市教育，1918，3(12)：11．

本。尤其是陈绂卿的演说是在1925年戏剧改良活动已进行了一段不短的时间所发表,其反映的观念依然与李中一的想法前后呼应,且更关注到中国戏剧与外国戏剧的差异性问题,并进一步探讨外国人的中国戏剧观,他并不局限于把戏剧仅仅视作通俗教育的工具,更是从美学、艺术等方面来进行理解和探讨。

戏剧经过改良后俨然成为严谨研究探讨的对象,这种社会认同的结果正是通俗教育研究会历年来不断提倡且想要达到的目标。1920年,通俗教育研究会上呈了《呈教育部沥陈本会戏曲股办理情形请将议决要件通行各省以利推行文》,通过教育部把通俗教育研究会对戏剧改良的方法与观念以文本的方式传阅于各地。借此,通俗教育研究会将自身的戏剧改良方案从北京辐射至全国,试图将北京的成果扩展到全国范围。虽然难以精确论断各地所受的影响有多大,但以事后之明来看,各地戏剧改良方案的基本思路与其方案大致吻合。

戏剧改良在实际运作中充满了对各类问题的辩证过程,如奖励一事。戏曲股曾于1918年对是否奖励女伶宋凤云展开过一次饶有趣味的争论。首先因为女伶的身份在传统社会观念中相当敏感,再加上因为演员本身就会出演各种戏剧的缘故,更增加了一层担心,即是否出现受奖演员出演其他"恶质戏剧"的窘境,考虑到通俗教育研究会的官方性质,会员们对待这一问题相当谨慎。然而,会议的结论甚具突破性,首先通俗教育研究会承认了女伶从根本上应被视为与男伶平等的存在,即便通俗教育研究会本身并不希望鼓励女伶的数量广泛增加,但在评审过程中,平等对待的原则被充分重视。对于如何判断何者适合同奖,认为应仅就其对通俗教育是否有所贡献这一点来作为判断的关键所在,性别的差异对待被视为是不应存在的。同时,为了解决受奖女伶或许会出演其他不当剧目的问题,研究会规定受奖女伶必须与受奖戏剧并列展示,借以指明该奖不仅是个人荣誉,而是演员与戏剧并列才能完整构成获奖的条件。宋凤云是以《一念差》获奖的,奖励因此具有明确的指涉对象,这种处理方式有助于避免通俗教育研究会的荣誉性奖励反过来扰乱通俗教育。

关于对戏剧改良的具体意见,这里试举《缠足剪指案》的剧本来说明,此剧是塞北通俗教育事务所特地函至通俗教育研究会征求意见的作品。通俗教育研究会评价其"是剧根据实事针砭弊俗,深合通俗教育之旨,其中可商之处,迭经本会戏曲股开会讨论，兹将对于是剧之意见另纸录出”[1]。戏曲股就该剧应加改善之处一一具体说明，兹列出如下：“(1)关于编制体例者，如本剧内编有唱词，当然属于旧戏格式，而各幕中间往往杂用类似小说之叙事文句，此种体例不仅旧戏剧无从揣摩演作，即在新式白话戏中亦只能列诸提纲，万不可于戏剧正文中用叙事文句，此戏剧一定之体例也，此等处似应删正。(2)关于情节穿插者，编剧与编小说不同尽可尽量铺叙，戏剧不然，一经列入剧文，均须一一实现于舞台，既欲实现于舞台，不能不有种种顾虑。盖舞台仅方丈之地，欲将剧中若干人若干时之事实一一实现，势必有所不能，故编戏者必先审量剧中情节能否实现或应否实现，一一加以裁剪，复就脚色宾主正副支配均匀，若者宜用生，若者宜用旦，且主要脚色万不可一剧中重复使用，免演唱时发生困难，必如此通盘筹划编成提纲，再由提纲编成戏文，此编戏一定之程序也。今本以上原则，就本剧情节之宜加修正者条举如左(下)：(1)贾天银既是农夫，未必有力量去请西医，改为贫病送诊之医生较合；(2)西医即用华人，免去翻译，不但可以省一扮演人，且可省却行头切末；(3)火化在事实上不能扮演，宜改为暗场；(4)阎多与吴老人会面一场可省；(5)缠足、剪指可分为两场，王氏领到童养媳之后为之缠足另填一场，贾天银以出门在即故欲去探女，然后再演剪指一场较合；(6)贾天银与李全、杨杰会面一场可省；(7)责打王氏虽是痛快人心之举，但在今日废止刑讯早已见诸明文，若于舞台实演，恐多未合，宜加改正。”[2]

戏曲股就《缠足剪指案》的编制体例和情节穿插提出修改意见。编制体例的意见显示了戏曲股重视戏剧必须符合戏剧该有的形式，按剧本原来属于旧剧范畴，因此就需要在形式上符合其体例。而在情节穿插方面，戏曲股提出的改善建议更为具体，强调戏剧的情节需要从实践性上来进行考虑，不能使用类似小说的方式来安排，戏曲股列出7点可改善之处。第(1)点建议强调戏剧的写实性，第(2)(3)点则考虑到舞台表演的限制与优化，第(4)(5)(6)点是对内容情节的调整。第(7)点最为有趣，传统戏剧中喜于通过激烈的惩罚奸角来引起观众的快感，习惯观看传统戏剧的人们会把这种价值观潜移默化，并转化成自己的行为模式。戏曲股对戏剧这种潜移默化的功能深有体察，既积极运用这种功能达成

---

①通俗教育研究会.通俗教育丛刊第十八辑·函牍[M].北京：通俗教育研究会，1922：4.

②通俗教育研究会.通俗教育丛刊第十八辑·函牍[M].北京：通俗教育研究会，1922：4-6.

其教育目标,也相当提防它可能造成的负面影响,如同第(7)点所说,舞台表演不能抵触现行法律的价值观,这是过渡阶段中必须面对的问题,通俗教育在戏剧改良上的努力正是防止古旧的行为模式影响民众朝“国民”方向的转化。

本节就通俗教育研究会戏曲股的参考文本与实际做法选取了具有代表性的例子进行说明。就通俗教育的效能来说,戏剧是最具影响力的,但基于戏剧改良工作需要投入更多精力与资源才可能获得成效,其工作的复杂性及规模远胜其他两股,加上难以完全由中央管控地方的改良活动,故而戏剧改良工作对地方的影响力相对较弱。即便通过散播文本的方式推广理念,也难以监察检验,即便仅北京一处,通俗教育研究会成员也难以一一体察周到,对每场演出都能知悉无遗。基于这些条件限制,其成果有限是值得谅解的,同时也应对他们的工作热情加以认同,正是通过他们的努力,戏剧的地位才得以提高,从传统的卑贱之事升华到一种教育、一种艺术的层次,通俗教育研究会在这一升华的过程中贡献甚多。

## 第五节　把说书用到教育上——讲演股的工作

小说股的工作性质接近文学活动,是将传统进行转化;戏曲股的工作性质接近艺术活动,是将传统进行西化。相对于小说股和戏曲股的工作,讲演股的工作性质就显得简单却繁复。光就讲演来说,是将传统的娱乐活动改为教育活动,把本来只是街头茶馆的说书作为一项新的教育工具,向民众灌输各种新观念。讲演显得相对简单,其技术要求并不独特,对知识分子来说,很容易执行相关工作,因而讲演股还需承担其他的工作,故而繁杂事务也就较其他股更多。

说书活动是中国传统的通俗文化,是民众经常会接触到的娱乐活动,很多传统的观念及历史故事,往往不是通过书籍阅读为人所知。对于大多数人来说,尤其是一些在街头巷弄、茶楼酒馆,借着动人的口技、引人入胜的编排,讲述种种小说戏文、稗史轶闻来讨生活的下层文人,听书才是其获得各种道德伦理、史事常识的主要媒介。而更有趣的是,受影响的不只是社会的低下层,不少学问较差的社会中高层也深受其影响,因此说书可以说是中国传统社会中影响人们意识的有力媒介。正如前面所述,这种功能被晚清的知识分子所发掘,并且将其援引为通俗教育的工具。虽然这种转变是受到西方的演讲活动所启发，但其宗旨浅显，成本低廉，讲演活动的发展可以说是通俗教育活动中成熟最快的。通俗教育研究会开办了不同类型的讲演活动，有星期讲演会、禁烟专题讲演、女子讲演所、巡行讲演、监狱讲演、通俗教育讲演传习所等，其讲演活动关注到不同类型的对象。在讲演股的工作中，影响力最大的莫过于编辑出版《通俗教育讲稿选录》，借由征集选取优质的讲稿文本，再由研究会编辑出版，并赠予全国各地办理通俗教育的组织，供其参考运用。通俗教育研究会通过这种方式把自己选择的讲演内容推展至各地，巧妙地掌握了讲演活动的内容选择，其影响之大自然不言而喻。

讲演股的工作很快就成熟了，而且所处理的事务相对简单，因此也额外承担了各类调查工作、年画审核、通俗教育图画审核、参考书审核等工作，可以说各类杂务往往都是交由讲演股处理的。虽然承担了较多不同工作，但讲演股的工作成效依然较为理想，主要是因为作为本业的讲演活动相对直接单纯，形式简单易于实践，而至于讲演效果，往往取决于讲演者的功力。所以，各种新观念能否成功地灌输到民众的脑海中，这就不是通俗教育研究会所能直接掌控的，毕竟讲演者往往是另外聘请回来的。当然，为了确保讲演质量，通俗教育研究会也举办了一些培训课程来为这些讲演者进行培训，让他们有足够的知识和能力担任讲演工作。

讲演活动早在清末就极为流行，全国各地都开办了各类公私营的讲演所，到1915年，按当时的记载就有2139家讲演所[①]，到了民国时期，政府甚至把相关讲演所纳入政府管制，定期派教育事务的官僚进行调查报告，以了解不同类型讲演活动的成效。按这些不同的报告内容，讲演活动的实际成效参差不齐，以受众来说，有学生、军警、工人、前朝遗老，可以说是各类人士混杂，且人数不稳定，其讲演效果往往取决于讲演者的口技能耐与各类装备设施的优劣。以此而言，其情况就与说书相去不远，主要看讲演者的才能。讲演内容自然受到一定限制，宗教、政治往往不会成为讲演题材，讲演者所参考的数据大都也是官方出版或经官方审批的，而担任出版和审批职务的就是通俗教育研究会。故而讲演

①西德尼·D.甘博.北京的社会调查[M].陈愉秉，袁熹，齐大芝，等译.北京：中国书店出版社，2010：148.

活动从文本生产到如何实施，通俗教育研究会已经有了系统性的安排，相比于另外两股一边摸索一边工作，讲演股很大程度上就是直接援引晚清的做法，甚至连文本也多援引晚清的作品，只是稍加修改。

讲稿文本是这个系统的核心，通过分析讲稿文本，可以弄清楚通俗教育研究会想要传达和灌输怎样的思想内容。这比从小说或戏剧中抽丝剥茧相对简单一些，毕竟讲演必须要直白明了，让民众能简单地掌握。

因此接下来就从通俗教育研究会编纂的讲演参考材料进行分析，尝试解释讲演活动传达的核心观念并分析其内涵意义。这些观念不仅独属于讲演股，更是贯穿于各股的工作实际中，可以认为是整个通俗教育研究会共有的想法。通过讲演活动，可避免艺术性或特殊性造成的误读问题，直观那些对于通俗教育来说最为重要的核心思想。

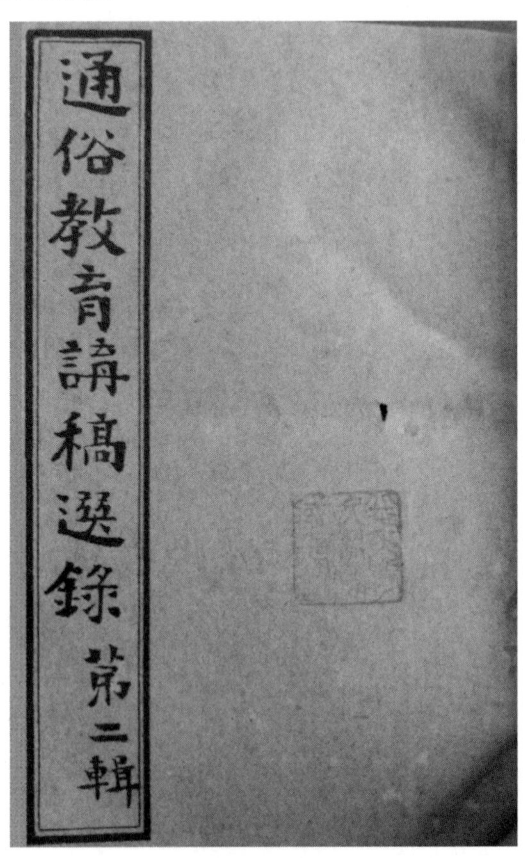


图5-2 《通俗教育讲稿选录第二辑》封面

## 第六节　建立新民的“常识”

20世纪初期的中国,民众的文化程度普遍不高。虽然自晚清改革时期,清政府已开始在各地建立各级学堂,初步建立起中国首套国民教育系统,然而,受限于各种资源,能够接受教育的人并不多。再加上这套教育系统及知识体系都是舶来品,所以有一些士绅阶层的人士为了充实西学知识,即使年龄较大也会赴小学堂学习。所以,那时的教育系统在受教育对象的年龄层上存在很大的差异,服务对象也还是主要针对既有的传统知识分子,凡能入读新式学堂的年轻学子,基本都是出身于条件较好的家庭,对于大量收入仅能糊口的下层民众来说,学习还是相当奢侈的事情。因此,民国初期虽然已建立起国民教育制度,但其成果并不显著,社会上依然存在大量的文盲或半文盲。北洋政府时期由于政治动荡,中央政令对地方政府的影响较为有限,各地办理教育的情况主要取决于当地乡绅及地方当权者的态度,如山西省就是著名的自治成效优秀的例子。然而,更多的地方政府对办理教育热情有限,所以才会出现前面提及的地方通俗教育团体向中央政府机关求助的情况。

正规教育系统的功能不彰,民众的知识水平自然不高,为了应对这种状况,一些有识之士提出用通俗教育来弥补正规教育之失。而通俗教育的首要任务就是为这些文化程度较低的人们灌输新时代的“常识”,使其能适应改变的世态,并鼓励他们积极改善自身的生活环境,关心国家社会的发展。对于这种灌输的工作,小说股和戏曲股关心的是那种间接性的教育,即把教育内容融入富于娱乐性的媒介中,让民众在不自觉的情况下潜移默化。因此,从小说股和戏曲股的资料文本中了解通俗教育研究会主张的新观念难免不够清晰,而讲演股的工作就相对更直接而清楚,毕竟讲演就是一种直接灌输的行为,对于想要传达的观念及知识也无须转弯抹角。故此,通过讲演股编辑出版的《通俗教育讲稿选录》就能更直接地了解通俗教育研究会的想法。从《通俗教育讲稿选录》的内容来看,可以把通俗教育研究会想要灌输的观念大致分为五类,分别是科学观念、卫生观念、伦理观念、国民观念与工作致富观念。有关这五类观念,下文将分别阐述。

## 一、科学观念

根据中国传统,教化民众是每一个政府的重要事务,秉承儒学的价值,化民易俗是为官之正务,并且这些教化工作主要是围绕着社会的伦理秩序问题展开的。通俗教育作为现代化的一个环节,其教育内容与传统教化的最大差异在于科学观念的引进,以及被放置在教化工作的核心地位,这种突破对人民的常识体系做出根本性的重构,以适应现代化国家的需要。过去以伦理秩序作为评价所有事物价值的标准,其作为社会评鉴标准的核心地位被科学价值所挑战,甚至有被取而代之的势头。这种变化首先出现在士绅阶层,并通过他们参与各类教育工作而逐渐渗透到草根阶层,通俗教育就是这一渗透过程的场域之一。在通俗教育的工作场域,那些原来仅属于精英阶层的观念被转化,并扩展为普罗大众所能明白的一般常识。这些普罗大众获得的科学观念及知识自然不及精英们所知道的那般精致严密,但已足够帮助他们聆听及初步思考各种新的社会现象,这些粗浅的知识及观念旨在建构一套新的常识与话语词汇,让国民不至于茫然不知世事变化,进而学会运用新的技术与知识来谋生或参与公共事务。或者更浅白点儿来说,科学观念将取代旧有价值成为新的权威,让民众能接受那些不为传统所接受的行为或建设。

作为通俗教育的核心内容之一,科学观念首要的敌人就是传统的迷信。这些迷信五花八门,各省各县都各有其民俗习惯,有很多迷信观点甚至在中国传统的儒家观念攻击下,依然持续下来。这些迷信观念的存在,对于现代化建设是一种阻力,例如最为人熟知的例子之一——铁路工程建设常因对乡间风水有所影响,在各地不时受到程度各异的批评及阻挠。因此,引进科学观念来抗击古老的迷信陋习,不仅因为这是西方的产物,更是因为这套观念更为实用、更为权威性地压抑传统,不同于儒家观念较为柔性的特质。例如,在维护祖坟的事情上,一些受儒家观念影响的知识分子或许会因为乡民的"孝心"而支持迷信风俗,而科学观念不会妥协,故而其对缔造一种新生活模范起了重大作用。

通俗教育研究会编辑的《通俗教育讲稿选录》中收编了104篇讲稿,科学观念在很多题材中都有所运用,其中有对自然现象的解释、有关于各种实业的知识、有对生理卫生方面的劝诫等。然而,需要注意的是当时的人们对所谓科学、技术、自然知识等概念之间的差异并不太清楚，运用“科学”这一词汇时其指涉是相当模糊的，使用者往往也未能充分把握其实际意义，智识阶层尚且如此，那些文化程度较低的普通大众，更是无法期待他们能以学术的严格标准来分辨科学与技术之间的差别。故而科学观念在通俗教育中的定位并不是纯知识性的意涵，它是作为取代“传统”的崭新权威象征而存在的，其核心功能在于驱逐陈旧的习俗。要达成这个目标不需要对科学做出全面精确的教授，仅需将其塑造成大众服膺的权威来源，通过权威的赋权支持及在学理上能言之成理就足够了。因此，讲演活动对科学知识的介绍在内容上篇幅有限，浅白简短，在讲演的过程中，重点在于推崇“科学”的权威性，并运用一些演示材料来展示科学的权能，例如以公开实验的方式向大众表演。这种方式对文化背景不同的人来说，都是趣味与说服力兼具的表演形式。即使有些题材不方便用即场实验的方式来演示，也可以用一种讲述奇闻的形式来介绍，如在通俗教育研究会相当重视的有关劝禁儿童吸食纸烟的讲演中，讲演者就举了如下的例子来解释：“昔时法国巴黎有一个实业学堂，里边的学生，有吸烟卷的，有不吸烟卷的，学长遂把他们分成两班，从刚入学起，到毕业止，试验的结果，不吸烟卷的那一班学生，身体的发育及功课的成绩都比吸烟卷的这一班强，且是吸烟卷这班学生，内中约有四分之三受了尼古丁的毒，发生许多疾病。就此看来，禁止年幼的吸烟这件事情，似乎微小，实是于国民的智识及体格上大有关系。”[①]

上述例子中可以见到讲演者引述了一个使用比较实验法的案例来论证禁止年幼儿童吸烟行为的合理性，其中对于实验内容及过程并没详细描述，而是重在强调结果的差异。因为讲演者的目的仅就借“科学”的权威性来劝止年幼儿童吸烟，只要呈现实验结果并让民众心里信服即可达成目的。对于实验相关的专业知识，是学校里才需要讲解的。

当然，作为科学观念的推广也不能什么知识都不讲，还是需要对一些常见的自然现象做出解释，例如雷电的发生。另外，有关生活习俗与身体的知识，也都用较合乎科学观念的方式来做介绍，例如有关缠足、运动等内容，讲演者都是以实际的好处来解释，用一种科学的态度来权衡新旧习的差异。

---

①通俗教育研究会.通俗教育丛刊第一辑·讲演[M].北京：通俗教育研究会，1919:5.

科学观念常常以不完整的方式来呈现,其内容都是零碎的,并不成体系,而且会与各种内容相结合。在《通俗教育讲稿选录》与其他不同类型的讲演参考用书中,科学观念常常与工业发展及改善生理卫生等问题结合在一起。

## 二、卫生观念

近代中国的卫生观念得力于起自晚清的身体国家化趋势,对个人身体的重视成为突破性发展的动力。在中国面临外国冲击处于弱势的环境下,中国士绅阶层产生了一种文明层次上的反省,身体作为最显而易见的东西差异的介体成为人们谈论的对象。东西方的强弱差距很直接地通过东西方人种的身体差异展现出来,西方人体格多强壮,中国人则较为瘦弱,这种外显的特征差异让中国生出了强身健体的想法,期望通过国民身体的改善强化国家的实力。强大的国家需要强壮的国民,培养合格的身体也就成为国民的义务,故而生理卫生方面的知识也更为重要了。

西方文明提供了一套现成的样板和方法,知识分子积极地从西方文明中引荐各类生理卫生的知识。一方面,生理卫生的知识是科学观念的延伸,本身就是一种科学的实践,以排除传统的恶习;另一方面,生理卫生知识的实践是能实际见效的,人们在实践这些知识的过程中,能直接地感受到效益。在推荐新卫生观念的同时,可以加强巩固人们的科学观念,从而让人们越发信服科学的事物比传统迷信更能让自己得益。此外,生理卫生知识具有日常性的特质,很多都是在生活中能体会的。因此,卫生观念比其他知识更容易深入民众的脑海中,并处处颠覆传统的身体观。

生理卫生知识是在国民观念的号召下发展起来的,与科学观念彼此呼应,并且对民生日用具有强大的实用性,其重要性不言而喻。所以,生理卫生知识是通俗教育内容的重要组成部分。在一篇有关生理卫生知识的译述中,一位署名李策安的人就说:“吾国医学未兴,在社会上最置重者,概为治疗,对于豫(预)防疾病,保持健康,每加漠视,而一般通俗卫生事项,尤属萌芽,知之者既鲜,倡之者绝无,故疫厉之流行,寿命之夭折,几等恒常,此固关于国家保健行政之不备,然国民对于卫生知识之缺乏亦涉因焉。”[①]

上述言论充分解释了西方生理卫生知识的重要性,为了应对“国民对于卫生知识之缺乏”的问题,通俗教育为此做出贡献。以讲演来说,有不少讲题都是关于生理卫生的知识,如“说体育之必要”“卫生之利益”“清洁关于家道兴衰”“劝莫缠足”“戒吸纸烟”“劝诫剪发”“说鸦片之害”等,通俗教育以民众便于明白的方式向他们灌输各种生理卫生观念。如一篇吉林的讲稿就以一种功利主义的语调说:“生于世界上的人,靡有一个不愿生活而恶死亡的,靡有一个不愿身体强壮而怕疾病的,但是人只有爱惜生命的知识,却靡有保护生命的知识。我想生命二字,并不是空言爱惜,就可长命百岁,总得知道保护才行。要知道保护,就要懂得卫生道理,我今天把这个道理说给你们听听。什么叫做卫生呢?这卫生就是防卫身体保护生活的意思,卫生的事件有四——一饮食、二道路、三居处、四运动……”[②]

运用贴近大众日常生活用语及价值观的方式进行讲授,能让听讲的民众更容易接受相关观念,促使民众的身体日益符合国家的需要,让民众成功转化成现代化的“国民”。这篇讲稿的最后总结道:“非得有健全的身体,充足的精神,不能作出一番好事业来,所以常言说‘精神是福泽之原。’因为脑力充足,思想就能远大,事业就能充分,民强国就强,民富国就富,中国要人人都讲卫生,何患国家不富强呢?”[③]在此,身体的重要性被诠释成一切伟大事业的基础,类似的诠释更是普遍存在于各类相关讲稿中。

另外在一篇题为“清洁关于家道兴衰”的讲稿中,更是把生理卫生与家道兴衰联系起来,讲稿通过形象化的描述赋予听者对罔顾卫生的厌恶感:“破坛烂罐,满地菜叶树叶,灰土好几堆,孩子尿屎,也不打扫,肮脏不堪,令人不敢迈步,及到屋里,坑上地下,不是花生皮子,就是萝卜尾把(巴),棹(桌)子椅子上尘土,都有一个老钱厚,孩子大人,穿章虽不错,都好象抽鸦片的,浑身上下,挂一层黑油泥儿,还有一股子气味,令人掩鼻欲呕。这样人家,虽说是财主,也必日见败落,这是怎么个理由呢?人日在空气中,如鱼在水中一般,人能清洁,则空气新

①李策安.通俗卫生[J].京师学务局教育行政月刊,1920,5(1):1.

②通俗教育研究会.通俗教育讲稿选录·第二辑[M].北京:通俗教育研究会,1918:424-425.

③通俗教育研究会.通俗教育讲稿选录·第二辑[M].北京:通俗教育研究会,1918:427.

鲜，人的精神必爽快，心志必灵通，身体必强壮，作事必勤苦耐劳，人能这样，家道还有不兴起的么？不能清洁，则气空污浊，人的精神洗沉闷，心志必笨拙，身体必微弱，作事必怠惰因循，那家道还有不衰败的吗？”①

这篇讲稿中把卫生习惯和家道兴衰联系起来，观其说辞不免有牵强附会之感，然而正是这种变通让相关讲题更容易被民众所接受，用一种能验证于日常经验的方式来说明，可以在宣讲过程中引起听众共鸣，让他们更愿意接受新的卫生观念并付诸实行。同时，讲稿所要传达的观念并不复杂，也具有实践的可能性，将卫生习惯与家道兴衰联系起来，重视家族的传统亦被调动起来，从而督促民众积极改善自身的卫生环境。若将这些讲演内容置于严肃的学理中分析，或许错漏百出，但将其作为一种通俗讲演，这类说辞更贴近民众。基于通俗教育的目标是相当具有功能性的，所以只要能产生效果，稍微忽略学理的严谨性也是可接受的。

## 三、伦理观念

通俗教育其中一个重要课题就是调整新旧价值观冲突所造成的伦理失序问题。从很多民初的史料中都可以发现一个观点，就是当时很多人都认为民国成立后，当时的社会伦理状况到达了一个相当败坏的地步。这种观点不管在新派还是旧派，都是罕有异议的。

通俗教育作为塑造“国民”的重要手段，为了让中国的现代化进程获得成功，教给大众一套适应时代需求的伦理观念与价值体系显然也是必要而迫切的。以通俗教育研究会来说，这本来就是研究会成立的目的，据研究会使用的教学材料来看，他们所持的伦理观念与价值体系是从中国传统中改造而来，并试图在不违反传统观念核心价值的前提下，适当调整，与西方伦理观念相接轨。例如，改善以及提高女性在社会生活中的地位与角色期待，就是参照西方与日本的法律观念来建立恰当的社会规范，并且对各种职业的社会价值重新评价等，这些都是通俗教育研究会改造传统伦理观念的尝试。

传统伦理观念的主体得到保留，如忠孝仁义礼智信等传统美德在新的伦理

---

①通俗教育研究会.通俗教育讲稿选录·第二辑[M].北京：通俗教育研究会，1918：428–429.

系统中也有它们的位置，勤俭谦忍依然备受推崇，这些观念与以往的区别在于诠释方式有所不同。例如，对“忠”的诠释，以往强调对君主、对朝廷尽忠，而现在尽忠的对象调整成“国家”，以代替过去的“皇帝”；对“孝”的诠释，则是扫除过去的盲目性，更强调孝道实践中的理性成分。诸如此类改变，旧有的价值得到新的意义，并且成为通俗教育研究会给民众灌输的主要观念。

通俗教育研究会的伦理观与其说是一套新的观念系统，不如说是对旧观念的重整，这种重整既是基于主导者们的意识形态取向，同时也是一种对现实情况的回应。革命的成功让那些在晚清流行的新观念一下子获得了正当性，在晚清时期已经有不少人察觉到新观念和新词汇的流行，这严重动摇了社会道德的水平。进入民国，这种情况更因革命的成功而进一步扩大，并且展示出一种胜利者的姿态，伦理观念的社会制约力被大大削弱。民国的士绅阶层在深有体会的情况下，纷纷提出解决方案，倾向革命的一方认为应该推倒一切再重新建立新的伦理系统，稍为倾向保守的一方选择在旧有的基础上进行改进。基于构成政府和拥有社会影响力的多数知识分子主要是倾向保守一方的，所以他们的观念在他们主持的通俗教育中被积极倡导。

伦理秩序和价值观主要体现在道德规范和法律条文中，通俗教育通过讲演各类道德与法律相关的主题，从而呼吁民众重视自身的品行。在通俗教育的一篇讲演中是这样阐述道德与法律之间的关系：“总而言之，教导人民重人伦、上名节、崇信义、敦友善便是道德，禁止人民乱人伦、坏名节、灭信义、害友善便是法律。所以，一部律文简直可以算是讲道德的书。现在法治国，法律愈周密，人民的道德愈圆满，道德同法律一致进行，好像成一个正例似的。那是甚么缘故呢？总因道德的力量达不到的地方，有法律来补救，法律的力量达不到的地方有道德去维持，不但彼此不相抵触，而且互相为用。设一个比喻说罢，假如有人在街上泼秽水倒粪土，行路的人不能拦阻，可是地方警察有权可以干涉他，这便是法律力量达得到的地方。假如有人将秽水粪土倾倒在房屋里头，同居的人不能拦阻他，警察也不能干涉他，这便是法律力量达不到的地方，法律力量达得到的地方，可以用法律来救道德之穷，法律力量达不到的地方，不倚仗道德可倚仗甚么呢？”①

①通俗教育研究会.通俗教育讲稿选录·第二辑[M].北京：通俗教育研究会，1918：266-267.

从上述例子来看，道德被视为法律的根本，但同时法律与道德之间又互补。法律通过国家的公权力而实践，道德则是以社会压力让人能约束自我。重视法律与道德，是矫正社会混乱的正途，是改善民国的世风，对重建社会秩序非常重要。考虑到当时的历史背景，旧的秩序垣倾墙颓，新的秩序尚仍稚嫩，即民众传统的伦理观念被消解，但又缺乏一套行之有效的新伦理观念。所以，如果放任这种状况，或者执行过分高远的方案，对中国的现代化来说都是种阻碍。而通俗教育研究会提倡的伦理观念，事实上颇为切中时弊，适合社会所需，并且响应了当时重整社会秩序的呼声。通过通俗教育研究会的地位来倡导相关观念，让这套论述成为全国通俗教育伦理观念的核心，并在条件受限的情况下，为导正社会风气做出相当大的贡献。

## 四、国民观念

通俗教育最为核心的工作当属国民观念的灌输。而对于其国民观念的内涵，人们可以从通俗教育研究会所编辑的《通俗教育讲稿选录》中列出的讲题洞悉一二。要了解何谓国民观念，就需要界定国家与人民之间的关系。在收录讲稿数量比较多的《通俗教育讲稿选录·第二辑》里，开首第一篇就是“国民爱国当尽本分”，相继其后的分别是“人民要有爱国思想”“国民与国家关系”“国民应尽当兵的义务”“国民应尽纳税的义务”“国民当知本国的情形”“国民当知世界的大势”“国民都当尽救国的责任”“国民应尽的义务”“国民要留心国事”“国民要有合群力”。

上述讲稿主题大多都是阐述国家与人民之间的关系，一直到第21篇的“私塾与学校之区别”才开始出现有别于国家与民众关系的内容。事实上，其他题目的讲稿也只是在表述上相对地不那么直接，其中的内容间接相关的也很多，与国民观念相关的词汇遍布讲稿之中。虽然就其目录观之，排列的顺序似乎不具有特定规律，然而，在《通俗教育讲稿选录·第二辑》的88篇讲稿中，至少有34篇是与国民观念相关的，其余间接涉及的部分更是数不胜数。因此，在这种排列的先后顺序中，编辑者有意无意间就展现了他最为关心的议题。

上述推想透露了通俗教育研究会的价值观，与其他问题相比，国家与国民之间的关系属于最优先与最关键的议题。这些议题可以延伸牵涉到公德、法律、国家的意义、世界观、责任、权利、义务等内容。相对于传统文化对国与民之间关系的设想，新的观念显得更为复杂，过去被期待拥有强烈的国家观念的人士，往往仅止于"士"，对"农""工""商"来说，他们的责任相对较轻，对国家需遵守的义务也相对较少。但对现代"国民"来说，"平等"是最基本的原则，现代国家对待国民，在法理上至少是秉持一视同仁的宗旨，不管是权利还是责任，都是一样"平等"地加诸所有国民身上。

梁启超在撰写"国民浅训"时已相当完整地构筑了一套合格的国民观念，各类讲稿撰述人受到这位"言论界的天之骄子"的影响甚多，大多数通俗教育讲稿基本上都是在梁启超所提供的典范上进行撰述。梁启超的"国民观念"深受中国士绅阶层认同，而且这套"国民观念"同时也渗透到数量更为庞大的下层民众之中，由操办通俗教育的人士积极地转化成下层民众能听得懂的话语模式。例如在一篇讲稿中就运用了两个相当简洁的比喻来解释国家与国民的关系："国民这两个字，诸位耳朵里也听的很熟了，诸位既然知道国民两个字，须要想一想，这两个字是怎么样讲法。粗粗的想来，定说是人民生在国内，所以叫做国民。这个讲法，大致虽不差，却是未免太浅些。要知道国家是人民积合而成的，人民都是国家一分子，人民与国家是万万分不开的，所以民字上加个国字，叫做国民，顾名思义，就可以想见人民与国家关系的是非常密切了。国家譬如一棵树，人民就是树的枝干，若枝干不茂盛，这树便无从茂盛，若树已经枯槁了，就是有枝干，也不能久存。国家又譬如一间房子，人民就是住房子的人，人受屋子庇护，无论有甚么大风大雨，都不觉苦痛，若是在沙漠之中，没有房子遮盖，那种种苦痛，可就不堪设想了。就前一个比喻，可以知道国民是国家的分子，要想增长自己国家的能力，须要增长自己一身的能力。就后一个比喻，可以知道国民日受国家的庇荫，要想保住自己的身家，先要保住自己的国家……"①

上述比喻并没有任何高深的理论成分或复杂的论证过程，它仅提供了一幅国家与国民关系的意念图，就学理而言或许相当肤浅，但对于民众来说程度刚好适合。更为有趣的是，它潜藏了一些比喻，一幅"国家"缺席后"人民"将会面临的困境与苦难图景，这很容易让当时的民众联系自己的实际经验，产生共鸣，

①通俗教育研究会.通俗教育讲稿选录·第二辑[M].北京：通俗教育研究会，1918：10-11.

同时又引导民众把日常生活中切身体验到的痛苦归因到国家的衰败之上，喻示了如果国家不再存在，这些痛苦将会被无限扩大。

在这种情感共鸣当中，国家与国民关系的想象建立在一种“荣辱与共”的叙事框架中，国民从国家获得“身家性命”的保护，而国家的强大仰赖于国民的进步，国家与国民的关系是建立在一种互利原则上，这套叙事框架巧妙地忽略了国家与国民之间发生利益冲突的可能性。这篇讲稿中还列举了犹太人亡国的例子来佐证国家存亡对国民的意义。苦于没有关于这篇讲稿的听众感想记录，没办法确证民众感受到的感召程度，但从当时此起彼伏号召国民捐献救国的各种运动中下层民众踊跃参与的情况来看，这种“荣辱与共”的叙事框架在大众之间影响甚巨。

通俗教育对赋予大众现代化国民观念有着重要的贡献，比起从正规学校中学习到的爱国思想，从新闻媒体与这些街头巷尾中接触到的通俗教育对民众产生的影响力应该更为显著，毕竟这一时期正规教育系统中的学生人数在全国人口比例中实属小数。然而，这种影响力效力有限，例如在公德问题上，其效果明显不及爱国观念，下层民众更容易被爱国精神所激发。

## 五、工作致富观念

中国传统的四民社会把人民按职业的差异进行分类，并且在儒家文化的影响下，大多数时候政府都采取重农抑商的主张，主要是因为在政府的思想中生产是最为重要的，而农业就是国家最主要的生产方式，天子劝农的意义可以理解为政府把鼓励人们积极参与生产作为国家正途，而不事生产的人是可厌的，在社会上是被鄙视的，因此，中国长期处于农业社会之中。但是受到西方的冲击，中国传统的经济思想产生了剧变，生产方式与职业开始多元化，传统的四民社会结构瓦解。然而对政府来说，鼓励民众积极参与生产工作的想法依然存在，只是内容略加改变而已。

清朝最初推行洋务运动时的主张即以“富国强兵”为目标，在晚清时，人们已发现“富国”不能单凭中国过去的重农政策，诸如开矿、商贸、工业等，无一不是西方列强强大的根源，因此，现代化的经济观与传统的经济观在侧重点上有了一定的差异。正如前面所述，通俗教育研究会的工作涉及人的现代化，在经济领域的现代化即鼓励和引导民众参与新的生产活动。对于缺乏知识的下层民众而言，如何在当下谋生也是极为重要的问题，因此，通俗教育研究会在不同的通俗教育活动中都相当重视教导民众谋生营利的常识。例如，在一篇讲稿中是这样说的："矿山是遍地都有的，却没有人开采，渔利是沿海都有的，也没有人振兴，森林不但不能生殖，现成的还不知荒弃了多少，铁路空画着几条虚线在地图上，至今还没有修成功，通国人穿的吃的用的，大半是外国来的物品，也没有人知道提倡制造，再说凡是外国人所艰难缔造而后得来的利益，我中国今日都是享现成的，原料也有，工人也有，最新的法子也有，合用的机器也有，就是要资本，也容易有，只要有能经营的人，同着能指挥的人，便立地可以致富，却始终不闻有人从这条路上去研究……望着大利源，一宗宗都被外国人次第夺去了，这样说来，到底是中国真穷呢还是我中国人有财不会发呢 ……总而言之，人能各尽本分，合我国四万万人，各有正当的职业，各能切实去做，国民的身家富强，国家何愁不富强呢？"[①]

这篇题为"国民爱国当尽本分"的讲稿描绘了一个中国遍地黄金、财富都被外国人勤奋工作赚去，自家国人却不懂去发财的画面，其结果就是连带影响到国家经济不振，衰弱不堪。因此，只要国民能积极投入各种行业，勤奋努力，那么自然能够发财，而国民富有了，国家也连带地变得富裕。这里描绘的社会经济条件与事实扞格之处甚多，中国人自然不是不勤奋工作，即使在晚清也建立了不少具有规模的新产业，着力发展经济。讲演者这种说法，事实上是把国家的境况与下层民众的境况联系起来，让民众能切身理解国家的财富外流之痛，同时又点明了努力的方向，以及给予他们发财致富的希望，让民众能把努力工作，奋发向上的行为视为爱国的行为，进而起到鼓励民众积极参与各类经济生产活动的效果。

为了增强讲演的说服力，这篇讲稿甚至引用了美国钢铁大王安德鲁·卡内基(Andrew Carnegie)的故事，以期让民众能够想象自己怎样成为另一个卡内基，进而把工作致富等同于爱国的思考模式内化到心里并展现在行为上。

①通俗教育研究会.通俗教育讲稿选录·第二辑[M].北京：通俗教育研究会，1918：3-5.

不仅是讲演活动，在很多小说的审评中，那些具有鼓励民众积极工作致富的作品，往往都能得到通俗教育研究会成员的赞赏。对通俗教育研究会而言，工作致富的观念可以说是极为重要的，尤其在教化下层民众以及无缘仕途的读书人时，旧秩序的崩溃意味着旧有的营生方式与生涯发展方向已经不复有效，无所事事的人在社会中并不罕见，这些人不参与生产工作，又没有发展前途，往往会成为社会的乱源，或者从事一些非法勾当来营生，影响社会的治安秩序。因此，通俗教育必须要引导这些人回到正途，这样既有利于国家发展，同时也有利于个人生存。事实上北洋政府不仅是宣传，在各相关部门中也设立了培训机构来培养民众谋生的能力。由此可见，这套工作致富的观念不独独是通俗教育研究会的人士所持有的，更加是当时士绅阶层所共享的一套观念。

第六章

# 对通俗教育研究会的评价

通俗教育研究会在种种条件的限制下，凭借其人员的努力与热诚，在相当局限的环境中取得令人鼓舞的成果。其核心成员大多有各自的本职工作，以兼职的方式担当研究会的干部，为了达到提升国民素养的目标，他们积极规划各种教育方案，在资源欠缺的状态下艰苦经营，获得良好的成果。虽然通俗教育研究会整体规模受限，但就其产出而言，可见心血，研究会成员的用心与热情充分表现在他们的会议记录中。

通俗教育研究会自1915年9月成立后，面对民初纷乱的政局，在各类政务难以开展的大背景下，那些心怀爱国热情的知识分子谨守岗位、克尽己责，为实现中国的现代化默默努力，这种情操在民国政府各级专业官僚身上都是有所体现的。事实上，经历了革命的冲击和激烈的政争后，民初官僚的道德素质说不上比晚清更好。正如我们熟知的传统观点所认为的那样，民国政府中充斥着腐败的温床，缺乏权威的中央政府，助长了一些违纪行为。然而，无能的批评似乎过当，正如前面章节所述，在整个民国政府中还是存在着一些勤恳工作，用心建设之士，他们一般是富有技能的专业人员，从事专业性质较强的实质性工作。我们所举的通俗教育研究会就是其中一例，其专责从事文教工作，所涉事务与腐败的距离甚远。对通俗教育工作的投入并非为了金钱利益，其动机纯粹，所念所及都散发中国传统的人文关怀，虽然研究会完整运作的时间不长，但其成果可观，效用良好。现在，我们虽然难以回到民初较低阶层的心理状态，但从通俗教育研究会编辑写作的文本中就能感受到这些知识分子努力贴近下层民众的态度。

最后回到我们讨论的主题——从通俗教育研究会的历史中了解中国现代化的实际推进环节。正如中国近代史研究揭示的一个趋势,中国从受外力冲击因而产生了现代化需要,并由刺激—反应的逻辑逐渐转变为有意识地寻求自身的现代化,当中的转变曲折已有不少名家大师进行了详尽的阐述与精彩的辩论。总的来说,所谓的现代化实在是极宏大的历史概念,除了理论性的探讨外,必须要向下细化到不同领域的实践经验,才能实际把握所谓的现代化究竟是做些什么事。本文所探讨的正是教育范畴内存在的现代化现象,假设将教育视为一项工程,现代化的教育就是通过建立一套适应于现代社会需求的教育系统,持续不断地产出各类人才供应社会发展所需。正如义务教育响应了民族国家及民族主义的"国民创造"需求,现代化教育系统的建立也是在各方面响应社会发展所需。在晚清民国这段时期里,现代化最初可以简单地视为一个西化的过程。在这个阶段中,对于建立于自身文明特质建构的现代化方式,即所谓的"中体西用"遭受挫败后,渐渐地,一种激进地全面模仿西方文明的观念走到了主流地位,以西化这种铿锵有力的姿态表现出来,教育作为培养人的工具系统,更走在时代之先,正如我们诘问什么事件最具代表性能表达中国传统第一次被西方彻底颠覆,"废科举,兴学堂"实具无与伦比的历史意义。

西化风气借由教育向外扩散,科举之废,中国传统文化正式显露土崩瓦解之势,这点是极具革命意义的。就一反面例子而言,民国时期混乱的世风与道德的无力现象,有力地说明了过去节制人们行为的传统观念与标准,已经被西化所敲碎。但社会需要道德亦需要标准,如果传统的一套标准被敲碎,就有必要重建一套新的来替代之,故而有识之士纷纷号召操办教育,正规教育不足以应付国人的需要,那就推动通俗教育,务求以教育工具达成重建的使命,挽救时局的混乱,同时通过一套适当的观念体系,稳定社会秩序,并努力动员国民更好地应对外国的侵略。故而本书每当论及通俗教育研究会的工作时,除了要看到教育的意义外,同时也要强调研究会各项工作背后所带有的动机及观念,只有把握住这些因素,才能避免以误解的眼光看待通俗教育研究会的工作。例如,像书籍审查这类行为,往往予人不好的印象,会让人直觉地判断这是种思想审查,但事实上,通过了解通俗教育研究会的审查工作,我们可以发现他们的审查行为更多是种社会性的、道德性的批判,是对当时主要社会问题的回应,并且从数字的比例上来思考，其结论更清晰。这种宽容的审查完全说不上是思想控制，毕竟其标准并不严苛，而且查禁数量实在不多，这是我们通过对通俗教育研究会的小说审查统计结果进行分析后显而易见的事实。

最后，让我们再一次回顾本文开首提出的4个问题：

1.通俗教育研究会在这一时期发挥了何种作用？

2.北洋时期的通俗教育以何种形式进行实践，其成效如何？

3.通俗教育作为建构国民意识形态的工具，其背后代表了一种怎样的思想体系，以及其所想要建构的又是一种怎样的产物？

4.通俗教育的内容呈现了怎样的思潮脉络？

对于第1个问题，本研究尝试通过整理通俗教育研究会的活动经历，以及汇整当时人们对这些活动的评价来做出解答。通俗教育研究会留下的记录显示，研究会关心的是大众作为“国民”的素养问题，传统的庶民生活习惯充斥着各种不利于国家现代化的因素，其中对公共领域的忽视，其坏处尤为明显。因此，通俗教育着力于提倡公德，鼓励爱国与改善公共卫生习惯等，以求改善国民素养。通俗教育研究会在备受限制之下举步维艰，但得力于主事者的热情，想方设法通过不同的渠道来操办相关工作。至少在北京范围内，通俗教育研究会积极操办了多种通俗教育活动，其成果甚为可观值得加以赞赏。

对于第2个问题，本研究从通俗教育研究会三类主要的通俗教育方法进行探讨，深入分析其具体的实践形式，阐述了小说、戏剧、讲演等通俗教育方法对广大民众展现出的极强感染力。虽然通俗教育研究会主要的教育对象是知识程度比较低的群众，但在实际过程中，即使是知识程度较高的人士也都乐于参与其中，并且颇能领会其要旨，可见这些通俗教育活动的确能打破知识程度差异之间的阻碍。所以，通俗教育为广大民众建立起一套跨越阶层的常识及语言，打破了知识隔阂所造成的疏离。例如，在民国时期常见的爱国运动中，不同阶层的人士都能被动员起来，这就得益于通俗教育在日常生活中不断灌输相关观念之功。

对于第3个问题，本研究注意到通俗教育研究会的成员具有某种群体特征——态度温和、谨慎，渴求改革，具有一定程度的学养，深受儒家传统的影响，对参与社会活动表现积极，一般在晚清或民初时期具有办学经验，主张协调新旧思想，认同通过改革来完成中国现代化的主张。这种群体特征反映在他们操办的通俗教育活动中，在教学目标与教学内容上处处体现其价值观。

对于第4个问题，本研究通过对通俗教育研究会发行的文本内容进行解构，分析梳理其中的思想特点，从而发现通俗教育研究会与其所处的历史环境在思想上具有很强的关联性。当时通俗教育的内容主要受到西方文明的影响，通俗教育作为一个转化的过程，把原本仅属于士绅阶层的思想观念转化成全体“国民”的思潮。这种思潮的主调是爱国、改善生活、自我强化、遵守法律道德，它所反映的国家的需要与社会所缺乏的元素，正是当时社会缺乏的德行与价值，所以通俗教育才需要卖力地运用各种方式来补救缺失。

通俗教育作为北洋时期一种开启民智，灌输现代常识的教育工具的确有所成效，通过在各类娱乐性的活动中融入教育元素，扩大教育的涵盖面，运用具有趣味的教育方式吸引不同阶层的人士，其教育观念的先进性不亚于当代的教育思想。与培养精英为主的正规教育不同，通俗教育提供的是人人都有能力接受的教育内容，希望民众借此了解各种新颖的观念，例如国家观念、科学观念、伦理观念、卫生观念与商业观念，对弥合不同阶层群众的知识差距起重要作用，为他们创造了能互相沟通的话语体系。同时，“国家”观念能广为人们接受，通俗教育亦应记此一功。时有多发的爱国运动和号召爱国的宣传能打动不同阶层的人士参与其中，或者促使其对这些运动或宣传持同情态度，有赖于通俗教育建构了各阶层人士皆能听懂的话语体系，让爱国运动及宣传话语能为人所知。如果通俗教育缺席其中，只怕民众亦难以了解个中缘由，更说不上受其打动。

通俗教育的成功，正是把教育活动融入人民的日常生活中，各种思想内容借由戏剧、小说、讲演、图画、传单、日常社交的对话随时散播，供人吸收。然而，通俗教育对思想传播虽如此有效，但就其体系而言始终代替不了正规教育。事实上，知识枯燥艰涩的部分往往正是让知识更为精准有效的部分，为了让一些知识能为下层民众所懂，相关知识的内容莫不经过修剪，经剪裁过的知识较亲切宜人，但不可避免地与其原初形态差异甚多，甚至错误遍布，但为了强化新知识对民众的渗透性，这种好坏参合的剪裁是不得不为之的。

因此，虽然通俗教育涵盖了科学与现代国民思想等内容，但受教于通俗教育的群众终究与士绅阶层有别，他们无法掌握真正的知识内涵，仅止于一种简单的观念建构，并按这些观念产生简单的行为表现，由于建构的是一种情感、娱乐与思想的混合物，因而民众的行为表现缺乏标准和严格的自律效力。当时的士绅阶层之所以对这种产物欣然接受，是因为作为辅助角色的通俗教育没必要采用学校教育那样严格的标准，只要以较经济的条件达成替代古旧不合时宜的常识体系的目标，就称得上完成任务。在这层意义上，通俗教育虽然具有一定的缺点但亦不负所望。

民国时期是各种思潮此起彼伏的时代，除了士绅阶层外，以往对国家政事如同陌路人的平民大众也都参与其中。通俗教育促使识字程度低的平民大众了解自身的处境以及世局的变迁，并由此产生改变的动力，从而积极响应学生推动的爱国运动。而通俗教育的局限，除了上述通俗教育内容缺乏严密性的特点外，资源不足的影响也严重制约了其规模，这让很多通俗教育的项目难以深入穷乡僻壤，仅局限于城市空间。另外，通俗教育具有的开放性特质也让操办者感到困扰，难以使用客观具体的方法来评量教育成效，毕竟通俗教育的受教群众都是自由来去，千差万别的普通个体，他们对通俗教育内容的具体理解与感受也难以一一检验。所以，这些内容到底有多少能按设想般完整地被接收也就无从稽考，受教者是否合乎期待，比例又是多少，种种问题悬而难解。虽然通过对通俗教育研究会的研究尝试回答了部分问题，但因史料的限制，还是存在无法确切解答的问题。在本书即将完结前，或许可以借助民国时期一位署名种因的文人的说法，以补充各位读者对北洋时期通俗教育发展的认识："说书场是迎合下等社会心理的，小唱本儿都是淫秽不堪入耳的。图书馆简直很少，有的也是限制普通人不得看到，如南京南通之图书馆，尽管他的内容丰富，但是门前冷落车马稀了。通俗演讲，在京津一带，总算兴旺，然而听惯了那几个人老生常谈，大家到了时候，进去喝喝茶，听听留声机器，说得好，听几句，当着耳边风，说得不好，回头就走，有什么功效？再说到戏剧，旧的还是画脸谱，排出台步来，演那些肉麻的淫戏，而新戏也是换汤不换药的，演什么《刁刘氏》《真珠塔》《巧合鸳鸯》——都是诲淫诲盗婆婆妈妈的事体，哪有审美的观念？哪有改良风化的力量？失望六。"[①]

①种因.今后中国教育的希望[J].教育杂志，1920，12(2)：4.

种因的观察反映了通俗教育的限制所在,虽然本研究所做的结论综合而言比种因的观点要乐观一些,但通俗教育的确存在流俗的倾向,这是消费社会不可避免的趋势,即使通俗教育研究会一直努力抗拒这种趋势,其成效也实在有限。不过,毋庸置疑的是通俗教育的方法确实效果甚佳,运用较少的既有资源去发挥最大的教育效果,其功效类似于今天人们熟知的电视、电影及小说等媒体的功能,通过在日常生活中把特定的信息灌输给大众,促使大众的行为做出改变,使其合乎通俗教育兴办者的期待。纵然存在种种限制,通俗教育只能发挥局部性的影响,无法达致全面的成功,但站在历史研究者的角度应寄予其历史的同情,体谅其时代背景的艰难,赞赏通俗教育研究会及其会员的贡献与付出,为其努力实现中国现代化做出热情与奋斗击节,并对其在北洋时期默默贡献己力,从事通俗教育的建设与发展,为后来的社会教育建设奠定基础给予肯定。

# 附录

## 通俗教育研究会章程

1915年7月18日

**第一章 总则**

第一条 本会以研究通俗教育事项,改良社会普通教育为宗旨。

第二条 本会由教育部设立,受教育总长之监督。

**第二章 职务**

第三条 本会研究事项分下之三股:

一、小说,二、戏曲,三、讲演。

第四条 小说股所掌事项如下:

一、关于新旧小说之调查事项;

二、关于新旧小说之编辑改良事项;

三、关于新旧小说之审核事项;

四、关于研究小说书籍之撰译事项。

第五条 戏曲股所掌事项如下:

一、关于新旧戏曲之调查及排演之改良事项;

二、关于市售词曲唱本之调查及搜集事项;

三、关于戏曲及评书等之审核事项;

四、关于研究戏曲书籍之撰译事项;

五、关于活动影片、幻灯影片、留声机片之调查事项。

第六条 讲演股所掌事项如下：

一、关于讲演材料之搜集审核事项；

二、关于讲稿之选择及编辑事项；

三、关于书画报、白话报、俚俗图画等之调查及改良事项；

四、其他不属于各股事项。

**第三章 会员**

第七条 本会以下列会员组织之：

一、教育部职员若干人，由教育总长指定；

二、学务局职员二人，由学务局选派，详请教育总长认定；

三、直辖学校职员一人，由各校选派，详请教育总长认定；

四、京师劝学所职员二人，由学务局选派，详请教育总长认定；

五、京师警察厅职员四人，由教育部函商警察总监选派；

六、京师教育会会员二人，由教育部饬知该会会长选派；

七、京师通俗教育会会员二人，由教育部饬知该会会长选派；

八、其他对于本会研究事项有专长者若干人，由本会延聘。

**第四章 职员**

第八条 本会设会长一人，综理本会事务。

第九条 本会干事若干人，承会长之指挥，分任各股调查、编译、审查事项及本会庶务会计事宜。

第七条、第八条之延聘员专任编辑译述事宜。

第十条 本会各股设主任一人，承会长之指挥，办理各该股内事务，仍兼干事之职务。

第十一条 会长及各股主任由教育总长指定，干事由会长于会员中推选，详请教育总长核定。

第十二条 本会得雇用书记，掌文件之缮写、保存、收发事项。

**第五章 会议**

第十三条 本会会议分两种：

一、定期会议；二、临时会议。

第十四条 定期会议每股每星期至少一次，临时会议于有特别事故时由会长另集之。

**第六章 经费**

第十五条 本会经费由教育部支给。

第十六条 本会会员为名誉职。

第十七条 本会会员除延聘员及雇员外，均不支薪。

第十八条 本章程如有未尽事宜或应行增改之处，由本会随时修正，详请教育总长核定。

## 陈绂卿先生演说词[1]

现蒙诸位招致，命家麟以讲演，兹惟就欧美社会教育与戏剧情形撮要报告之。民国八年，家麟随北京高等师范学校校长一同赴美，当时同行者十二人，惟家麟颇能操英语谈话，诸称便利，舟行中亦赖不寂寞。至美时，即先赴各处调查学校，均经参阅，嗣同人均有事回国，家麟乃留美康奈耳大学研究文科，该大学系私立，其文科极讲究又极完备，风景亦殊佳，校中教授类，多研究文学，其研究文学之法，非仅讲作文已也，乃分而研究之，或专研莎士比亚之文学，或专研究十九世纪之文学，其研究中视为极重要者，厥为珠阿妈(戏剧)。于戏剧之研究亦必分科或专就莎士比亚之戏剧加以研究，或专就十九世纪或近世戏剧加以研究，要在各专一业各成一家，即研究一时代之戏剧，亦必以详知戏剧史，如希腊剧或拉丁剧，亦必分开研究。家麟在该校所研究者，为莎士比亚之戏剧，以此剧在该国文学上直视为必修之科也。此种剧之研究，亦有似分业的，有专研究剧中之文词者，有专研究对演时之状态者，又有专研究笔法或专研究音调者。内有一教授则专研究某剧中之某脚，如我国电影所演之黑将军，则就黑将军一脚而研究之，大概所分甚详，一教授则专研事究一种。美国各大学均设有戏剧研究会，以研究新剧或研究旧剧，每礼拜六必演唱一次，各中学亦闲有设立者。所以然者，以美国学校视戏剧为一种文学作用，故视之极重，各大学又每出有剧报，剧报之专登新剧或专登旧剧，亦不一等，美国学校之对戏剧有如此者，至社

①通俗教育研究会.通俗教育丛刊第十九辑·专件[M].北京：通俗教育研究会，1925：1-12.(本文系作者抄于北京图书馆藏本。)

会方面固多为消遣而来，其视为消遣之必要者，当首推电影，次为卧特鲁儿（杂要），杂要则有相声幻术等，亦闲有唱词，再其次则有所谓笑剧者，系一种滑稽剧，此种剧之切末最为讲究，至其脚色则女多男少，主要脚色不过一男一女或二男二女，其配脚则大半为女，惟此种剧与我国人情风俗稍觉背戾，其出台也，常由女配脚作种种跳舞，剧中情节亦极简，如明其语言人情，或尚有可观，否则直属无谓。此类剧以纽约为盛行，惟其配脚之舞与其扮相怪特殊甚，然在彼国亦有时能博座客之欢迎也。至若唱剧之奥蒲拉，则似类由欧洲传去者，以在欧洲如意大利、法兰西等国，于此种剧为甚讲究。观此剧者多系上流社会，惟剧价甚昂，学生每无力往听，在寻常座位立而观之，尚须美金二元，合中币则四元矣，其头等座则非吾人所敢望也。故在美剧之最高尚者，端惟奥蒲拉，剧中情节亦极有研究，不谙其语言人情，固有扞格不通，致莫名其妙处，其音乐均在台前，作乐人数甚多，多时每须百二十人，所奏弹琴音每多至数十器而须数十人。是此音乐亦较他剧为有讲究，故如旅居稍久，能谙其剧中情节与其作工音乐，亦觉处处动听，洋洋盈耳而叹其好也。

以上所述为美之旧剧，试更述其新剧，均白口无唱词，多系各大学教授所编，如哥伦比亚大学教授买休士君，专教戏剧，执一时之牛耳，故每遇新剧编成，经其批评许可，则声价愈高也。至各剧出演之时，闲则杂要，大概分为前后二场，由八点半至九点半为前场，由九点半至十点半为后场，此种剧价稍廉，通常在五角上下，最贵者为奥蒲拉。演奥蒲拉之剧园最为宏敞，如我国之开明电影院与新明大戏院不过仅供演电影之用而已，至能演奥蒲拉之剧园，我国尚未之见也。此外，纽约尚有一种剧，直为我国风俗所不能容，此剧每由晚十点半钟演起，至二时止，演时均在夜闲，观客多系巨商，其脚色为一二十名女优，一身不着，赤身而舞，作种种淫亵状，通体只以一花蔽其下体，观客既系巨商，即必各富有金钱，果见某女之可欲者，实时可拉同跳舞，此类剧在吾人观之，淫亵已极，直妓之业耳，然在美则演唱者自演，观者自观，不闻其警察之有以干涉禁阻也。

次至英国，英剧与美稍有不同，国中最大剧馆曰珠尔瑞，大概新剧多而旧剧少，如莎士比亚之剧，学校固有专科，学校外虽不常演，每有专家定一定之时期，假戏院扮演以存真面，如吾国从前之昆腔。家麟乘其演莎士比亚时，以欲知其剧中情节，经人介绍于扮演者，前往参观于其剧未开演之前，即与之询究讨论，冀可稍知其内容，就大体言之，所演音调似较美为正，剧中情节每多有改正，以演此剧者多系学校学生故也。此次系由罗素介绍得与萧伯讷会晤。萧氏为当代著名剧家，所编各剧均受欢迎，其优点在所编各剧均寓有改良社会思想，惟萧氏对于中国戏剧尚属茫然，及家麟与之接谈，论及我国旧剧并为之细述剧中情节及其时代，经此多次叙述，彼乃渐变初态，以为闻所未闻，谓中京剧文亦足为从古才人学士文明代表之一端。盖西人对我国戏剧所以有充此疑误者，亦自有故，以从前有英人盖尔斯曾着有中国文学史一书，书中材料不一，内有唐诗之好否且不论，惟所译中国各剧于剧中情节简陋错误，毫无足取。内曾译有彩楼配王三姐打球一段，乃由我国极不堪之小说中译出者，据彼自云，谓其所取译者为其友人在我国一书摊上购得之本，其好否已自可知，此谬种流传有无疑误亦自可知，此项疑误及家麟与盖尔斯谈话后乃始知情节不符，即萧伯讷亦从此知我国佳剧不是此种，且觉我国剧情每多有可取者。此外，外人所演之中剧尚有黄马褂一剧，此剧在美甚为著名，每逢各学校大典必演此剧。家麟在威斯康新曾见其演唱一次，内容有似南天门，但演去甚觉复杂，且有令人发笑处，此剧大概以英美人士之首至广东者或曾见演此类似之剧，遂疑我国凡剧均是如此。最可笑者，剧中以检场之人为主要脚色，其扮此检场者仍头垂小辫，口吸纸烟，形容不堪，演此剧者为威斯康新之教授，家麟当就其谬误之点详为解说，并告以真相，彼亦恍然大悟，转以其中情形还相质问，家麟当告以中剧多想象，如所演上马则不过拾鞭示意为已足，不似欧美之处处写真，并谓此种关键最宜理会，经此多番譬解，彼外人对言之有理者固亦深信之也。然黄马褂一剧在美终难取销，以已有极多之印本故也。总之外人对中剧终不无讪毁之处，其所以致此固属有因，然吾人对之自不能不引为遗憾。职是此故，家麟在康奈耳与威斯康新两大学中乃译中剧数种请其批评。计译成之剧共四种，一为桑园寄子、一战蒲关、一朱砂痣、一乌盆，计译就即请其戏剧教授为之批评，尚得谬蒙赞许，经此批评后，乃送登剧报及报章注销。一般人亦颇欢迎之，译此各剧，亦用分幕之法，如桑园寄子之托孤一场，即以英文译作一幕，战蒲关杀妻救城各节亦为之酌分数幕，凡此分幕之法及剧中情节均先以英文制成说明书多分，预先分布，故各教授及一般社会乃知中国之为有剧国，且从而赞各剧之好，并谓由此可见中国风俗之淳厚及欧美与中国人民道德观念不同之点。有此译本后，康奈耳与威斯康新两大学乃拟设专科以研究中京剧文。家麟前数日曾接有该两校来函,内言如以中国戏剧寄往该校,彼此交换最为欢迎,总之不有迻译则彼此隔阂,误会之处终所难免,如就我国良好戏剧译成英文,俾其一目了然,自必受其欢迎也。以上系略述在美译剧情形,至英国不仅戏剧讲究,如彼之露天学校及在公园之聚会,亦均有足述者。露天学校每星期自午前九钟起至十二钟止,午后则至七钟止,所讲者不一端,如宗教哲学殆无不有之,听讲者亦男女沓至,惟听讲宗教之人颇居少数,听讲哲学之人为稍多,国中劳动阶级则对劳动之讲演最为欢迎,亦以欧战而还,元气未复,计全国工人之无工可作者约有四五十万人之多,既已无工可作,又利听此讲演之价之廉,故多愿听此讲演,听完只随意给数便士足矣。大概此项讲演之人必有人主请与之订明每礼拜讲几日几时,有似北京天桥之卖艺者,然皆能于社会有益也。至害特怕公园则有似政谈集会,讲者听者均系国中占有势力之人,所讲均属政治范围,如目下英国之对法或对德应取如何态度。家麟在英时适当其首相乔治辞职之际,于此项讲演尤形极盛,其讲演之材料即系继任首相之究应谁属,及此后政治之应如何进行并如何改革。此种讲演似大可试验人民参政能力,并足表见舆论,于政治上亦大有裨益也。任此讲员者党派不一,然亦必有主请之人。英国大学教授须政府任命,极受社会尊仰,警察遇之必为行礼,至若牛津等著名大学之教授,则政府与人民闲殆无不尊敬之者。英之剧园亦较美为多,现携有剧园建筑图数帧,得暇可细观之,大概英剧有唱剧有杂耍,至对我国戏剧,惟见伦敦演东运河剧时,内有一段系演我国事迹,剧演我国某城某街,街旁有一棺材铺正制作棺材,并历演棺材之作法,情节极觉简单,无取故只一幕即了,其脚色亦用中人,似多广东籍,以彼每用中人演此剧,其国之唱脚常反对之,且有时起争论焉。英之电影最足厌恶,电影之演中国事者颇多,惟专就杀人放火及种种恶劣情事排演之。记伦敦有一电影园乃专演我国人之吸烟、杀人、放火及其他最残忍不堪之事。留英学生每起而干涉并着论文以驳正之,然终无何等效果,此事只可行文公使与之正式交涉,或尚有济。总之英美各国凡事之好者每归为日本,劣者则归中国,故于侨居英美之人,衣服破烂不整者则指为中国人,稍洁净者即指为日本人,其原因在我国从前侨居英美之人多属腐败,每多垂小辫而操贱业,简言之即彼惯见开饭馆与澣洗衣服者之中国工匠,遂疑吾人必举国如是,故对我国学生以其衣履稍见整洁,每亦指为日人,此其识见之谬，固有种种原因，然吾人不能不亟思设法有以挽救而改换之也。

嗣乃游德至汉堡，旋赴柏林调查一切，其剧园亦分新旧两式。柏林维特尔林街最称热闹，皇宫学校多在此街中，有剧园建筑，虽属旧式，然甚讲究，从前德皇曾亲往观剧，其宏壮颇不让于英，所演之剧亦分新旧。旧剧有唱词，新剧则否，旧剧价亦较昂，多演历史剧，所用切末亦讲写真，剧中脚色多时可至数百人，其中以配脚最占多数，如演拿破伦兵据柏林一剧，则即用拿翁当时所据之床(其床至今尚存)藉以布景，其去配脚之兵，衣服亦复齐整，不似我国视配脚之无关轻重也。至其新剧，则均用白口不夹唱词，多为柏林大学教授所编。家麟在柏林大学见有所编指环一剧，其剧宗旨在写德国社会为经济所迫，渐趋污下，性情亦渐荒淫，以德之咖啡馆与各酒馆每带有跳舞，其跳舞之人少时则为一男一女，多则六七人或十数人不等。内演一酒馆跑堂者系一女子，后有一阔人常往饮酒，渐与之调笑，久之女遂随此阔人而逃。综其全剧不过骂社会之龌龊而已，是剧编成颇为社会注意，赞成与反对两方遂打起笔墨官司，有谓剧写奸淫，不应公然演唱者，有谓剧有作用，虽外示淫污，实别有寓意者。似此笔战不知经有几许，然其剧终至战胜而存在，如明德文则其剧更属可观，要以德经大战而后经济困难，马克价落，生活维艰。德国大学教授恐经此打击社会渐至萎靡堕落，乃欲以戏剧作用警醒其国人，不惟戏剧如是，其他杂耍等亦多别有寓意，又见有所编一笑剧(即滑稽剧)，剧中要脚有三女脚一男脚，二女为德籍，男则印度籍，一男扮为印度贵族，富有金钱，一男去丑脚扮为侍者，是女乃利印度贵族之富，遂嫁之，是亦一骂世剧，其意以德当战后生活，程度顿低，外人之侨德者日见其众，德人为经济所迫，乃至不问种族，不分国界，但能有钱遂即嫁之，实不无讽刺之意存乎其闲也。

次至巴黎，法之繁华为天下冠，其剧亦较英美为优，为全欧诸国所不及。剧园甚多，如奥伯拉奥的阳可摩佛拉西等，均系国立，其剧亦系大学教授所编，编成交由戏班演唱。惟法政府对戏园有补助费，戏班每有赚而无赔。剧园之建筑有新有旧，内有一园尚系十六世纪之古建筑物，惟雕镂极精，所演多系奥蒲拉之古歌剧，从前毛林儿于钩，近有路斯唐者所编歌剧，亦甚有价值。又有一国立剧园，其特点在极优待学生，凡学生往观，只收半价，大概此种戏剧于其历史极有关系，故研究文学者每重视之。法国亦有新剧，惟当大战之后，人口锐减，而法国女子又多讲极端的个人主义，不欲生有子女，以为身累国人，曾有精密之计算，谓此风不改，继此五十二年之后，则人口将绝，故朝野上下亟思设法改良，以挽此颓风，其政府方面，乃定生一子者免纳某种税，生二子者更免纳某种税之奖励。在野文人则思利用戏剧以资警觉，同时并奖励私生子籍谋生聚，故其剧演法有一女曾怀孕，生一私生子，未几欧战结束，其夫返国，其私生子乃有主举，一切权利均与普通国民相同，又有一剧演中德俄三国联军共攻法国，法曾虏有中国人一，又虏有黑种人一，中国人则垂发辫穿窄袄，黑人则扮为奴，法之军官当讯中国人曰：「汝何因而攻法，乃答中国系古国，欲保存古代文化，故来攻。」继讯黑人，只笑而不言其情形，似以中国人尚较黑人为胜。是剧系巴黎一教授所编，乃纯以理想凭空结撰者。家麟曾往观之，并无何等事实与作用存乎其闲也。综欧美各国比较言之，其侮毁我国人者，固仍以英之电影为最也。法国戏剧之讲究已如上述，而剧中之切末亦每为他国所不及，凡演剧时，则一切山水土木等布景均必肖必备，其打剧也，所费资本既已甚巨，所须时闲亦复甚久，每有须一二年工夫始经打成一剧，至打成是剧，即专演是剧，多则至一二年，少亦须半年乃更换他剧。闻有一园即演茶花女一剧，亦演至半年之久，其他可类推矣。但就巴黎戏剧近来趋势又为一变，在法为最新式者，若在我国则恍如旧日之戏台，台上布置甚简，演时只须三五人之脚色，其一切布景亦与我国演旧剧相仿佛也。

最后乃至俄之莫斯科。惟俄国政象纷扰，问俗问禁经多少困难始得入境，及至莫斯科亦住未币月遂亟他往。俄剧大有研究之价值，剧园之建筑亦有可观，其演剧与剧中之布景稍与法国相类，但涉猎一过，未暇研求，不敢妄议也。

总之欧美各国均以戏剧为文学的，为社会教育的，觇国者于国家之文野亦恒于其国之戏剧及剧园之建筑上评判优劣，现代文化逐渐开通，一切迷信不攻自破，有谓此后或将以教堂改建剧园亦未可知。在欧宗教原以法国为最现亦不甚迷信，其教堂虽将钟击破仍不见信徒入门，是文学势力已驾宗教势力而上之，亦足见世人之视剧园较教堂为足重也。

家麟此次出游阅国多而受刺深，究其归结仍须在社会教育上注意，社会教育本已多端，语其进行仍宜从戏剧着手。现在一般之人每谓我国旧剧甚劣，夫旧剧之劣固人所公认，然应设法改良，不能一笔抹煞，至若现在我国通行之新剧，则多似是而非，似不能即目之为新剧，以外人对新剧尤有研究，或有作用，或有寓理想,恐非一朝一夕所能企及,吾人此时对新剧固不能反对,然对旧剧亦不主张尽废也。他如欧美各京剧园之建筑讲究,既多形式,亦不一致,如柏林戏台从前为半圆形,所有音乐址在台之前方,现拟新筑一台纯取圆形,脚色与其音乐均在台之中心,座客则在四周环而观之。此台尚在建筑中,家麟只见其图,其台尚未落成也。与会诸君均于戏剧狠有研究,是后我国旧剧应如何改良,新剧应如何进步,尚望大家共同研究,家麟现携有柏林、维也纳及巴黎、伦敦等处剧园照片多帧,诸君得暇临而观之亦可见其建筑上之概也。

## 对于戏剧之意见[1]

李中一

我国士夫之素习以戏剧为一种至卑且贱之技术,口不轻道,一任业此者之自为生灭而不之问也。道咸之间闾阎遭兵燹之祸,人民受迁徙之劳,声歌稍歇历有年数,其继干戈止而娱乐之性张始稍稍复焉然,巴人下里之音充塞全国,淫杀二端更唱迭奏,而风纪荡然矣,晚近以来欧风东渐,戏剧足以左右社会之学说为我国学者所采取且以是项学说信而有征,全国人士对之无驳难之余地,顾我国固有之戏剧向以歌著为文学的,而非单纯之通俗的,与社会一般之情势尚未适合,由是有从事于白话剧以谋补救者,然以风尚不同复未能为高点之发达,而执中之说遂乘时势之要求,立于有力之地位,其言曰歌不可废,惟须于歌词之中刻意求浅,俾一般中流以下之人民得以了解,其影响于社会也必深且巨。是说也固不为无见,然一为有标准有条件之观察则尚觉其未安也,凡事当创始或改革之际,头绪之繁复,组织之烦琐有十百倍于已成之局,而欲为一致之主张免歧途之误入,固属甚难,苟能将目今社会对于戏剧之形势细为考察,如剥蕉如理丝,种种先决问题一一为之解剖而断定,则其问题之正面固可不俟烦言而决也,试将先决问题列左(下):

(甲)我国戏剧变迁之原因何在;

(乙)我国戏剧缺点与弱点何在;

①李中一.对于戏剧之意见[J].都市教育,1918,3(12):1-11.

(丙)我国戏剧之曲词及音节优劣何在;

(丁)我国观剧者之地位及其心理果何如乎;

(戊)白话戏剧究竟能否发达。

以上五项先决问题以余个人之眼光解决如下。

甲项所云戏剧变迁之原因,余固无此种掌故之具体学问足以为精确之说明,若但就近百年之情形言之,则余尚得以故老传述之言为基本,以足迹所至之考察所得为辅助,而献其一得之愚以供商榷焉。

昆曲以前清干嘉时为最盛,以咸同时为始衰,以今日为最衰,当干嘉时,全国繁盛之区均有昆班,然执昆班之牛耳而足以左右一世者,则惟北京、扬州、苏州。北京以音节胜,扬州以切末称,苏州以神情著,各擅一长竞相则效,而终以扬州为聚精会神之地,迨陶文毅督苏盐政,清厘盐商之所得微,其势亦骤衰,而昆曲中心之扬州渐归消歇,未几,洪杨变起,全国骚然,昆曲势力亦遂一落千丈。其时烽火尚未及于北京,恒舞酣歌依然如昨,惟渐趋重皮黄组织,虽不如昆曲之细密而高雅,社会欢迎之热度乃日见其增高,岂国人文学程度退化耶,抑昆曲高深有背乎?今日所谓通俗教育学说之原则耶,夫我国教育在昆曲盛行之时固亦未尝普及,乃何以上自卿相下至牧竖类皆知音识曲妙解宫商,甚有以剧名曲句成为谚语者。自兴学至今将二十年,据全国选举调查之片面报告,例以数十年前人民之程度虽不能谓为骤高,然识字者之较多已为近今社会所公认,且音乐之发达亦为曩昔所未尝见,乃何以上自文学之士,下逮编户之氓均左昆曲而右皮黄也?从可知词曲高深不足以合社会之心理者之一语亦仅为片面的理由而未尽为精确之论者也。

然则荏再至今一蹶不可复振者究何故哉?曰:“自扬州消歇,昆班失其根据而人材衰,自洪杨变起,昆班转辗江湖而人材散,且其格太严,合格者少勉强演唱,神木音瘖殊不足以娱观者之耳目,适其时之北京皮黄人材风发云涌,不可一世,两相比较而昆曲之势力遂致相形见绌,譬之今日,同一剧本同一情节,无昆曲皮黄之各异,苟为著名角色所排演即足哄动一时,反是则精彩顿失而非难之声立,至是亦可以悟矣。”不特此也,凡世界人类莫不富见异思迁之性质,数十年来所耳闻而目睹者,则视之漠然,一旦见所未见,闻所未闻,其与会之奋起每不可遏,四五年前上海一隅,白话剧突然而起,一时观者趋之若骛,旧岁之杪京华剧馆竞演昆高，一时观者亦群以先睹为快，然平心考论，则上海之白话剧浅陋殊甚京华之昆高，谬误殊甚，足以动一时之顾盼者，其亦见异思迁之观念所表现者耳。

乙项之所谓缺点与弱点者，其方面甚多，若以主义言，则旧剧之大部淫杀二字足以概之，脱以淫杀为社会反面观，俾世人深其警戒，固一人者之用心，乃有为之扬其波者，是则大不可也，其外之涉及神鬼者，实足启迷信之端，为士夫所吐弃。关乎科举者，昆曲中颇多其例，时过境迁，嚼腊无味，亦必归淘汰之列。若以组织言，则其要素有三，一曰白；二曰引；三曰曲。曲文之如何为文学的，曲谱之如何为音节的，引亦近似，不在本项范围之中，兹不具论以言道白，则全剧之筋络胥于是，在剧中人之身分亦于是判实，占剧本中重要之位置，在昆曲中则道白一层颇有空前绝后之观，其于称谓也，则斟情酌理，雅俗咸宜，其于情节也，则前有来龙后有去脉，不突不竭，殊耐寻味。其形容人之身分也，则士农工商各尽其妙言，皆有物模之有棱，惟辞朝中之黄门官，拜师中之吴铁嘴，其道白为长篇四六，系文士自写才华之地，为昆曲中一种特例，于道白之原质稍有不合者也，若言皮黄，于称谓则不经，于情节则欠关会，于形容剧中人之身分则无论圣君、王佐、逸士、骚人、义夫、节妇，悉以市井之口吻肖之，复有似通非通之语杂乎其中，习惯自然牢不可破。至于剧本之取材，昆曲则率有所本，或以一人爱憎而失其平，故弄狡狯而蔑其实者亦所在多有，然尚不若皮黄梆子之甚，稽之古藉（籍？）无可考证，以荒诞之事成粗劣之剧，俾全国大多数之人士毕生涵育于其中，为无形之神会，即其剧不尽涉于淫杀，而有关于世运之隆污亦已至深且巨，此我人于今日对于戏剧所当注意者也。

丙项之所谓曲词者，其性质为文学的而非通俗的，古之诗歌有兴赋比之大别大抵以直率之语，索然无味，其入人也不深，由是发为诗歌以含蓄不尽之雅致，旁敲侧击之方法，俾世人陶融于其中而不自觉，曲词亦犹是也。昆曲有南曲北曲之别，大抵南曲雅驯而北曲粗疏，南曲为单纯的文学而北曲则杂以方言究之粗疏，而杂以方言者，以年远代湮，语言差异，异俗殊方，字音相左之故，遂至佶屈聱牙不可究诘，此对于歌词万不能以通俗二字为观察之异点者也。至于皮黄之歌词大概用十言七言两种，以句调之单简而音节遂亦不能发挥尽致，其剧本强半出于野老田夫之手，其词句不通，辞意不达之处层见叠出，为文人学士所鄙夷，为普通人民所不解，非熟于皮黄掌故者，不易通晓，既晦且俗，虽浅亦安足以言通俗哉。

至于音节一端，我国之歌与西洋之歌有特异之点，西洋为合唱的，对于和音有特长之组织，我国为独唱的，对于字音之转折抑扬有独到之研究。究昆曲皮黄各擅其胜，其他之梆子、大鼓、小曲亦有各殊之致，惟昆曲以曲牌之各异，句调之特殊，千变万化，运用不穷，而其工谱亦随之而繁复，此所以虽在势力不振之时而一般人士亦未尝加以诋毁者也。

丁项之所谓观剧者之地位及心理，实为今日研究戏剧而有改革之志愿者所最当注意之一事，余尝默察观剧者之情形，各地方均有不同之点，今即北京一地而言之，以观剧者之身分言则中流人士约居十之七，文人学士约居十之一，无知无识者约居十之二。以观剧者之年龄言，则壮者居十之五六，老者居十之二三，幼稚居十之一二。以观剧者之目的言，则重音节而轻情节，喜热闹而厌清淡，至于武技亦为至要条件之一，对于词句之浅深神情之合否不问也。此外复有人的问题，无论何种剧本，苟一为名角所排演，其中虽有极不洽之情节极不通之词句亦决不在苛求之列，此种情形本属例外，然在今日之北京则成为通例矣。

且余之于戏剧所绝对排斥之淫杀二字，对于观者之心理有至巨之势力，潜滋暗涨汇为洪，浸于盛气之壮夫、幼年之子女其感受也愈速，其蕴酿也至易，此固于人道及风纪有极大之关系者也，顾奈何忽视之哉！

戊项所谓之白话剧，对于社会教育上有通俗之功能，其影响之速且巨，固非旧剧所能望其项背。德国之戏剧有三，一大欧片，为纯粹之唱歌，二小欧片，为半唱半演之剧，三新剧，即今日所谓之白话剧，其社会欢迎之点，以小欧片为主。我国现今之观剧者亦何莫不然，且我国之白话剧其兴也晚，前后不过十年，而研究是种戏剧者比较的为至少数且以经济之困难意见之纷歧，在在均足为发达之阻碍，虽于前五年时，于长江上下流特形其盛，然昙花一现，俄焉即衰，在京津间，除学校学生偶然登场外，殊未多见观者，亦未尝为极度之欢迎，是以于目前三数年中白话剧之能否发达，实未敢以一言断定也。

虽然白话剧之表情道白处处合乎情理，较之歌剧实有上下床之别。余自幼酷喜昆曲，几以之表情为无上上乘，迨一观白话剧，虽以其组织之幼稚未能遽目为完璧，然其偶有一二处之精微独到处，有非昆曲所能企及者，遑论皮黄，但以国人嗜歌成习，不歌之白话剧殊难动其长久之兴会，此余之所以为白话剧踌躇而扼腕者也。

以上之五项先决问题既以余个人之眼光作如是之判断，而对于正面之问题，余即由此先决问题而演绎之。

自有剧以来，迄于今日，其已有之旧剧本浩如烟海，而就中以昆曲为愈伙，顾昆曲之于今日已无势力之可言，即有一二排演者，亦不过视为剧场点缀之一种，其剧本固有应行改良之点，然以无势力之故，其影响于社会也甚微，不妨置为缓图。

至于皮黄则其势力弥漫于全国者，业既二十余年，其初皮黄之音节殊甚简单，经无数著名歌者之变化，至今已足自成一家，其音节有可保存之价值，然其情节之荒唐，词句之陋劣，彰彰在人耳目不能为之曲讳，大之则酿成淫杀之风，小之则染为粗暴之习，编氓孺子步趋为先，学士大夫且复假以辞色，谬种流传，不知其极，此可为流涕而长叹息者也。目下治标之计惟有调查皮黄固有之剧本，分类列表详加说明，将关于淫杀之剧严予禁止，其外情节不良有涉迷信足以塞我民智者，亦复加以取缔，其中尚无背谬之处，而词句不通，神情不合者，则不妨加以指正，俾就正轨。至于治本之计，则须多编新剧本以替代之，编制之方法于选用歌谱一层，则昆曲皮黄梆子均在采取之列，不必过为轩轾致启无条件之争论。于填写曲词一层，则固无取乎艰深然亦不能有妨于雅，俾于文学的范围适相吻合，且以保存一部分之国粹。于道白一层，则须刻划尽致，务合剧中人之口吻，更须精心结撰于词气抑扬，轻重之间不爽毫厘，其于字句之间，平仄务求其谐，其辞气而须和平也，则其数语中之小结束处宜平其辞气，而须激烈也，则其数语中之小结束处宜上去。于辞气之抑扬轻重而得其宜，则每语末字当以平仄相间为用，且剧中人之种种动作，一一视其道白之轻重抑扬而异皮黄之动作，每多可议之处，其病根即在于道白之不良，而半亦由我国伶人之无学问为之厉也，且我之所谓良好之道白者，非如词曲一类纯以文学的组织成之者也，但须确如剧中人之地位而不溢其分际。于编制剧本之时，一面默想剧中人之神情如何而命意遣词，一面复须体会观剧者之心理而严别，其纠正与迎合二者之利弊固不必袭取皮黄剧中沿用之似通非通之旧套，始能谓之为通俗也。更有说者皮黄中所沿用之似通非通之字句，徒以习见习闻之故，群不以为非至究其意义之究竟若何，恐社会上大多数人所未能明了，徒然使中流人士及学校青年于执笔为文之际，添出无数似通非通之资料，且通俗云者，指戏剧之效用而言，非将戏剧中所包含之各种方面一切贬其价格，使尽成野老乡妪之谈话而始为通俗也。譬之国民学校之课本，目下所用者为浅显之文言，一经教师之讲解，而至幼之儿童亦未始不能听受之，今日之观剧者无论其为文士无论其为愚民，然考其年龄，则均倍长于儿童，其听受之能力亦必倍胜于儿童，况剧中之道白非尽为文言者乎。譬之通俗演讲之际，其听者之程度大多数系贩夫走卒，其演讲员之发言也，非至浅至显不可，而剧中之道白则以观剧者之程度较听通俗演讲者之程度为胜，故于剧中人而为市井人也，则取市井语以形容之，剧中人而为高尚人也，则取高尚语以形容之，况有各项动作以表示其情况者乎，况演讲者以解释为主义，出言不妨求浅，而剧中人之身分口吻不能由编剧者代为强深为浅乎。譬之小说，我尝阅欧儒却而司迭根氏之小说矣，其为书也，未尝描写政治与神怪，但形容其国社会之状况，写一文士则宛一文士，写一柁工则宛一柁工，写一商人则宛一商人，如摄影之不差毫发，至于演剧亦何莫不然。

我由是断定戏剧之佳良者一肖字已足尽之，故今日之欲改良戏剧而编制剧本或审定剧本者，当于肖字三致意，不徒以浅字为通俗之不二法门也。

通俗教育研究会审核小说一览表①

| 书名 | 著(译)者 | 发行所 | 出版时间 | 等次 | 册数(册) |
|---|---|---|---|---|---|
| 《孤雏感遇记》 | 包公毅著 | 商务印书馆 | 民国二年 | 上等给奖 | 一 |
| 《馨儿就学记》 | 天笑生著 | 商务印书馆 | 清宣统二年 | 上等给奖 | 一 |
| 《埋石弃石记》 | 天笑生著 | 商务印书馆 | 民国二年 | 上等给奖 | 一 |
| 《块肉余生述》 | 林纾、魏易译 | 商务印书馆 | 清光绪三十四年 | 上等给奖 | 二 |
| 《冰雪因缘》 | 林纾、魏易译 | 商务印书馆 | 清宣统元年 | 上等给奖 | 二 |
| 《模范町村》 | 唐人杰、徐凤书译 | 商务印书馆 | 民国四年五月 | 上等给奖 | 一 |
| 《义黑》 | 林纾、廖琇昆译 | 商务印书馆 | 民国四年 | 上等给奖 | 一 |
| 《英孝子火山报仇录》 | 林纾、魏易译 | 商务印书馆 | 清光绪三十一年 | 上等给奖 | 二 |
| 《爱国二童子传》 | 林纾、李世中译 | 商务印书馆 | 清光绪三十二年 | 上等给奖 | 二 |
| 《孝女耐儿传》 | 林纾、魏易译 | 商务印书馆 | 清光绪三十三年十一月 | 上等给奖 | 三 |
| 《穑者传》 | 朱树人译 | 文明书局 | 清光绪二十九年 | 上等给奖 | 一 |
| 《冶工轶事》 | 朱树人译 | 文明书局 | 清光绪二十九年 | 上等给奖 | 一 |
| 《黑奴吁天录》 | 林纾、魏易译 | 文明书局 | 清光绪三十一年 | 上等给奖 | 一 |
| 《秘密使者》 | 天笑生译 | 小说林社 | 清光绪三十三年 | 上等给奖 | 二 |
| 《美洲童子万里寻亲记》 | 林纾、曾宗巩译 | 商务印书馆 | 民国二年一月 | 上等给奖 | 一 |

①表中内容整理自通俗教育研究会小说股第一、二、三、四、五、六、七次审核小说一览表。

续表

| 书名 | 著(译)者 | 发行所 | 出版时间 | 等次 | 册数(册) |
|---|---|---|---|---|---|
| 《二义同囚录》 | 甘永龙、朱炳勋译 | 中国图书公司和记 | 民国五年八月 | 上等给奖 | 四 |
| 《正续鲁滨孙漂流记》 | 林纾、曾宗巩译 | 商务印书馆 | 民国三年十一月 | 上等给奖 | 四 |
| 《大荒归客记》 | 梁禾青、赵尊岳译 | 商务印书馆 | 民国五年六月 | 上等给奖 | 二 |
| 《鹰梯小豪杰》 | 林纾、陈家麟译 | 商务印书馆 | 民国五年五月 | 上等给奖 | 一 |
| 《风俗闲评》 | 陈家麟、陈大镫译 | 中华书局 | 民国五年十一月 | 上等给奖 | 二 |
| 《苦儿流浪记》 | 包公毅译 | 商务印书馆 | 民国四年三月 | 上等给奖 | 三 |
| 《弃儿正续编》 | 常觉、小蝶同译<br>天虚我生润文<br>董皙芗校阅 | 中华书局 | 民国六年一月 | 上等给奖 | 四 |
| 《薰莸录正续编》 | 翠乡女史译<br>天虚我生润文 | 中华书局 | 民国六年六月 | 上等给奖 | 三 |
| 《玑司刺虎记》 | 林纾、陈家麟译 | 商务印书馆 | 清宣统元年四月 | 上等给奖 | 二 |
| 《欧美名家短篇小说丛刊》 | 周瘦鹃译 | 中华书局 | 民国六年三月 | 上等给奖 | 三 |
| 《电影楼台》 | 林纾、魏易译 | 商务印书馆 | 清光绪三十四年八月 | 上等给奖 | 一 |
| 《秦汉演义》 | 黄士恒著 | 商务印书馆 | 民国六年五月 | 上等给奖 | 四 |
| 《湘娥泪》 | 李定夷著 | 国华书局 | 民国三年八月 | 上等给奖 | 一 |
| 《乡里善人》 | 胡君复、恽铁樵译 | 商务印书馆 | 民国六年七月 | 上等给奖 | 二 |
| 《续/正贤妮小传》 | 丁宗一、陈坚译 | 商务印书馆 | 民国六年十二月 | 上等给奖 | 六 |
| 《黑伟人》 | 孟宪承译 | 商务印书馆 | 民国八年一月 | 上等给奖 | 二 |
| 《双雏泪》 | 包天笑编 | 商务印书馆 | 民国八年六月 | 上等给奖 | 一 |
| 《苦海双星》 | 蒋丙然、廖鸣韶译 | 商务印书馆 | 民国九年一月 | 上等给奖 | 二 |
| 《家庭商业小说商人妇》 | 东野著 | 中华图书馆 | 民国九年八月 | 上等给奖 | 一 |
| 《匈奴奇士录》 | 周逴译 | 商务印书馆 | 时间不详 | 上等 | 一 |
| 《美洲童子万里寻亲记》 | 林纾、曾崇巩译 | 商务印书馆 | 清光绪三十年 | 上等 | 一 |

续表

| 书名 | 著(译)者 | 发行所 | 出版时间 | 等次 | 册数(册) |
|---|---|---|---|---|---|
| 《小仙源》 | 商务印书馆编译所译 | 商务印书馆 | 清光绪三十一年 | 上等 | 一 |
| 《蟹莲郡主传》 | 林纾、王庆通译 | 商务印书馆 | 民国四年 | 上等 | 二 |
| 《金风铁血录》 | 林纾、曾宗巩译 | 商务印书馆 | 清光绪三十三年 | 上等 | 三 |
| 《扫迷帚》 | 商务印书馆编译所译 | 商务印书馆 |  | 上等 | 一 |
| 《市声》 | 姬文著 | 商务印书馆 | 清光绪三十四年 | 上等 | 一 |
| 《世界一周》 | 壮者编纂 | 商务印书馆 | 清光绪三十四年 | 上等 | 一 |
| 《技击余闻》 | 林纾编纂 | 商务印书馆 | 民国三年 | 上等 | 一 |
| 《义侠效顺记》 | 汤颐叔校订 | 中国图书公司 | 民国四年 | 上等 | 一 |
| 《二义同囚录》 | 甘永龙、朱炳勋译 | 中国图书公司 |  | 上等 | 四 |
| 《鲁滨孙漂流记》 | 林纾、曾宗巩译 | 商务印书馆 | 清光绪三十一年 | 上等 | 二 |
| 《鲁滨孙漂流记续记》 | 林纾、曾宗巩译 | 商务印书馆 | 清光绪三十二年 | 上等 | 二 |
| 《炼才炉》 | 甘永龙译 | 商务印书馆 | 清光绪三十二年 | 上等 | 一 |
| 《卖国奴》 | 商务印书馆编译所译 | 商务印书馆 | 清光绪三十一年 | 上等 | 一 |
| 《巴黎繁华记》 | 商务印书馆编译所译 | 商务印书馆 | 清光绪三十一年 | 上等 | 二 |
| 《惹安达克》 | 国民丛书社译 |  | 清光绪二十九年 | 上等 | 一 |
| 《大侠红蘩露传》 | 林纾、魏易译 | 商务印书馆 | 清光绪三十四年 | 上等 | 一 |
| 《贼史》 | 林纾、魏易译 | 商务印书馆 | 清光绪三十四年 | 上等 | 一 |
| 《女博士》 | 罗琛夫人著 | 中华书局 | 民国四年 | 上等 | 一 |
| 《情铁》 | 林纾译 | 中华书局 | 民国三年 | 上等 | 二 |
| 《洪荒鸟兽记》 | 李薇香译 | 商务印书馆 | 民国四年 | 上等 | 一 |
| 《情天宝鉴》 | 毛谷生著 |  |  | 上等 | 二 |
| 《战场情结》 | 史允成编译 | 商务印书馆 | 民国五年五月 | 上等 | 二 |
| 《撒克逊劫后英雄略》 | 林纾译 | 商务印书馆 | 清光绪三十一年 | 上等 | 二 |

续表

| 书名 | 著(译)者 | 发行所 | 出版时间 | 等次 | 册数(册) |
| --- | --- | --- | --- | --- | --- |
| 《冰天渔乐记》 | 商务印书馆编译所译 | 商务印书馆 | 民国三年七月 | 上等 | 二 |
| 《髯刺客传》 | 林纾、魏易译 | 商务印书馆 | 民国三年七月 | 上等 | 一 |
| 《电妻》 | 蒋景缄著 | 进步书局 | 民国四年八月 | 上等 | 一 |
| 《黑太子南征录》 | 林纾、魏易译 | 商务印书馆 | 民国二年十一月 | 上等 | 二 |
| 《快活之旅行》 | 蒋景缄编辑 | 进步书局 | 民国五年六月 | 上等 | 一 |
| 《秋镫谭屑》 | 林纾、陈家麟译 | 商务印书馆 | 民国五年 | 上等 | 一 |
| 《双缢记》 | 李定夷著 | 国华书局 | 民国五年九月 | 上等 | 一 |
| 《镜中人语》 | 劫后生编辑 | 进步书局 | 民国五年三月 | 上等 | 一 |
| 《小拿破仑别记》 | 朱世溱译 | 中华书局 | 民国五年十一月 | 上等 | 一 |
| 《孟谐传奇》 | 莫等闲斋主人著 | 中华书局 | 民国五年十一月 | 上等 | 一 |
| 《小公子》 | 小说林编译所译 | 小说林社 | 清光绪三十一年十一月 | 上等 | 二 |
| 《廿年苦节记》 | 李定夷著<br>包醒独校订 | 国华书局 | 民国六年三月 | 上等 | 一 |
| 《双枰记》 | 烂柯山人著 | 甲寅杂志社 | 民国五年九月 | 上等 | 一 |
| 《亡国影》 | 倪轶池、庄病骸著 | 国华书局 | 民国四年六月 | 上等 | 二 |
| 《藕孔避兵录》 | 林纾、魏易译 | 商务印书馆 | 民国四年十月 | 上等 | 一 |
| 《牧羊少年》 | 黄翠凝译 | 中国图书公司和记 | 民国四年 | 上等 | 三 |
| 《清朝逸史》 | 蒋志范著 | 中华图书馆 | 民国五年六月 | 上等 | 二 |
| 《梦花杂志》 | 李澄述 | 中华图书馆 | 未详 | 上等 | 一 |
| 《蕉窗雨话》 | 陆士谔选辑 | 时务图书馆 | 民国三年五月 | 上等 | 三 |
| 《酒恶花愁录》 | 扁舟子著<br>董哲芗校订 | 中华书局 | 民国六年一月 | 上等 | 三 |
| 《双孝子噀血酬恩记》 | 林纾、魏易译 | 商务印书馆 | 民国二年一月 | 上等 | 二 |
| 《心狱》 | 马君武译 | 中华书局 | 民国三年九月 | 上等 | 一 |
| 《妻之百面观》 | 赵茗狂编译 | 文明书局 | 民国四年七月 | 上等 | 二 |
| 《溷中花》 | 林纾、王庆通译 | 商务印书馆 | 民国四年十二月 | 上等 | 二 |
| 《女杰麦尼华传》 | 蒋景缄、贡少芹译 | 中华书局 | 民国五年 | 上等 | 一 |

续表

| 书名 | 著(译)者 | 发行所 | 出版时间 | 等次 | 册数(册) |
|---|---|---|---|---|---|
| 《乾隆英使觐见记》 | 刘半依译述<br>高野侯校阅 | 中华书局 | 民国四年五月 | 上等 | 一 |
| 《啁啾漫录》 | 匏天著 | 亚东图书馆 | 民国五年九月 | 上等 | 一 |
| 《孝感记》 | 老谈著 | 亚东图书馆 | 民国五年九月 | 上等 | 一 |
| 《红碧因缘》 | 倪灏森译 | 小说丛报社 | 民国五年五月 | 上等 | 一 |
| 《儿童历》 | 天笑生著 | 中华书局 | 民国三年十一月 | 上等 | 一 |
| 《欧美小说丛谈》 | 莯毓修编纂 | 商务印书馆 | 民国五年十二月 | 上等 | 一 |
| 《钟乳髑髅》 | 林纾、曾宗巩译 | 商务印书馆 | 民国三年 | 上等 | 二 |
| 《航海复仇记》 | 甘永龙译 | 中国图书公<br>司和记 | 民国六年五月 | 上等 | 四 |
| 《三白桃传》 | 东讷、枕亚著铁冷评 | 小说丛报社 | 民国五年五月 | 上等 | 一 |
| 《红闺镜》 | 吴门华兮译 | 小说林社 | 清光绪三十四年<br>正月 | 上等 | 一 |
| 《自由宝鉴》 | 毛谷生著 | 中亚书局 | 民国六年六月 | 上等 | 二 |
| 《泣路记》 | 许指严著 | 小说丛报社 | 民国四年十一月 | 上等 | 一 |
| 《孝女寻亲记》 | 冷佛译 | 爱国白话<br>报馆 | 民国三年 | 上等 | 一 |
| 《历史小说两晋演义》 | 我佛山人著 | 群学社 | 清宣统二年三月 | 上等 | 一 |
| 《艳情小说双美人》 | 群学社译 | 群学社 | 清光绪三十二年<br>闰四月 | 上等 | 一 |
| 《教育小说含冤花》 | 稚桂译 | 汇通印局 | 清宣统二年三月 | 上等 | 一 |
| 《哀情小说露惜传》 | 陈家麟、陈大镫译 | 商务印书馆 | 民国四年十月 | 上等 | 二 |
| 《雪市孤踪》 | 天行译 | 商务印书馆 | 民国四年十月 | 上等 | 一 |
| 《上海闲话》 | 姚公鹤编<br>恽树珏校订 | 商务印书馆 | 民国六年七月 | 上等 | 二 |
| 《小英雄》 | 美国亮乐月女士、<br>陈春生译 | 广学会 | 民国二年 | 上等 | 一 |
| 《贤妮小传》 | 丁宗一、陈坚译 | 商务印书馆 | 民国六年六月 | 上等 | 二 |
| 《克利米战血录》 | 朱世溱译 | 中华书局 | 民国六年五月 | 上等 | 一 |
| 《说荟》 | 武进冷风编纂 | 商务印书馆 | 民国六年九月 | 上等 | 二 |

续表

| 书名 | 著(译)者 | 发行所 | 出版时间 | 等次 | 册数(册) |
|---|---|---|---|---|---|
| 《诗人解颐语》 | 林纾、陈家麟译 | 商务印书馆 | 民国五年十二月 | 上等 | 二 |
| 《少年旅行谭》 | 孟宪承编纂 | 商务印书馆 | 民国五年七月 | 上等 | 一 |
| 《法国革命小说九十三年》 | 东亚病夫译 | 有正书局 | 民国二年十月 | 上等 | 二 |
| 《说苑导游录》 | 栩园编译社辑 | 交通图书馆 | 民国七年一月 | 上等 | 一 |
| 《世界亡国稗史》 | 杨南邨编撰<br>姜侠魂校订 | 交通图书馆 | 民国六年十二月 | 上等 | 一 |
| 《家庭小说儿童鉴》 | 王言木言园编译<br>钱生可校订 | 商务印书馆 | 民国七年二月 | 上等 | 二 |
| 《伉俪福》 | 李定夷著 | 国华书局 | 民国五年八月 | 上等 | 一 |
| 《同命鸟》 | 李定夷著 | 国华书局 | 民国七年四月 | 上等 | 一 |
| 《侠义英雄匡世救血》 | 尹在中著 | 新中华书社 | 民国五年四月 | 上等 | 一 |
| 《德皇外妾自述记》 | 陈仲子、黄中译 | 中华书局 | 民国六年一月 | 上等 | 一 |
| 《前汉演义上编》 | 黄士恒著 | 商务印书馆 | 民国七年三月 | 上等 | 五 |
| 《情之素》 | 史香文著 | 上海广文书局 | 民国七年六月 | 上等 | 二 |
| 《改良家政小史》 | 美国亮乐月著<br>袁玉英述 | 广学会 | 民国三年 | 上等 | 一 |
| 《此登临楼笔记》 | 甪城存悔著 | 中国图书公司和记 | 民国五年十一月 | 上等 | 一 |
| 《飞将军》 | 天游著 | 商务印书馆 | 民国二年六月 | 上等 | 二 |
| 《慈禧传信录》 | 沃邱仲子著 | 崇文书局小说丛报社 | 民国七年十一月 | 上等 | 一 |
| 《美国虚无党壮史》 | 沈东讷译 | 清华书局 | 民国七年五月 | 上等 | 一 |
| 《傀儡家庭》 | 陈嘏编译 | 商务印书馆 | 民国七年十月 | 上等 | 二 |
| 《现身说法》 | 林纾、陈家麟译 | 商务印书馆 | 民国七年十一月 | 上等 | 三 |
| 《模范家庭》 | 陈观奕编纂<br>恽树珏校订 | 商务印书馆 | 民国八年一月 | 上等 | 二 |
| 《科学家庭》 | 天笑生编译 | 商务印书馆 | 民国八年一月 | 上等 | 二 |
| 《冰天艳影》 | 周瘦鹃译 | 中华书局 | 民国七年一月 | 上等 | 一 |

续表

| 书名 | 著(译)者 | 发行所 | 出版时间 | 等次 | 册数(册) |
| --- | --- | --- | --- | --- | --- |
| 《小说丛考》 | 钱静芳编纂<br>恽树珏校订 | 商务印书馆 | 民国五年四月 | 上等 | 二 |
| 《模范家庭续编》 | 陈观奕译 | 商务印书馆 | 民国八年一月 | 上等 | 二 |
| 《苦英雄》 | 胡贻谷译 | 青年协会书报局 | 民国八年八月 | 上等 | 一 |
| 《义勇少年》 | 胡贻谷、谢洪赉译 | 基督教青年会总委办 | 民国元年 | 上等 | 一 |
| 《德育故事》 | 谢洪赉编译 | 基督教<br>青年会 | 民国三年六月 | 上等 | 一 |
| 《俄罗斯宫闱秘记》 | 张叔严编<br>王蕴章校 | 商务印书馆 | 民国八年七月 | 上等 | 二 |
| 《鹳巢记正续编》 | 林纾、陈家麟译 | 商务印书馆 | 民国九年六月 | 上等 | 四 |
| 《红鸳艳牒》 | 陈大悲编译 | 商务印书馆 | 民国九年六月 | 上等 | 二 |
| 《白羽记初续编》 | 沈步洲编纂 | 商务印书馆 | 民国八年十月 | 上等 | 四 |
| 《五十磅》<br>原名《爱司透结婚记》 | 东野译 | 中华图书馆 | 民国八年六月 | 上等 | 二 |
| 《巾帼遗闻》 | 丹徒陈富华、上海顾菊蝶著 | 枕华出版部 | 民国九年二月 | 上等 | 一 |
| 《当代名人<br>新小说集》 | 吴江陆翔辑选 | 广文书局、<br>世界书局 | 民国十年三月 | 上等 | 二 |
| 《爱国英雄小史》 | 王瀛洲编 | 交通图书馆 | 民国十年五月 | 上等 | 一 |
| 《矐目英雄》 | 林纾、毛文钟译 | 商务印书馆 | 民国十一年三月 | 上等 | 二 |
| 《鱼雷》 | 丁宗一、陈坚、董哲芗译 | 中华书局 | 民国八年 | 上等 | 一 |
| 《民国官场现形记》 | 粤东亚俾著 |  | 民国三年一月 | 中等 | 二 |
| 《毒药樽》 | 商务印书馆<br>编译所译 | 商务印书馆 | 民国二年十二月 | 中等 | 一 |
| 《新西游记》 | 煮梦著<br>圆庵评 |  | 清宣统二年二月 | 中等 | 六 |

续表

| 书名 | 著(译)者 | 发行所 | 出版时间 | 等次 | 册数(册) |
|---|---|---|---|---|---|
| 《上海秘密史前后编》 | 陆士谔著 | 新新小说社 | 清宣统二年十二月 | 中等 | 四 |
| 《淫毒妇》 | 祝华译 | 中华书局 | 民国四年五月 | 中等 | 一 |
| 《万年青初集》 | | | | 中等 | 八 |
| 《淞滨琐语》 | 王韬著 | 进步书局 | | 中等 | 六 |
| 《廿载繁华梦》 | 黄小配著 | 东亚印刷局 | 清光绪三十三年 | 中等 | 四 |
| 《姊妹易嫁》 | 浮海居士评 | | 清宣统元年 | 中等 | 一 |
| 《无耻奴》 | 苏同著 | 开明书店 | 清光绪三十三年五月 | 中等 | 一 |
| 《改良游戏园》 | 红雪山庄著 | 上海文明书庄 | 清宣统元年正月 | 中等 | 一 |
| 《黑手杀人团》 | 无用译 | 吉长日报社 | 民国二年六月 | 中等 | 二 |
| 《青楼梦》 | 慕真山人著 | | 清宣统二年 | 中等 | 二 |
| 《假文明》 | 谭斌著 | | 民国二年四月 | 中等 | 一 |
| 《最近社会龌龊史》 | 吴研人著 | | 清宣统二年 | 中等 | 二 |
| 《身外身》 | 蒋景缄著 | 中华书局、文明书局 | 民国四年 | 中等 | 一 |
| 《三千年艳尸记》 | 林纾、曾宗巩译 | 商务印书馆 | 民国三年 | 中等 | 二 |
| 《情秘》 | 祝龄、耀华译 | 中华书局 | 民国四年 | 中等 | 一 |
| 《新译文明结婚》 | 云间三指朗女士编 | 科学书局 | 清宣统元年 | 中等 | 一 |
| 《新游戏文章》 | | | | 中等 | 四 |
| 《红楼圆梦》 | | | | 中等 | 四 |
| 《密室》 | 淦铭博译 | 中华书局、文明书局 | 民国四年 | 中等 | 一 |
| 《媒孽奇谈》 | 商务印书馆编译所编 | 商务印书馆 | 清光绪三十二年 | 中等 | 一 |
| 《具偶然》 | 商务印书馆编译所编 | 商务印书馆 | 民国三年 | 中等 | 一 |
| 《女儿花》 | 仁和柳浦散人编辑 | 中新书局 | 清光绪三十二年 | 中等 | 二 |
| 《滑稽丛书》 | 胡寄尘编 | 广益书局 | 民国二年 | 中等 | 二 |

续表

| 书名 | 著(译)者 | 发行所 | 出版时间 | 等次 | 册数(册) |
| --- | --- | --- | --- | --- | --- |
| 《二十年目睹之怪现状》 | 吴研人著 | 广智书局 | 清宣统二年 | 中等 | 四 |
| 《现身说法演义》 | 贾慕谊述<br>吴和友编 | | | 中等 | 一 |
| 《席胜魔记》 | 鲍康宁译 | 美华书馆 | 清宣统元年 | 中等 | 一 |
| 《新天地》 | 书带子著 | 集文书社 | 民国元年 | 中等 | 一 |
| 《滑稽谈》 | 吴研人著 | 扫叶山房 | | 中等 | 四 |
| 《真真岂有此理》 | 梁溪潇湘馆辑 | | | 中等 | 一 |
| 《金麒麟》 | 谭新译 | 集成图书公司 | 清宣统二年 | 中等 | 一 |
| 《真正新西厢》 | | | | 中等 | 一 |
| 《后西厢》 | 梅斋逸叟著<br>袁梓材评 | | | 中等 | 一 |
| 《游戏奇观》 | | | | 中等 | 二 |
| 《鹦鹉怨》 | 九沙后裔译 | 集成图书公司 | 清宣统三年 | 中等 | 一 |
| 《缘中冤》 | | 上海洽记书庄 | | 中等 | 一 |
| 《狱中花》 | 美国亮乐月女士译述 | 广学会 | 清光绪二十七年 | 中等 | 一 |
| 《情侠》 | 商务印书馆编译所译 | 商务印书馆 | 清光绪三十四年 | 中等 | 一 |
| 《骗术翻新》 | 梁溪铁群译 | 改良小说社 | 清宣统元年十一月 | 中等 | 一 |
| 《美人兵》 | | 改良小说社 | 清宣统二年 | 中等 | 一 |
| 《新聊斋》 | | 章福记书局 | 清宣统二年 | 中等 | 二 |
| 《杜十娘传奇》 | | | | 中等 | 二 |
| 《新情天外史》 | 天恨生著 | 改新书局 | 清宣统三年 | 中等 | 一 |
| 《新今古奇观》 | | 改良小说社 | | 中等 | 四 |
| 《澳洲历险记》 | 金石、褚嘉猷译 | 商务印书馆 | 清光绪三十二年 | 中等 | 一 |
| 《福尔摩斯侦探案》 | 虎林瘦腰译 | 群学图书社 | 民国三年 | 中等 | 三 |

续表

| 书名 | 著(译)者 | 发行所 | 出版时间 | 等次 | 册数(册) |
|---|---|---|---|---|---|
| 《续聊斋志异》 | 王文治著 | | | 中等 | 六 |
| 《泰西历史演义》 | 商务印书馆编译所译 | 商务印书馆 | 清光绪三十二年 | 中等 | 一 |
| 《名伶小传》 | | | | 中等 | 二 |
| 《年羹尧平西藏》 | 张筱山著 | | | 中等 | 二 |
| 《新上海》 | 陆士谔著 | 改良小说社 | 清宣统三年 | 中等 | 十 |
| 《梦游二十一世纪》 | 杨德森译 | 商务印书馆 | 清光绪二十九年 | 中等 | 一 |
| 《秘密电光艇》 | 金石、褚嘉猷译 | 商务印书馆 | 清光绪三十四年 | 中等 | 一 |
| 《蛮陬奋迹记》 | 商务印书馆编译所译 | 商务印书馆 | 清光绪三十二年 | 中等 | 一 |
| 《红柳娃》 | 商务印书馆编译所译 | 商务印书馆 | 清光绪三十二年 | 中等 | 一 |
| 《旧金山》 | 金石译 | 商务印书馆 | 清光绪三十二年 | 中等 | 一 |
| 《立宪镜》 | 杭州戊公著 | 上海扫叶山房 | 清光绪三十二年 | 中等 | 一 |
| 《我佛山人札记小说》 | 我佛山人著 | 上海扫叶山房 | | 中等 | 二 |
| 《学究新谈》 | 商务印书馆编译所译 | 商务印书馆 | 清光绪三十四年 | 中等 | 二 |
| 《孤星泪》 | 商务印书馆编译所译 | 商务印书馆 | 清光绪三十三年 | 中等 | 二 |
| 《七星宝石》 | 商务印书馆编译所译 | 商务印书馆 | 清光绪三十二年 | 中等 | 一 |
| 《雾中人》 | 林纾、曾宗巩译 | 商务印书馆 | 清光绪三十二年 | 中等 | 三 |
| 《新野叟曝言》 | 陆士谔著 | 改良小说社 | 清宣统元年 | 中等 | 二 |
| 《蚌蟹缘》 | 静观子著 | 新华小说社 | 民国五年 | 中等 | 二 |
| 《情海酸潮》 | 铁泪汉译 | 新华小说社 | 民国五年 | 中等 | 二 |
| 《拿破仑之情网》 | 包天笑译 | 中华书局 | 民国四年 | 中等 | 一 |
| 《云想花因记》 | 包天笑译 | 中华书局 | 民国四年 | 中等 | 二 |

续表

| 书名 | 著(译)者 | 发行所 | 出版时间 | 等次 | 册数(册) |
| --- | --- | --- | --- | --- | --- |
| 《复国轶闻》 | 商务印书馆编译所译 | 商务印书馆 | 清光绪三十二年 | 中等 | 一 |
| 《时谐》 | 商务印书馆编译所译 | 商务印书馆 | 民国二年 | 中等 | 二 |
| 《清宫二手记》 | 德璘女士著 | 商务印书馆 | 民国四年 | 中等 | 一 |
| 《丁格尔步行中国游记》 | 陈曾谷译 | 商务印书馆 | 民国四年 | 中等 | 一 |
| 《南巡秘记补编》 | 许指严著<br>包醒独校订 | 国华书局 | 民国五年五月 | 中等 | 一 |
| 《�娘遗恨记》 | 孤桐著 | 中国图书公司 | 民国四年 | 中等 | 一 |
| 《玉光传》 | 宣樊著 | 中国图书公司 | 民国四年 | 中等 | 一 |
| 《奇瓶案》 | 吴紫厓译 | 中国图书公司 |  | 中等 | 一 |
| 《棠花怨》 | 吴梼译 | 中国图书公司 | 清光绪三十四年 | 中等 | 一 |
| 《英德战争未来记》 | 东海觉我译 |  |  | 中等 | 一 |
| 《十字军英雄记》 | 林纾、魏易译 | 商务印书馆 | 民国三年 | 中等 | 二 |
| 《橡湖仙影》 | 林纾、魏易译 | 商务印书馆 | 清光绪三十二年 | 中等 | 三 |
| 《玉雪留痕》 | 林纾、魏易译 | 商务印书馆 | 清光绪三十一年 | 中等 | 一 |
| 《神枢鬼藏录》 | 林纾、魏易译 | 商务印书馆 | 清光绪三十三年 | 中等 | 一 |
| 《中山狼》 | 商务印书馆编译所译 | 商务印书馆 | 清光绪三十三年 | 中等 | 一 |
| 《行路难》 | 商务印书馆编译所译 | 商务印书馆 | 清光绪三十四年 | 中等 | 一 |
| 《金陵秋》 | 冷红生著 | 商务印书馆 | 民国三年 | 中等 | 一 |
| 《华大嫂》 | 自了生著 | 富华印刷所 | 民国三年 | 中等 | 一 |
| 《八一三》 | 徐卓呆、包天笑译 | 中华书局 | 民国四年 | 中等 | 二 |
| 《罗刹因果录》 | 林纾、陈家麟译 | 商务印书馆 | 民置四年 | 中等 | 一 |
| 《八十日》 | 叔子译 | 商务印书馆 | 民国三年 | 中等 | 一 |
| 《北方绅士》 | 北方绅士著 |  |  | 中等 | 一 |
| 《破天荒》 | 徐凤书、唐人杰译 | 东亚译书会 | 清宣统二年 | 中等 | 一 |
| 《寒桃记》 | 吴梼译 | 商务印书馆 | 清光绪三十二年 | 中等 | 二 |

续表

| 书名 | 著(译)者 | 发行所 | 出版时间 | 等次 | 册数(册) |
| --- | --- | --- | --- | --- | --- |
| 《老残游记》 | 洪都百鍊生著 | 商务印书馆 | 民国二年 | 中等 | 二 |
| 《小学生旅行记》 | 亚东一郎编 | 商务印书馆 | 民国三年 | 中等 | 一 |
| 《娜兰小传》 | 四明梦痴、三吴耕者译 | 商务印书馆 | 民国三年 | 中等 | 二 |
| 《悬崖马》 | 卢达译 | 小说林社 | 清光绪三十三年 | 中等 | 二 |
| 《六路财神》 | 陆士谔著 | 改良小说社 | 清宣统二年 | 中等 | 二 |
| 《最近目睹之怪现状》 | 吴研人著 | 株式会社印 | | 中等 | 二 |
| 《自由女》 | 漱六山房著 | 三省轩 | 民国三年四月 | 中等 | 一 |
| 《后官场现形记》 | 白眼新著 | 群学社 | 清宣统二年 | 中等 | 一 |
| 《侦探奇情秘密女子》 | 贡少芹译 | 进步书局 | 民国四年四月 | 中等 | 一 |
| 《玉如意》 | 次眉女史著 | 进步书局 | 民国四年七月 | 中等 | 二 |
| 《余小辫》 | 自了生著 | 富华印刷局 | 民国三年五月 | 中等 | 一 |
| 《家庭恩怨记》 | 天随室主著 | | 民国三年六月 | 中等 | 一 |
| 《开辟演义》 | 五岳山人著<br>清竹居士评 | | | 中等 | 一函<br>四册 |
| 《盗盗》 | 贡少芹译 | 进步书局 | 民国四年五月 | 中等 | 一 |
| 《静厂奇异志》又名《奇人异女》 | 中华图书馆辑 | 中华图书馆印 | | 中等 | 一 |
| 《时髦现形记》 | 啸侬著 | 上海扫叶山房 | | 中等 | 四 |
| 《义仆》 | 耀臣著 | 爱国白话报馆 | 民国三年七月 | 中等 | 一 |
| 《玫瑰劫》 | 陆世一著 | 中国图书公司 | 民国五年五月 | 中等 | 一 |
| 《双凤夺妻录》 | 倪灏森译 | 中国图书公司 | 民国五年九月 | 中等 | 一 |
| 《鬼士官》 | 商务印书馆编译所译 | 商务印书馆 | 清光绪三十三年 | 中等 | 一 |
| 《华生包探案》 | 商务印书馆编译所译 | 商务印书馆 | 清宣统三年四月 | 中等 | 一 |
| 《家庭现形记》 | 仙源苍园著 | 文振学社等 | 清光绪三十三年 | 中等 | 一 |
| 《寒牡丹》 | 吴梼译 | 商务印书馆 | 清光绪三十二年 | 中等 | 二 |
| 《冤海灵光》 | 林纾编纂 | 商务印书馆 | 民国五年六月 | 中等 | 一 |

续表

| 书名 | 著(译)者 | 发行所 | 出版时间 | 等次 | 册数(册) |
|---|---|---|---|---|---|
| 《环游月球记》 | 商务印书馆编译所译 | 商务印书馆 | 民国三年三月 | 中等 | 一 |
| 《一东缘》 | 商务印书馆编译所译 | 商务印书馆 | 民国元年八月 | 中等 | 一 |
| 《香钩情眼》 | 林纾、王庆通译 | 商务印书馆 | 民国五年五月 | 中等 | 二 |
| 《后不如归》 | 黄翼云著 | 商务印书馆 | 民国四年六月 | 中等 | 一 |
| 《铁假面》 | 听荷女士译 | 广智书局 | 清光绪三十二年 | 中等 | 三 |
| 《八十万年后之世界》 | 心一译 | 进步书局 | 民国四年 | 中等 | 一 |
| 《大星与地球之战争》 | 心一译 | 进步书局 | 民国四年 | 中等 | 一 |
| 《美人妆》 | 东海觉我著 | 小说林社 | 清光绪三十三年二月 | 中等 | 一 |
| 《乳姊妹》 | 韵琴女士译 | 中国图书公司 | 民国五年六月 | 中等 | 二 |
| 《社会小说美人局》 | 林重夫著 | 上海文艺编译社 | 民国四年 | 中等 | 一 |
| 《铁血新烈士传》 | 梅花馆印行 | 新汉学社 |  | 中等 | 一 |
| 《不情人》 | 阳羡生著 | 国华书局 | 民国三年五月 | 中等 | 一 |
| 《情天恨海》 | 菊痴著 | 中华图书馆 | 民国三年八月 | 中等 | 一 |
| 《上海之骗术世界》 | 云间颠公著 | 扫叶山房 | 民国三年 | 中等 | 一函四册 |
| 《奇童侦探案》 | 徐哑钵著 | 中华书局 | 民国五年九月 | 中等 | 一 |
| 《二才子侠义风月传》 | 名教中人著 | 广益书局 | 民国元年 | 中等 | 一函四册 |
| 《醋中鍇》 | 半翁著 | 京话日报社 | 民国三年 | 中等 | 一 |
| 《鸳鸯血》 | 朱引年著 | 尚古书局 | 民国二年 | 中等 | 一 |
| 《仝石奇闻》 |  |  | 民国三年 | 中等 | 二 |
| 《费娥剑》 | 蒋景缄著 | 文明书局、中华书局 | 民国四年八月 | 中等 | 一 |
| 《黄绣球》 | 欧琐著 | 新民社 | 清光绪三十三年五月 | 中等 | 二 |
| 《新意外缘》 | 叔夏著 | 鸿文书局 | 清宣统元年 | 中等 | 一 |

续表

| 书名 | 著(译)者 | 发行所 | 出版时间 | 等次 | 册数(册) |
| --- | --- | --- | --- | --- | --- |
| 《秘密室》 | 汪德祎著 | 商务印书馆 | 民国四年五月 | 中等 | 一 |
| 《新旧英雄》 | 不才子编纂 | 商务印书馆 | 民国三年 | 中等 | 一 |
| 《薄幸郎》 | 林纾、陈家麟译 | 商务印书馆 | 民国二年十二月 | 中等 | 二 |
| 《警富新书》 | | 有益书局 | 民国元年 | 中等 | 四 |
| 《玉田恨史》 | 陈栩著 | 中华图书馆 | 民国四年 | 中等 | 一 |
| 《埋忧集》 | 朱翔清著 | 上海扫叶山房 | 民国三年 | 中等 | 一函四册 |
| 《情魔》 | 美国某著 | 广智书局 | 清光绪三十三年八月 | 中等 | 一 |
| 《绿窗绮语》 | 珠溪栃老编纂 | 大华书局 | 民国三年十月 | 中等 | 一 |
| 《真爱情》 | 莲心、雏燕译 | 商务印书馆 | 民国五年七年 | 中等 | 一 |
| 《野鸳鸯》 | 冶逸著 | 东方印刷局 | 民国三年九月 | 中等 | 一 |
| 《帘影鸡声录》 | 伟业著 | 中华图书馆 | 民国五年七月 | 中等 | 一 |
| 《豆蔻葩》 | 恽树珏译 | 有正书局 | 民国五年八月 | 中等 | 二 |
| 《魂游记》 | 傲骨译 | 进步书局 | 民国四年十二月 | 中等 | 一 |
| 《胡蝶儿传》 | 丁悟痴 | 小说丛报社 | 民国五年六月 | 中等 | 一 |
| 《猿幻奇案》 | 蒋景缄译 | 中华书局 | 民国五年 | 中等 | 一 |
| 《痴情泪》 | 陈剑吼著 | 中国图书公司和记 | 民国五年五月 | 中等 | 二 |
| 《黑衣娘》 | 铁樵译 | 有正书局 | 民国五年一月 | 中等 | 一 |
| 《孽海疑云》 | 天虚我生译 | 中华图书馆 | 民国五年七月 | 中等 | 一 |
| 《杨花梦》 | 黄花奴著<br>包醒独校订 | 国华书局 | 民国五年七月 | 中等 | 一 |
| 《千金诺》 | 高太痴著 | 中华书局 | 民国五年十一月 | 中等 | 二 |
| 《默林雪》 | 窦润庠、陈栩译 | 中华书局 | 民国六年一月 | 中等 | 一 |
| 《情仇》 | 吴雄倡译 | 中华书局 | 民国六年一月 | 中等 | 一 |
| 《死虱党》 | 李新甫、吴匡予译 | 中华书局 | 民国六年一月 | 中等 | 一 |
| 《鲍亦登侦探案初集》 | 陈大镫、陈家麟译 | 中华书局 | 民国六年一月 | 中等 | 二 |
| 《华胥幻影》 | 周大(荒)著 | 亚东制版印刷局印 | 民国五年五月 | 中等 | 一 |

续表

| 书名 | 著(译)者 | 发行所 | 出版时间 | 等次 | 册数(册) |
| --- | --- | --- | --- | --- | --- |
| 《湖海飘零记》 | 蒋景缄编 | 进步书局 | 民国四年十一月 | 中等 | 一 |
| 《镜台写影》 | 碤溪子、天笑生译 | 有正书局 | 民国五年三月 | 中等 | 一 |
| 《情窝》 | 林纾、力树萱译 | 商务印书馆 | 民国五年五月 | 中等 | 二 |
| 《小学生旅行》 | 亚东一郎译 | 商务印书馆 | 民国三年六月 | 中等 | 一 |
| 《女蜮记》 | 老谈著 | 甲寅杂志社 | 民国五年九月 | 中等 | 一 |
| 《侬之心》 | 许啸天著 | 新学会社 | 民国五年七月 | 中等 | 一 |
| 《郁金香》 | 天灵我生译 | 中华书局 | 民国五年十二月 | 中等 | 二 |
| 《余之妻》 | 徐枕亚译 | 小说丛报社 | 民国六年二月 | 中等 | 一 |
| 《情孽》 | 蒋景缄著 | 文明书局 | 民国七年八月 | 中等 | 一 |
| 《发财秘诀》 | 吴研人著 | 中新书局 | 清宣统三年二月 | 中等 | 一 |
| 《冯妇怨》 | 刘裴村著 | 撷华小说社 | 民国五年五月 | 中等 | 一 |
| 《九尾狐》 | 梦花馆主著 | 改良小说社 | 清宣统三年 | 中等 | 六 |
| 《笑里刀》 | 薛一谔、陈家麟译 | 商务印书馆 | 民国三年 | 中等 | 一 |
| 《续笑里刀》 | 枕流译 | 商务印书馆 | 民国四年十月 | 中等 | 二 |
| 《义侠小说血蓑衣》 | 商务印书馆编译所译 | 商务印书馆 | 清光绪三十二年六月 | 中等 | 一 |
| 《脂粉议员》 | 林纾、魏易译 | 商务印书馆 | 清宣统元年 | 中等 | 一 |
| 《怨偶奇狱》 | 冷佛著 | 新小说社 | 民国二年十二月 | 中等 | 二 |
| 《并头莲》 | 李涵秋著 | 未详 | 民国四年十二月 | 中等 | 一 |
| 《藕丝记》 | 胡寄尘著 | 进步书局 | 民国四年 | 中等 | 一 |
| 《金屋恨史》 | 一蝉著 | 民友社 | 民国五年一月 | 中等 | 一 |
| 《爱河潮》 | 奚若译<br>许毅述 | 未详 | 清光绪三十一年 | 中等 | 三 |
| 《义缘》 | 塞北痴著 | 宣元阁 | 民国五年十二月 | 中等 | 一 |
| 《苏州新年》 | 遁庐著 | 乐群小说社 | 清光绪三十二年六月 | 中等 | 一 |
| 《玉楼花劫前后编》 | 林纾、李世中译 | 商务印书馆 | 清宣统元年二月 | 中等 | 四 |
| 《瞎骗奇闻》 | 茧叟著 | 商务印书馆 | 民国四年五月 | 中等 | 一 |
| 《学界镜》 | 雁叟著 | 群学社图书发行所 | 清宣统二年正月 | 中等 | 一 |

续表

| 书名 | 著(译)者 | 发行所 | 出版时间 | 等次 | 册数(册) |
| --- | --- | --- | --- | --- | --- |
| 《恋海之恶波澜》 | 欧阳沂译 | 未详 | 民国四年十月 | 中等 | 一 |
| 《雨濯莲花》 | 闲鸥著 | 未详 | 民国五年九月 | 中等 | 一 |
| 《名花劫》 | 喻血轮编辑 | 文明书局 | 民国五年三月 | 中等 | 一 |
| 《黛痕剑影录》 | 胡寄尘著 | 未详 | 民国三年三月 | 中等 | 一 |
| 《侠女破奸录》 | 刘幼新译 | 未详 | 民国三年十二月 | 中等 | 一 |
| 《罪影》 | 祝龄、耀华译 | 中华新教育社 | 民国五年六月 | 中等 | 二 |
| 《蝶归楼传奇》 | 古樵道人、今樵道人著<br>天虚我生、董皙芗参订 | 中华书局 | 民国五年十一月 | 中等 | 一 |
| 《中国新侦探》 | 俞天愤著<br>徐枕亚评 | 小说丛报社 | 民国六年二月 | 中等 | 一 |
| 《鸳鸯小印》 | 瞻庐著 | 中华书局 | 民国六年一月 | 中等 | 一 |
| 《辽西梦》 | 李定夷译<br>包醒独校订 | 国华书局 | 民国六年二月 | 中等 | 一 |
| 《鲍亦登侦探案二集》 | 陈大镫、陈家麟译<br>董皙芗校订 | 中华书局 | 民国六年一月 | 中等 | 一 |
| 《鲍亦登侦探案三集》 | 陈大镫、陈家麟译、董皙芗校订 | 中华书局 | 民国六年一月 | 中等 | 一 |
| 《巴黎之剧盗》 | 谢直君译<br>董皙芗校订 | 中华书局 | 民国六年一月 | 中等 | 一 |
| 《女学生》 | 王理堂编 | 商务印书馆 | 民国六年二月 | 中等 | 一 |
| 《木乃伊》 | 徐卓呆译<br>董皙芗校订 | 中华书局 | 民国五年十二月 | 中等 | 二 |
| 《文明结婚》 | 云间女士三措郎译 | 科学书局 | 清宣统元年四月 | 中等 | 一 |
| 《双侠缘》 | 夏跃儿著 | 进步书局 | 民国五年十月 | 中等 | 二 |
| 《林琴南笔记》 | 林琴南著 | 中华图书馆 | 民国六年三月 | 中等 | 一 |
| 《绣囊记》 | 俞天愤著<br>吴双热评 | 小说丛报社 | 民国六年三月 | 中等 | 一 |
| 《庄谐选录》 | 醒醉生编 | 振寰书局 | 民国四年 | 中等 | 二 |

续表

| 书名 | 著(译)者 | 发行所 | 出版时间 | 等次 | 册数(册) |
|---|---|---|---|---|---|
| 《惜阴消闲录》 | 孙凤埙著 | 京华新报社 | 民国二年七月 | 中等 | 一 |
| 《海外新奇丛话》 | 曲阿群主编 | 东方印刷所 | 民国三年十月 | 中等 | 一 |
| 《异闻丛钞》 | 孟浩如编 | 广益书局 | 民国三年 | 中等 | 一 |
| 《耳食录》 | 乐钧著 | 进步书局 | 未详 | 中等 | 二 |
| 《浇愁集》 | 邹弢著、秦云、俞达评 | 大声图书局 | 民国三年 | 中等 | 一函四册 |
| 《铁冷丛谈》 | 刘铁冷编 | 民权出版部 | 民国三年四月 | 中等 | 一 |
| 《冷笑丛谈》 | 冷血、天笑著 | 群学社 | 民国二年一月 | 中等 | 一 |
| 《世界著名之大骗子》 | 冯汉译 | 中国图书公司 | 民国五年五月 | 中等 | 一 |
| 《碧玻璃》 | 张谔臣译 | 进步书局 | 民国四年十二月 | 中等 | 一 |
| 《六合内外琐言》 | 黍余裔孙编<br>垂瀑山人校 | 国学扶轮社 | 清宣统三年 | 中等 | 六 |
| 《芦花余孽》 | 林纾、魏易译 | 商务印书馆 | 民国三年二月 | 中等 | 一 |
| 《蛇女士传》 | 林纾、魏易译 | 商务印书馆 | 民国三年二月 | 中等 | 一 |
| 《航海少年》 | 商务印书馆编译所译 | 商务印书馆 | 民国三年十月 | 中等 | 一 |
| 《绘图影谈》 | 管世灏著 | 上海时务书馆 | 民国三年重印 | 中等 | 四 |
| 《水底鸳鸯》 | 蒋景缄译 | 文明书局 | 民国四年十二月 | 中等 | 一 |
| 《鬼董狐》 | 涵芬楼藏本 | 商务印书馆 | 未详 | 中等 | 一 |
| 《儿女浓情雪月楼》 | 陈晓山编<br>孟月岩评 | 未详 | 未详 | 中等 | 一函六册 |
| 《火中莲》 | 天虚我生著<br>董皙芗校订 | 中华书局 | 民国六年一月 | 中等 | 一 |
| 《积雪东征录》 | 朱世溱译 | 中华书局 | 民国六年一月 | 中等 | 二 |
| 《夺产案》 | 许金源译<br>史久瑜、董皙芗润文 | 中华书局 | 民国六年一月 | 中等 | 一 |
| 《侦探之敌》 | 李新甫、吴匡予译 | 中华书局 | 民国六年一月 | 中等 | 一 |

续表

| 书名 | 著(译)者 | 发行所 | 出版时间 | 等次 | 册数(册) |
| --- | --- | --- | --- | --- | --- |
| 《潇湘馆笔记》 | 潇湘侍者著 | 中华图书馆 | 民国四年六月 | 中等 | 二 |
| 《栖霞阁野乘》 | 孙静庵编 | 中华图书馆 | 民国二年十月 | 中等 | 二 |
| 《雍正剑侠传》 | 澹秋生著 | 中国侦探会社 | 清宣统三年四月 | 中等 | 三 |
| 《剑侠奇中奇》 | 越溪外史序 | 未详 | 清光绪三十二年 | 中等 | 一函四册 |
| 《斗富奇谈》 | 无愁编辑 | 进步书局 | 民国四年十二月 | 中等 | 一 |
| 《革心记》 | 陈家麟、陈大镫译 | 中华图书馆 | 民国六年三月 | 中等 | 一 |
| 《红颜知己》 | 周瘦鹃著 | 中华图书馆 | 民国六年三月 | 中等 | 一 |
| 《云破月来缘》 | 林纾、胡朝梁译 | 商务印书馆 | 民国五年 | 中等 | 二 |
| 《宝石圈》 | 太常仙蝶译 | 中华图书馆 | 民国六年 | 中等 | 一 |
| 《间谍生涯》 | 天虚我生著 | 未详 | 未详 | 中等 | 一 |
| 《青衣记》 | 商务印书馆编译所著 | 商务印书馆 | 清光绪三十四年六月 | 中等 | 二 |
| 《夕阳红泪录》 | 孙静庵编 | 中华图书馆 | 民国二年五月 | 中等 | 一 |
| 《清季宫闱秘史》 | 德菱女士著 则民译 | 中华图书馆 | 民国二年十二月 | 中等 | 一 |
| 《屑玉丛谈》 | 钱征、蔡尔康辑 | 中华图书馆 | 未详 | 中等 | 一函六册 |
| 《凝香楼奁艳丛话》 | 胡旡闷女士著 | 中华图书馆 | 民国元年 | 中等 | 一函六册 |
| 《美人镜》 | 放鹤山人著 | 振声译书社 | 民国五年五月 | 中等 | 二 |
| 《帽影钗光录》 | 蒋景缄著 | 进步书局 | 民国五年六月 | 中等 | 一 |
| 《爱儿小传》 | 陶祝年、庄孟英译 | 商务印书馆 | 民国四年十月 | 中等 | 一 |
| 《辣女儿》 | 江山渊译述 李定夷评点 包醒独校订 | 国华书局 | 民国三年十二月 | 中等 | 一 |
| 《天囚忏悔录》 | 林纾、魏易译 | 商务印书馆 | 民国三年二月 | 中等 | 一 |
| 《水石缘》 | 未详 | 未详 | 未详 | 中等 | 一函四册 |

续表

| 书名 | 著(译)者 | 发行所 | 出版时间 | 等次 | 册数(册) |
|---|---|---|---|---|---|
| 《清代轶闻》 | 裘毓麟著 | 中华书局 | 民国四年三月 | 中等 | 四 |
| 《猩娘小传》 | 蒋景缄译 | 文明书局 | 民国五年六月 | 中等 | 二 |
| 《纪克麦再生案》 | 筹甫译述<br>天笑润词 | 中华书局 | 民国四年十二月 | 中等 | 一 |
| 《吴田雪冤记》 | 淦铭博译 | 文明书局 | 民国四年 | 中等 | 一 |
| 《盗花》 | 贡少芹译 | 中华书局 | 民国五年 | 中等 | 一 |
| 《三异笔谈》 | 许元仲编 | 中华图书馆 | 未详 | 中等 | 二 |
| 《惨情小说凄风苦雨记》 | 黄权编辑 | 进步书局 | 民国四年十二月 | 中等 | 二 |
| 《红蔷薇》 | 蒋景缄译 | 文明书局 | 民国五年 | 中等 | 一 |
| 《黄金劫》 | 胡寄尘译 | 文明书局 | 民国四年 | 中等 | 一 |
| 《一棹缘》 | 汪处庐译 | 文明书局 | 民国五年 | 中等 | 一 |
| 《白巾案》 | 宋紫瑚、胡寄尘译 | 文明书局 | 民国四年 | 中等 | 一 |
| 《顺治太后外记》 | 陆士谔编辑 | 进步书局 | 民国四年八月 | 中等 | 一 |
| 《康熙南巡秘记》 | 四明蟫伏老人撰 | 进步书局 | 民国五年 | 中等 | 一 |
| 《慈禧外纪》 | 陈冷汰、陈诒先译 | 中华书局 | 民国三年八月 | 中等 | 一 |
| 《庚子使馆被围记》 | 陈冷汰、陈诒先译 | 中华书局 | 民国五年四月 | 中等 | 一 |
| 《慈禧写照记》 | 陈廷锐译 | 中华书局 | 民国四年九月 | 中等 | 一 |
| 《帐中语》 | 陆士谔编 | 进步书局 | 民国五年十月 | 中等 | 一 |
| 《写真缘》 | 书剑飘零客著 | 进步书局 | 民国四年五月 | 中等 | 一 |
| 《沥血鸳鸯》 | 蒋景缄译 | 中华书局 | 民国五年 | 中等 | 一 |
| 《说元室述闻》 | 兹著 | 亚东图书馆 | 民国五年九月 | 中等 | 一 |
| 《孤云传》 | 白虚著 | 亚东图书馆 | 民国五年九月 | 中等 | 一 |
| 《哀情小说桃源惨狱》 | 痛史著 | 文明书局 | 民国四年十二月 | 中等 | 一 |
| 《雄风孤岛》 | 姜汉声、徐亚星译 | 中华书局 | 民国六年二月 | 中等 | 一 |
| 《窃中窃》 | 中华书局编译所译 | 中华书局 | 民国三年九月 | 中等 | 一 |
| 《侠女记》 | 匏夫著 | 亚东图书馆 | 民国五年九月 | 中等 | 一 |
| 《瀛海逸闻》 | 沅宗元辑 | 中华图书馆 | 民国三年七月 | 中等 | 一 |
| 《波兰遗恨录》 | 朱世溱译 | 中华书局 | 民国五年四月 | 中等 | 一 |

续表

| 书名 | 著(译)者 | 发行所 | 出版时间 | 等次 | 册数(册) |
|---|---|---|---|---|---|
| 《庐山花》 | 中华书局编译所译 | 中华书局 | 民国三年九月 | 中等 | 二 |
| 《夏春娘》 | 沈肝若著 | 进步书局 | 民国五年五月 | 中等 | 一 |
| 《警世小说续海上繁华梦》 | 警梦痴仙编辑 | 文明书局 | 民国四年六月 | 中等 | 一 |
| 《侠贼小史》 | 潜夫译述<br>郭公阙校订 | 中国图书公司和记 | 民国五年五月 | 中等 | 一 |
| 《天刑记》 | 陈家麟、陈大镫译 | 中华书局 | 民国四年十二月 | 中等 | 二 |
| 《归梦》 | 湘影著<br>董皙芗校阅 | 中华书局 | 民国四年十二月 | 中等 | 一 |
| 《枭欤》 | 东亚病夫编译 | 有正书局 | 民国五年八月 | 中等 | 一 |
| 《名优遇盗记》 | 郭演公译 | 商务印书馆 | 民国五年 | 中等 | 一 |
| 《奇女格露枝小传》 | 林纾、陈家麟译 | 商务印书馆 | 民国五年 | 中等 | 一 |
| 《风尘奇侠传》 | 姜侠魂纂辑 | 振民编辑社 | 民国五年三月 | 中等 | 一 |
| 《珠树重行录》 | 张海沤著 | 民权出版部 | 民国五年二月 | 中等 | 一 |
| 《历史侠情小说青衫红粉泪》 | 卓书著 | 新华小说社 | 未详 | 中等 | 三 |
| 《哀情小说青藜影》 | 薜一谔、陈家麟译 | 商务印书馆 | 清光绪三十四年一月 | 中等 | 一 |
| 《蠹情记》 | 商务印书馆<br>编译所译 | 商务印书馆 | 民国三年十一月再版 | 中等 | 一 |
| 《白丝巾》 | 老谈著 | 亚东图书馆 | 民国五年九月 | 中等 | 一 |
| 《冰蘗余生记》 | 魏易译 | 商务印书馆 | 民国五年五月 | 中等 | 二 |
| 《女魔力》 | 吴步云译 | 小说林社 | 清光绪三十三年五月再版 | 中等 | 三 |
| 《女儿魂》 | 抱真女士著<br>静云女士评 | 昌明公司 | 清光绪三十年八月 | 中等 | 一 |
| 《写情小说鸩媒记》又名《贵族之军人》 | 朴纯实著 | 未详 | 未详 | 中等 | 一 |
| 《实事小说王维勤》 | 志一编 | 民铎报社 | 民国三年一月 | 中等 | 一 |
| 《社会小说骗》 | 瘦郎著 | 群强报社 | 民国三年 | 中等 | 二 |

续表

| 书名 | 著(译)者 | 发行所 | 出版时间 | 等次 | 册数(册) |
| --- | --- | --- | --- | --- | --- |
| 《七医士案》 | 商务印书馆编译所译 | 商务印书馆 | 民国二年 | 中等 | 一 |
| 《合欢草》 | 卫听涛、朱炳勋译 | 商务印书馆 | 民国四年 | 中等 | 二 |
| 《六月霜传奇》 | 嬴宗季女述 | 新小说社 | 清光绪三十三年九月 | 中等 | 一 |
| 《妒之花》 | 小说林社译 | 新小说社 | 清光绪三十一年六月 | 中等 | 一 |
| 《西利亚郡主别传》 | 林纾、魏易译 | 商务印书馆 | 清光绪三十四年八月 | 中等 | 二 |
| 《言情小说西奴林娜小传》 | 林纾、魏易译 | 商务印书馆 | 民国四年十月三版 | 中等 | 一 |
| 《离恨天》 | 林纾、王庆通译 | 商务印书馆 | 民国二年十月 | 中等 | 一 |
| 《惊婚记》 | 陈家麟、陈大镫译 | 中华书局 | 民国六年一月 | 中等 | 三 |
| 《绛纱焚剑记合本》 | 昙鸾著 | 亚东图书馆 | 民国五年九月 | 中等 | 一 |
| 《历史小说吴三桂》 | 未详 | 上海华明书局 | 未详 | 中等 | 二 |
| 《民族小说洪秀全》 | 禺山世次郎著 | 未详 | 清光绪三十二年 | 中等 | 二 |
| 《秘密怪洞》 | 郭家声、孟文翰译 | 商务印书馆 | 民国四年七月 | 中等 | 一 |
| 《社会声影录》 | 林纾、陈家麟译 | 商务印书馆 | 民国六年五月 | 中等 | 一 |
| 《六号室》 | 吴门天笑生译 | 有正书局 | 民国四年十一月 | 中等 | 一 |
| 《幼女遇难得救记》 | 季理斐师母译 | 未详 | 未详 | 中等 | 一 |
| 《雪花围》 | 雪生译 | 商务印书馆 | 民国四年十月 | 中等 | 一 |
| 《食人国》 | 觉生译 | 河南粹文书庄 | 清光绪三十三年 | 中等 | 一 |
| 《病玉缘传奇》 | 莫等闲斋主人著 | 中华书局 | 民国六年六月 | 中等 | 二 |
| 《壁上血书》 | 徐大著 | 商务印书馆 | 民国五年五月 | 中等 | 一 |
| 《三人会》 | 井水著 | 中国图书公司和记 | 民国五年五月 | 中等 | 三 |
| 《烟火马》 | 林纾、陈家麟译 | 商务印书馆 | 民国六年五月 | 中等 | 三 |
| 《挖掘机》 | 周瘦鹃译 | 中华书局 | 民国六年六月 | 中等 | 二 |

续表

| 书名 | 著(译)者 | 发行所 | 出版时间 | 等次 | 册数(册) |
| --- | --- | --- | --- | --- | --- |
| 《挖掘机印》 | 丁宗一、陈坚译 | 商务印书馆 | 民国六年四月 | 中等 | 二 |
| 《情祟》 | 周瘦鹃译 | 中华书局 | 民国六年四月 | 中等 | 一 |
| 《言情小说冬青树》 | 程小青译述<br>董皙芗校订 | 中华书局 | 民国六年六月 | 中等 | 一 |
| 《快心醒睡录》 | 自怡轩编辑 | 文津山房 | 民国五年一月 | 中等 | 二 |
| 《情贞》 | 无愁著 | 进步书局 | 民国六年五月 | 中等 | 一 |
| 《孽海》 | 徐枕亚著 | 小说丛报社 | 民国六年四月 | 中等 | 一 |
| 《国际侦探秘记》 | 吴雄倡译 | 中华书局 | 民国六年五月 | 中等 | 一 |
| 《婉娜小传》 | 许啸天著 | 新学会社 | 民国五年七月 | 中等 | 一 |
| 《铁笛亭琐记》 | 林纾著 | 都门印刷局 | 民国五年 | 中等 | 一 |
| 《哀情小说昙花影》 | 李定夷著 | 国华书局 | 民国四年十二月 | 中等 | 一 |
| 《言情小说奈何天》 | 冷佛编述 | 未详 | 民国三年七月<br>再版 | 中等 | 一 |
| 《侦探小说假跛人》 | 汪德祎译 | 商务印书馆 | 民国四年三月 | 中等 | 一 |
| 《言情小说佛罗纱》 | 陈彭寿译述<br>夏元鼎润词 | 群学社 | 清光绪三十二年<br>十一月 | 中等 | 二 |
| 《哀情小说悲红悼<br>翠录》 | 喻血轮著 | 进步书局 | 民国四年八月 | 中等 | 一 |
| 《言情小说江南梦》 | 铁云著 | 共和印刷局 | 民国三年八月 | 中等 | 一 |
| 《未来世界》 | 群学图书社<br>发行所编 | 汇通印局 | 清宣通二年正月 | 中等 | 一 |
| 《心理小说<br>新泪珠缘》 | 群学图书社<br>发行所编 | 群学社 | 清宣统二年三月 | 中等 | 一 |
| 《天女离魂记》 | 林纾、陈家麟译 | 商务印书馆 | 民国六年四月 | 中等 | 三 |
| 《孽海双鹣记》 | 湘南南郙著<br>娄东东讷评 | 小说丛报社 | 民国四年九月 | 中等 | 一 |
| 《賈玉怨》 | 李定夷著 | 国华书局 | 民国三年七月 | 中等 | 一 |
| 《剑魄花魂》 | 新世界小说社著 | 新世界<br>小说社 | 清光绪三十三年<br>三月 | 中等 | 二 |
| 《深谷美人》 | 林纾、陈器译 | 宣元阁 | 民国三年八月 | 中等 | 一 |

续表

| 书名 | 著(译)者 | 发行所 | 出版时间 | 等次 | 册数(册) |
|---|---|---|---|---|---|
| 《小本小说小红儿》 | 品花小史著<br>伴花小史评 | 小说林社 | 清光绪三十三年九月 | 中等 | 一 |
| 《萃珍小说今古奇谈》 | 痴公评选 | 森宝书局 | 民国四年二月 | 中等 | 一 |
| 《红女忏恨记》 | 天笑、听鹂译 | 中华书局 | 民国六年五月 | 中等 | 三 |
| 《飘茵怨》 | 香霏生著 | 进行书局 | 民国五年九月 | 中等 | 一 |
| 《社会小说未了缘》 | 曼珠冷佛编述 | 新民公报馆 | 民国元年六月再版 | 中等 | 一 |
| 《家庭小说醋海波》 | 群学社编辑 | 群学社 | 清宣统二年正月 | 中等 | 一 |
| 《滑稽小说俏皮话》 | 趼人著 | 群学社 | 民国三年七月 | 中等 | 一 |
| 《爱情小说双线记》又名《淡红金刚钻记》 | 逸儒、秀玉译 | 群学社 | 清光绪二十九年三月 | 中等 | 三 |
| 《寓言小说大人国》 | 老骥氏撰 | 汇通印局 | 清宣统二年三月 | 中等 | 一 |
| 《奇情小说血巾案》 | 宋紫瑚、胡寄尘译 | 文明书局 | 民国四年十二月 | 中等 | 一 |
| 《妖像记》 | 蒋景缄译 | 文明书局 | 民国五年一月 | 中等 | 一 |
| 《枯树花》 | 山外山人著 | 小说新书社 | 清光绪三十二年二月 | 中等 | 二 |
| 《枯树花续编》 | 山外山人著 | 小说新书社 | 清光绪三十二年二月 | 中等 | 二 |
| 《侠情小说惊鸿侠影》 | 息观著 | 未详 | 未详 | 中等 | 一 |
| 《黑籍沈沦记》 | 野蛮著 | 中华图书馆 | 民国五年二月 | 中等 | 二 |
| 《碎琴楼》 | 何諏著 | 商务印书馆 | 民国二年六月 | 中等 | 二 |
| 《哀情小说随泪碑》 | 未详 | 商务印书馆 | 清宣统元年九月 | 中等 | 二 |
| 《历劫恩仇》 | 王汝荃、胡君复译 | 商务印书馆 | 民国六年八月 | 中等 | 二 |
| 《蛇首》 | 陈坚译 | 中华书局 | 民国六年七月 | 中等 | 一 |
| 《二十世纪奇书快睹》 | 陈琰编辑 | 古今图书馆 | 清宣统三年 | 中等 | 一函四册 |
| 《新编绘图永乐演义》 | 空谷老人编 | 上海自强书局<br>北京学古堂 | 民国四年 | 中等 | 一函二册 |

续表

| 书名 | 著(译)者 | 发行所 | 出版时间 | 等次 | 册数(册) |
| --- | --- | --- | --- | --- | --- |
| 《奇婚记》 | 刘幼新译 | 商务印书馆 | 民国六年七月 | 中等 | 一 |
| 《短篇小说武侠丛谈》 | 冷风编辑 | 商务印书馆 | 民国五年十月 | 中等 | 二 |
| 《言情小说鸳鸯离合记》 | 汤尔和译 | 商务印书馆 | 民国三年十二月三版 | 中等 | 二 |
| 《斗艳记》 | 古邗铁冷著 | 小说丛报社 | 民国六年六月 | 中等 | 一 |
| 《黑楼情孽》 | 林纾、陈家麟译 | 商务印书馆 | 民国六年六月 | 中等 | 二 |
| 《特甫侦探谈》 | 吴雄倡译 | 中华书局 | 民国六年二月 | 中等 | 一 |
| 《玉梨魂》 | 徐枕亚著 | 小说丛报社 | 民国四年十二月 | 中等 | 一 |
| 《求幸福斋随笔》 | 阿海鸣著 | 民权出版部 | 民国五年八月 | 中等 | 一 |
| 《断雁哀弦记》 | 天笑、毅汉著 | 商务印书馆 | 民国四年十月 | 中等 | 二 |
| 《红羊佚闻刀光血影录》 | 许浊物著<br>包醒独校订 | 国华书局 | 民国五年一月 | 中等 | 一 |
| 《双雄较剑录》 | 林纾、陈家麟译 | 商务印书馆 | 民国四年六月 | 中等 | 二 |
| 《笏山记》 | 东莞冷道人守白氏著 | 广智书局 | 清光绪三十四五月 | 中等 | 三 |
| 《篷窗志异》 | 王冷佛著 | 爱国白话报馆 | 民国三年九月 | 中等 | 一 |
| 《红泪影》 | 息影庐主译 | 广智书局 | 清光绪三十四年 | 中等 | 四 |
| 《海棠魂》 | 薛一谔、陈家麟译 | 商务印书馆 | 民国二年十一月 | 中等 | 一 |
| 《哀情小说鱼海泪波》 | 林纾、王庆通译 | 商务印书馆 | 民国四年八月 | 中等 | 一 |
| 《情海魔》 | 木子、不才译 | 小说林社 | 清光绪三十三年十一月 | 中等 | 一 |
| 《言情小说亚媚女士别传》 | 薛一谔、陈家麟译 | 商务印书馆 | 民国四年六月 | 中等 | 二 |
| 《红羊佚闻江上青峰记》 | 黄花奴著<br>包醒独校订 | 国华书局 | 民国六年十一月 | 中等 | 一 |
| 《哀情小说情天劫》 | 天虚我生著 | 中华图书馆 | 民国六年十月 | 中等 | 一 |
| 《古戍寒笳记》 | 叶小凤著 | 小说丛报社 | 民国六年十二月 | 中等 | 一 |
| 《橄榄仙》 | 林纾、陈家麟译 | 商务印书馆 | 民国五年十一月 | 中等 | 二 |

续表

| 书名 | 著(译)者 | 发行所 | 出版时间 | 等次 | 册数(册) |
|---|---|---|---|---|---|
| 《魔冠浪影》 | 丁宗一、陈坚译 | 商务印书馆 | 民国六年一月 | 中等 | 一 |
| 《铜圜雪恨录》 | 双石轩译述 | 商务印书馆 | 民国五年十月 | 中等 | 二 |
| 《秘密军港》 | 范况、张逢辰译 | 商务印书馆 | 民国六年八月 | 中等 | 一 |
| 《然犀录》 | 猛龕老人编纂<br>泠风校订 | 商务印书馆 | 民国六年七月 | 中等 | 三 |
| 《蛮花情果》 | 王卓民编辑 | 商务印书馆 | 民国五年十二月 | 中等 | 二 |
| 《血痕》 | 生可编译<br>泠风校订 | 商务印书馆 | 民国五年十一月 | 中等 | 一 |
| 《猫探》 | 刘半侬译 | 中华书局 | 民国六年四月 | 中等 | 一 |
| 《黑肩巾》 | 天游、半侬译 | 中华书局 | 民国六年一月 | 中等 | 二 |
| 《女才子记传奇》 | 苏门啸侣著 | 中华书局 | 民国六年三月 | 中等 | 一 |
| 《千金骨》 | 李定夷著 | 国华书局 | 民国五年四月 | 中等 | 一 |
| 《黄海风涛》 | 觉才著 | 中国图书<br>公司 | 民国五年 | 中等 | 一 |
| 《南社小说集》 | 南社社员编辑 | 文明书局 | 民国六年四月 | 中等 | 一 |
| 《侦探小说六十万<br>元之惨史》 | 蒋景缄编辑 | 进步书局 | 民国五年九月 | 中等 | 一 |
| 《社会小说虿尾毒》 | 不才编纂 | 中国图书<br>公司 | 民国五年八月 | 中等 | 二 |
| 《双蝶怨》 | 范啸剑、陆士谔著 | 大声图书局 | 民国六年四月 | 中等 | 一 |
| 《琼花劫》 | 左玄父著 | 国华书局 | 民国五年十二月 | 中等 | 一 |
| 《黑狱》 | 漱六山房著 | 上海点石斋 | 清光绪三十二年<br>十一月 | 中等 | 一 |
| 《小红楼》 | 冷佛编述 | 爱国白话<br>报馆 | 未详 | 中等 | 一 |
| 《死复仇》 | 第一书局编辑部<br>译 | 北京第一<br>书局 | 清光绪三十二年<br>七月 | 中等 | 一 |
| 《古国幽情记》 | 寒蕾编纂 | 商务印书馆 | 民国六年九月 | 中等 | 三 |
| 《地狱礁》 | 卓呆译 | 商务印书馆 |  | 中等 | 二 |
| 《女师饮剑记》 | 林纾、陈家麟 | 商务印书馆 | 民国六年七月 | 中等 | 一 |

续表

| 书名 | 著(译)者 | 发行所 | 出版时间 | 等次 | 册数(册) |
|---|---|---|---|---|---|
| 《通俗教育政治小说中国梦》 | 绿天寄庐主人笔述<br>金圣叹后身批评 | 未详 | 民国二年十月 | 中等 | 一 |
| 《西泠异简记》 | 寂寞程生撰 | 亚东图书馆 | 民国五年九月 | 中等 | 一 |
| 《二乔蜕恨》 | 款乃、晕碧女士著 | 国华书局 | 民国三年十二月 | 中等 | 一 |
| 《哀情小说茜窗泪影》 | 李定夷著<br>包醒独校订 | 国华书局 | 民国三年十一月 | 中等 | 一 |
| 《美人福》 | 李定夷著<br>张鬘红评 | 国华书局 | 民国六年五月 | 中等 | 二 |
| 《明清两代轶闻大观》 | 李定夷著<br>张鬘红评 | 国华书局 | 民国六年四月 | 中等 | 二 |
| 《清代名人轶事》 | 葛虚存编辑 | 会文堂书局 | 民国六年十月 | 中等 | 六 |
| 《折狱奇闻》 | 葛建初编辑 | 会文堂书局 | 民国六年十月 | 中等 | 一函<br>四册 |
| 《江湖异闻》 | 谢峻喜编辑 | 会文堂书局 | 民国六年七月 | 中等 | 一函<br>四册 |
| 《艺术奇谈》 | 葛栩存编辑 | 会文堂书局 | 民国六年十一月 | 中等 | 四 |
| 《巾帼须眉传》 | 洁华女士编辑 | 会文堂书局 | 民国六年十月 | 中等 | 四 |
| 《砭真记》 | 少微山人著 | 有正书局 | 民国五年五月 | 中等 | 一 |
| 《侦探小说胠箧之王》 | 吴门瘦鹃译 | 有正书局 | 民国三年十一月 | 中等 | 一 |
| 《女虚无党》 | 天津路钧译 | 有正书局 | 民国五年十一月 | 中等 | 一 |
| 《树穴金》 | 束凤鸣译 | 商务印书馆 | 民国五年九月 | 中等 | 一 |
| 《合浦珠传奇》 | 畏庐老人编纂 | 商务印书馆 | 民国六年二月 | 中等 | 一 |
| 《天妃庙传奇》 | 畏庐老人编纂 | 商务印书馆 | 民国六年二月 | 中等 | 一 |
| 《蜀鹃啼传奇》 | 畏庐老人编纂 | 商务印书馆 | 民国六年二月 | 中等 | 一 |
| 《社会小说阍女》 | 闲闲译述 | 进步书局 | 民国六年二月 | 中等 | 一 |
| 《苦情小说秭归声》 | 蒋景缄、贡少芹 | 进步书局 | 民国六年二月 | 中等 | 一 |
| 《哀情小说石姻缘》 | 韵清女史著 | 进步书局 | 民国六年二月 | 中等 | 一 |
| 《卖报童子》 | 母雠编 | 进步书局 | 民国五年十二月 | 中等 | 一 |
| 《忏情小说生死情魔》 | 喻血轮著 | 进步书局 | 民国六年二月 | 中等 | 一 |
| 《侦探小说一粒钻》 | 贡少芹、石心耻译 | 进步书局 | 民国六年二月 | 中等 | 一 |

续表

| 书名 | 著(译)者 | 发行所 | 出版时间 | 等次 | 册数(册) |
| --- | --- | --- | --- | --- | --- |
| 《桃源梦》 | 燕齐倦游客著 | 民权出版部 | 民国六年八月 | 中等 | 二 |
| 《九十六剑侠骇闻》 | 姜侠魂编纂 | 振民编译社 | 民国七年一月 | 中等 | 二 |
| 《骠骑父子》 | 朱东润译 | 商务印书馆 | 民国四年十月 | 中等 | 一 |
| 《慧劫》 | 刘泽沛、高卓译<br>泠风校订 | 商务印书馆 | 民国六年二月 | 中等 | 二 |
| 《甘萨女郎》 | 倪灏森译 | 小说丛报社 | 民国五年十二月 | 中等 | 一 |
| 《新三国志》 | 珠溪渔隐撰 | 小说进步社 | 清宣统元年五月 | 中等 | 三 |
| 《记事小说清代野叟秘记》 | 未详 | 北京永兴寺售书处 | 未详 | 中等 | 二 |
| 《满清十三朝之秘史清谭》 | 欧阳绍熙、<br>胡怀琛编纂<br>汪翰校阅 | 广益书局 | 民国五年六月 | 中等 | 一函<br>六册 |
| 《海上罪恶史》 | 随盦著<br>慕牺氏校阅 | 平社、<br>交通图书馆 | 民国七年五月至九月 | 中等 | 四 |
| 《说迎汇编之一电术新谈》 | 海绮楼主译 | 国华书局 | 民国七年五月 | 中等 | 一 |
| 《说部汇编之一李代桃僵记》 | 李定夷著 | 国华书局 | 民国七年五月 | 中等 | 一 |
| 《时事小说灭门令尹》 | 臣朔编辑 | 北京益世报馆 | 民国六年十一月 | 中等 | 一 |
| 《暗杀奇案报雠恨》 | 古盐补留生编辑 | 上海燮记书庄 | 清宣统二年十二月 | 中等 | 一 |
| 《中国侦探失珠案》 | 马江剑客述<br>天民记 | 未详 | 未详 | 中等 | 一 |
| 《不测之威》 | 商务印书馆<br>编译所译 | 商务印书馆 | 清光绪三十四年二月 | 中等 | 二 |
| 《飞絮欺花录》 | 谢直君编纂 | 商务印书馆 | 民国七年四月 | 中等 | 三 |
| 《侨踪萍合记》 | 谢直君编纂 | 商务印书馆 | 民国七年四月 | 中等 | 二 |
| 《义勇四侠传》 | 林研农著 | 申报馆售书处<br>中华图书馆 | 民国元年 | 中等 | 二 |

续表

| 书名 | 著(译)者 | 发行所 | 出版时间 | 等次 | 册数(册) |
|---|---|---|---|---|---|
| 《说部汇编之一侦探界之王》 | 濑江浊物著 | 国华书局 | 民国七年五月 | 中等 | 一 |
| 《说部汇编之一虚无党假相案》 | 贡少芹译 | 国华书局 | 民国七年五月 | 中等 | 一 |
| 《说部汇编之一战场絮语》 | 李树声译 | 国华书局 | 民国七年五月 | 中等 | 一 |
| 《傻儿游沪记》 | 贡少芹译 | 国华书局 | 民国七年七月 | 中等 | 一 |
| 《清季野闻》 | 谏书稀庵主人著 | 小说丛报社 | 民国七年六月 | 中等 | 一 |
| 《欧战演义初集》 | 陆士谔编 | 文明书局 | 民国六年六月 | 中等 | 一 |
| 《玉楼惨语》 | 胡克、赵尊岳译 | 商务印书馆 | 民国四年五月 | 中等 | 一 |
| 《言情小说绿波传》 | 东台蔡达编纂 | 商务印书馆 | 民国三年九月 | 中等 | 一 |
| 《言情小说蝶媒恨》 | 无我著 | 广益书局 | 民国六年六月 | 中等 | 一 |
| 《侦探小说怪富人》 | 俞松笠译述 | 广益书局 | 民国六年六月 | 中等 | 一 |
| 《新华秘记》 | 许指严著作<br>何其愚校订 | 清华书局 | 民国七年八月 | 中等 | 一 |
| 《苦情小说不幸之妻》 | 红叶著 | 炎社 | 民国七年九月 | 中等 | 一 |
| 《西厢记演义》 | 绮情楼主俞血轮著 | 广文书局、<br>大东书局 | 民国七年八月 | 中等 | 一 |
| 《拉哥比在校记》 | 商务印书馆<br>编译所译 | 商务印书馆 | 民国七年四月 | 中等 | 二 |
| 《信魁济萤茕传》 | 英国鲍康宁著 | 广学会 | 清光绪三十五年三月 | 中等 | 一 |
| 《说破诞妄之征》 | 王鸿图汇编 | 国文报馆 | 清宣统元年 | 中等 | 一 |
| 《八十三日皇帝之趣谈》 | 天忏生、冬生编辑 | 文艺编译社 | 民国五年十月 | 中等 | 一 |
| 《琼华劫》 | 天虚我生著 | 中华图书馆 | 民国七年六月<br>再版 | 中等 | 一 |
| 《写情小说疗妒针》 | 天虚我生著 | 中华图书馆 | 民国七年六月<br>再版 | 中等 | 一 |

续表

| 书名 | 著(译)者 | 发行所 | 出版时间 | 等次 | 册数(册) |
|---|---|---|---|---|---|
| 《哀情小说情网蛛丝》 | 天虚我生著 | 中华图书馆 | 民国七年六月再版 | 中等 | 一 |
| 《奇情小说鸳鸯血言情小说红丝网合册》 | 天虚我生著 | 中华图书馆 | 民国七年六月再版 | 中等 | 一 |
| 《满园花》 | 天虚我生著 | 中华图书馆 | 民国七年六月再版 | 中等 | 一 |
| 《哀情小说禽海石》 | 群学社编辑所著 | 群学图书社 | 民国三年六月三版 | 中等 | 一 |
| 《燕蹴筝弦录》 | 姚鹓雏著 | 小说丛报社 | 民国四年五月 | 中等 | 一 |
| 《燕南琐忆》 | 李霁东著 | 有正书局 | 民国二年十一月 | 中等 | 一 |
| 《日本小说政海波澜》 | 赖子译 | 作新社 | 清光绪二十九年五月 | 中等 | 一 |
| 《清代野史记奇》 | 未详 | 北京南柳永兴寺售书处 | 民国三年十月 | 中等 | 一 |
| 《孤露佳人》 | 范彦矧编纂 | 商务印书馆 | 民国七年七月 | 中等 | 二 |
| 《痴郎幻影》 | 林纾、陈器译 | 商务印书馆 | 民国七年十月 | 中等 | 三 |
| 《孝友镜》 | 林纾、王庆通译 | 商务印书馆 | 民国七年八月 | 中等 | 二 |
| 《社会小说客中消遣录》 | 古越东帆编辑<br>绍兴汤寿铭校阅 | 会文堂书局 | 民国七年 | 中等 | 一 |
| 《节义小说李媚娘》 | 道一编述<br>箘材校对 | 北京南柳巷永兴寺内森宝书局 | 民国三年十月 | 中等 | 一 |
| 《一声猿》 | 商务印书馆编译所译 | 商务印书馆 | 民国二年再版 | 中等 | 一 |
| 《中国第一美人杨贵妃艳史》 | 古吴素庵主人编<br>茂苑种花小史阅 | 新新小说社 | 未详 | 中等 | 一 |
| 《海外裴航》 | 天虚我生著 | 中华图书馆 | 民国七年六月 | 中等 | 一 |
| 《官场现形记》 | 林琴南著<br>苦海余生校阅 | 普通图书局 | 民国七年九月再版 | 中等 | 一 |
| 《武侠大观》 | 姜侠魂编辑 | 振民编辑社 | 民国八年二月 | 中等 | 四 |

续表

| 书名 | 著(译)者 | 发行所 | 出版时间 | 等次 | 册数(册) |
|---|---|---|---|---|---|
| 《世界秘史国手》 | 张祝龄、何德荣译 | 广文书局 | 民国七年十一月 | 中等 | 三 |
| 《古井埋香记》 | 周瘦鹃译 | 国华书局 | 民国八年二月 | 中等 | 一 |
| 《清史通俗演义》 | 古越东帆编 | 会文堂书局 | 民国六年二月 | 中等 | 一函<br>十册 |
| 《鸿雪梦》 | 武彝山樵编纂 | 中国图书公司和记 | 民国六年三月 | 中等 | 四 |
| 《暗杀潮》 | 未详 | 未详 | 未详 | 中等 | 二 |
| 《清代演义》 | 王炳成著 | 商务印书馆 | 民国七年十二月 | 中等 | 八 |
| 《膺伯爵》 | 张舍我译 | 商务印书馆 | 民国七年十二月 | 中等 | 二 |
| 《再世为人》 | 何世枚译 | 商务印书馆 | 民国八年一月 | 中等 | 二 |
| 《玫瑰花》 | 林纾、陈家麟译 | 商务印书馆 | 民国八年一月 | 中等 | 二 |
| 《鸳鸯池》 | 吴虞公译 | 志成书局 | 民国七年一月 | 中等 | 一 |
| 《奇童纵囚记》 | 何海鸣著<br>董哲芗校订 | 中华书局 | 民国六年九月 | 中等 | 一 |
| 《小说话》 | 解弢著 | 中华书局 | 民国八年一月 | 中等 | 一 |
| 《恨缕情丝》 | 林纾、陈家麟译 | 商务印书馆 | 民国八年四月 | 中等 | 二 |
| 《旅行笑史》 | 常觉、小蝶译述<br>天虚我生润文<br>董哲芗校订 | 中华书局 | 民国七年一月 | 中等 | 二 |
| 《杜宾侦探案》 | 崇觉、天虚我生、觉迷译 | 中华书局 | 民国七年一月 | 中等 | 一 |
| 《帐中说法》 | 刘半依译<br>董哲芗校订 | 中华书局 | 民国七年一月 | 中等 | 一 |
| 《劫外昙花》 | 林纾著 | 中华书局 | 民国七年一月 | 中等 | 一 |
| 《细君塔》 | 徐卓呆译<br>董哲芗润词 | 中华书局 | 民国七年一月 | 中等 | 一 |
| 《十之九》 | 陈家麟、陈大镫译 | 中华书局 | 民国七年一月 | 中等 | 一 |
| 《古今小说评林》 | 冥飞、箸超、亥父、太冷生、海鸣著 | 民权出版部 | 民国八年五月 | 中等 | 一 |

续表

| 书名 | 著(译)者 | 发行所 | 出版时间 | 等次 | 册数(册) |
|---|---|---|---|---|---|
| 《中国恶讼师》 | 襟亚总纂<br>虞公鉴定 | 志成书局 | 民国八年二月 | 中等 | 一 |
| 《小凤杂着》 | 叶小凤著 | 新民图书馆 | 民国八年五月 | 中等 | 一 |
| 《战地莺花录》 | 李涵秋著<br>严独鹤评校 | 新民图书馆 | 民国八年五月 | 中等 | 三 |
| 《火中莲》 | 天虚我生著<br>董哲芗校订 | 中华书局 | 民国六年一月 | 中等 | 一 |
| 《科学罪人》 | 李新甫、吴匡予译 | 中华书局 | 民国七年一月 | 中等 | 一 |
| 《西方美人》 | 李定夷编辑 | 国华书局 | 民国八年二月 | 中等 | 一 |
| 《燃藜奇彩录》 | 刘炯公著 | 新民图书馆 | 民国八年五月 | 中等 | 一 |
| 《警世小说真因果》 | 老谈著 | 国学书社 | 民国三年四月 | 中等 | 一 |
| 《天下奇女子》 | 佛笑楼主编辑<br>襟亚阁校阅 | 自由出版社 | 民国八年七月 | 中等 | 一 |
| 《毒手》 | 汪澹盦著 | 新民图书馆 | 民国八年一月 | 中等 | 一 |
| 《黑衣盗》 | 汪澹盦著 | 交通图书馆 | 民国八年七月 | 中等 | 二 |
| 《妒史》 | 中华编译社著 | 中华编译社 | 民国八年四月 | 中等 | 二 |
| 《荒村奇遇》 | 李澄宇译 | 商务印书馆 | 民国八年六月 | 中等 | 二 |
| 《桃大王因果录》 | 林纾、陈家麟译 | 商务印书馆 | 民国七年十一月 | 中等 | 一 |
| 《孝女蔡蕙弹词》 | 程瞻庐纂<br>王蕴章校订 | 商务印书馆 | 民国八年七月 | 中等 | 一 |
| 《罗京春梦影》 | 赵尊岳译 | 商务印书馆 | 民国八年二月 | 中等 | 三 |
| 《西楼鬼语》 | 林纾、陈家麟译 | 商务印书馆 | 民国八年六月 | 中等 | 二 |
| 《鬼窟藏娇》 | 林纾、陈家麟译 | 商务印书馆 | 民国八年六月 | 中等 | 二 |
| 《明眼人》 | 孟宪承编纂 | 商务印书馆 | 民国八年七月 | 中等 | 一 |
| 《民国奇案大观》 | 襟亚总纂<br>虞公鉴定 | 襟霞阁 | 民国八年八月 | 中等 | 二 |
| 《痴凤血》 | 朱鸳雏译 | 新民图书馆 | 民国八年九月 | 中等 | 一 |
| 《小说之霸王》 | 姚民哀编辑<br>姚民愚校对 | 静香书屋 | 民国八年十月 | 中等 | 二 |

续表

| 书名 | 著(译)者 | 发行所 | 出版时间 | 等次 | 册数(册) |
| --- | --- | --- | --- | --- | --- |
| 《燕云粤雨记》 | 杨尘因著 | 上海公民社 | 民国八年七月 | 中等 | 一函四册 |
| 《爱个丝光》 | 张枕绿著 | 枕华出版部 | 民国八年九月 | 中等 | 一 |
| 《江湖轶闻三十六侠客》 | 吴虞公编辑<br>襟霞阁主校阅 | 振华书馆 | 民国八年九月 | 中等 | 一 |
| 《绿林剑侠大观刀鞘剑匣》 | 虞公编辑<br>籀盦校订 | 中华勇武会社 | 民国八年七月 | 中等 | 二 |
| 《中国之大和魂》 | 陵守脸著<br>始宁山人评 | 炎社 | 民国八年五月 | 中等 | 一 |
| 《儒林新史》 | 杨尘因著 | 新民图书馆 | 民国八年九月 | 中等 | 二 |
| 《西太后演义》 | 古越东帆编<br>琴石山人校订 | 会文堂书局 | 民国八年四月 | 中等 | 一函四册 |
| 《满清十三朝宫闱秘史》附《太平天国宫闱秘史》 | 北平燕北老人、吴县宁山民编 | 江南图书馆 | 民国八年六月 | 中等 | 一函五册 |
| 《中国大侦探案》 | 王蘅著 | 会文堂书局 | 民国八年四月 | 中等 | 一 |
| 《玫瑰花续编》 | 林纾、陈家麟译 | 商务印书馆 | 民国八年七月 | 中等 | 二 |
| 《九十六女侠奇闻》 | 滕若渠、苏海若著 | 交通图书馆 | 民国八年九月 | 中等 | 二 |
| 《武侠小说侠士魂》 | 姜侠魂著杨尘因批庄病骸评点 | 振民编译社 | 民国八年九月 | 中等 | 一 |
| 《爱国小说战地莺花录下集》 | 李涵秋著<br>严独鹤评点 | 新民图书馆 | 民国八年十月 | 中等 | 三 |
| 《奸杀奇案》 | 庄病骸著 | 新华小说社 | 民国八年九月 | 中等 | 三 |
| 《福尔摩斯新侦探案女强盗》 | 悟痴生编译 | 大新图书馆 | 民国八年十一月 | 中等 | 一 |
| 《铁匣头颅》 | 林纾、陈家麟译 | 商务印书馆 | 民国八年八月 | 中等 | 二 |
| 《变相之宰相》 | 贡少芹译<br>包醒独校订 | 国华书局 | 民国九年一月 | 中等 | 一 |
| 《中国游侠轶闻》 | 沈莲侬编 | 朝记书庄 | 民国九年一月 | 中等 | 一 |

续表

| 书名 | 著(译)者 | 发行所 | 出版时间 | 等次 | 册数(册) |
|---|---|---|---|---|---|
| 《同心栀弹词》 | 程文棪编纂<br>王蕴章校订 | 商务印书馆 | 民国八年七月 | 中等 | 一 |
| 《哀梨记弹词》 | 程瞻庐编纂<br>王蕴章校订 | 商务印书馆 | 民国八年七月 | 中等 | 一 |
| 《明月珠弹词》 | 程瞻庐编纂<br>王蕴章校订 | 商务印书馆 | 民国九年二月 | 中等 | 一 |
| 《哀情小说苦鸳鸯》 | 损公著 | 京话日报馆 | 民国九年 | 中等 | 一 |
| 《社会小说库缎眼》 | 损公著 | 京话日报馆 | 民国九年 | 中等 | 一 |
| 《无头案》 | 剑胆著 | 京话日报馆 | 民国九年 | 中等 | 一 |
| 《伦理小说理学周》 | 损公著 | 京话日报馆 | 民国九年 | 中等 | 一 |
| 《社会小说苦哥哥》 | 损公著 | 京话日报馆 | 民国九年 | 中等 | 一 |
| 《警世小说张二奎》 | 损公著 | 京话日报馆 | 民国九年 | 中等 | 一 |
| 《社会小说麻花刘》 | 损公著 | 京话日报馆 | 民国九年 | 中等 | 一 |
| 《警世小说姑作婆》 | 损公著 | 京话日报馆 | 民国九年 | 中等 | 一 |
| 《王来保》 | 剑胆著 | 京话日报馆 | 民国九年 | 中等 | 一 |
| 《皇帝祸》 | 剑胆著 | 京话日报馆 | 民国九年 | 中等 | 一 |
| 《社会小说刘军门》 | 损公著 | 京话日报馆 | 民国九年 | 中等 | 一 |
| 《文字狱》 | 剑胆著 | 京话日报馆 | 民国九年 | 中等 | 一 |
| 《蜘蛛毒》 | 徐慧公译 | 商务印书馆 | 民国八年十月 | 中等 | 一 |
| 《四字狱》 | 徐慧公译 | 商务印书馆 | 民国九年四月 | 中等 | 一 |
| 《孽海波》 | 徐英蜚著<br>包醒独校订 | 国华书局 | 民国九年一月 | 中等 | 一 |
| 《日神娶妇录》 | 赵苕狂译<br>包醒独校订 | 国华书局 | 民国九年一月 | 中等 | 一 |
| 《恐怖党》 | 周瘦鹃编 | 国华书局 | 民国九年一月 | 中等 | 二 |
| 《还珠艳史》 | 林纾、陈家麟译 | 商务印书馆 | 民国九年二月 | 中等 | 一 |
| 《情天异彩》 | 林纾、陈家麟译 | 商务印书馆 | 民国八年九月 | 中等 | 一 |
| 《莲心藕缕缘》 | 林纾、陈家麟译 | 商务印书馆 | 民国八年八月 | 中等 | 二 |

续表

| 书名 | 著(译)者 | 发行所 | 出版时间 | 等次 | 册数(册) |
|---|---|---|---|---|---|
| 《方外奇谈》 | 毘陵李定夷、高阳不才子编包醒独校订 | 国华书局 | 民国九年一月 | 中等 | 二 |
| 《爱国英雄泪》 | 杨尘因著 | 益新书局 | 民国九年四月 | 中等 | 二 |
| 《恠面女侠》 | 庄病骸著 | 泰东图书局 | 民国九年五月 | 中等 | 二 |
| 《妄言妄听》 | 林纾、陈家麟译 | 商务印书馆 | 民国九年四月 | 中等 | 二 |
| 《游侠外传》 | 吴绮缘著 | 新民图书馆 | 民国九年四月 | 中等 | 二 |
| 《欧战春闺梦》 | 林纾、陈家麟译 | 商务印书馆 | 民国九年三月 | 中等 | 二 |
| 《真假婚书》 | 赵苕狂译包醒独校订 | 国华书馆 | 民国九年一月 | 中等 | 一 |
| 《清朝官场奇报录》 | 孙剑秋著、栃老校订 | 望云山房 | 民国九年五月 | 中等 | 一 |
| 《海上销金窟》 | 蘧庐著、天虚我生校订海上漱石生圈点 | 交通图书馆 | 民国九年四月 | 中等 | 二 |
| 《冒险小说海中人》又名《海底之秘密》 | 悾悾译著 | 中华图书馆 | 民国九年四月 | 中等 | 一 |
| 《重臣似国记》 | 赵尊岳译 | 商务印书馆 | 民国八年十月 | 中等 | 三 |
| 《钗光鬓影录》 | 大树嗣人编辑 | 浙江编译局 | 民国九年三月 | 中等 | 一 |
| 《闻见闲言》 | 歙蘇江绍莲著琴石山人校阅 | 会文堂书局 | 民国九年一月 | 中等 | 一 |
| 《菱镜秋痕》 | 廖鸣绍编纂 | 商务印书馆 | 民国九年二月 | 中等 | 二 |
| 《红胡子》 | 姜侠云辑 | 振民编辑社 | 民国九年四月 | 中等 | 二 |
| 《铁匣头颅续编》 | 林纾、陈家麟译 | 商务印书馆 | 民国八年十月 | 中等 | 二 |
| 《金梭神女再生缘》 | 林纾、陈家麟译 | 商务印书馆 | 民国九年三月 | 中等 | 二 |
| 《侠女儿》 | 张天痕著 | 剑影书室、志新书局 | 民国九年五月 | 中等 | 三 |
| 《万奇全书》 | 枕华出版部编 | 枕华出版部 | 民国九年四月 | 中等 | 一 |
| 《茶寮小史》 | 程瞻庐著 | 商务印书馆 | 民国九年三月 | 中等 | 一 |

续表

| 书名 | 著(译)者 | 发行所 | 出版时间 | 等次 | 册数(册) |
| --- | --- | --- | --- | --- | --- |
| 《福尔摩斯侦探案木足盗》 | 奇峰编译 | 志新书局 | 民国九年八月 | 中等 | 一 |
| 《衣带冤魂》 | 天虚我生著 | 中华图书馆 | 民国九年八月 | 中等 | 一 |
| 《倭刀记》 | 程小青编纂 | 商务印书馆 | 民国九年六月 | 中等 | 一 |
| 《风岛女杰》 | 罗文亮编纂 | 商务印书馆 | 民国八年七月 | 中等 | 一 |
| 《隅屋》 | 瞿宣颖译 | 商务印书馆 | 民国九年六月 | 中等 | 二 |
| 《焦头烂额》 | 林纾、陈家麟译 | 商务印书馆 | 民国九年四月 | 中等 | 二 |
| 《戎马书生》 | 林纾、陈家麟译 | 商务印书馆 | 民国九年四月 | 中等 | 一 |
| 《警世小说白公鸡》 | 损公编著 | 白话国强报馆 | 民国九年 | 中等 | 一 |
| 《警世小说二家败》 | 损公编著 | 白话国强报馆 | 民国九年 | 中等 | 一 |
| 《警世小说山东马》 | 损公编著 | 白话国强报馆 | 民国九年 | 中等 | 一 |
| 《警世小说人人乐》 | 损公编著 | 白话国强报馆 | 民国九年 | 中等 | 一 |
| 《社会小说黑锅底》 | 损公编著 | 白话国强报馆 | 民国九年 | 中等 | 一 |
| 《警世小说忠孝全》 | 损公编著 | 白话国强报馆 | 民国九年 | 中等 | 一 |
| 《警世小说胶皮车》 | 损公编著 | 白话国强报馆 | 民国九年 | 中等 | 一 |
| 《警世小说一声猫》 | 损公编著 | 白话国强报馆 | 民国九年 | 中等 | 一 |
| 《警世小说赛刘海》 | 损公编著 | 白话国强报馆 | 民国九年 | 中等 | 一 |
| 《警世小说鞭子常》 | 损公编著 | 白话国强报馆 | 民国九年 | 中等 | 一 |
| 《世界奇闻大观》亦名《小说展览会》 | 寒光、澼庐著述 | 大陆图书公司 | 民国九年十月 | 中等 | 二 |
| 《妇女奇冤录》 | 赵苕狂编辑 | 大东书局 | 民国九年六月 | 中等 | 一 |
| 《神仙大观》 | 啸秋、喋喋著 | 进智书局 | 民国九年十月 | 中等 | 一 |
| 《飞絮禅心录》 | 屺瞻嘉谷著 | 新民图书馆 | 民国九年八月 | 中等 | 一 |
| 《人皮手套》 | 南海冯六译 | 民友社 | 民国九年十二月 | 中等 | 三 |
| 《名士风雅史》 | 黄花奴编<br>永福村农校订 | 国华书局 | 民国九年十月 | 中等 | 一 |
| 《北史演义》 | 杜纲编次、许宝善批评、谭载华校订 | 商务印书馆 | 民国九年十一月 | 中等 | 六 |
| 《元史通俗演义》 | 蔡东帆编述<br>琴石山人校阅 | 会文堂书局 | 民国九年三月 | 中等 | 一函<br>六册 |

续表

| 书名 | 著(译)者 | 发行所 | 出版时间 | 等次 | 册数(册) |
|---|---|---|---|---|---|
| 《明史通俗演义》 | 蔡东帆编述<br>琴石山人校阅 | 会文堂书局 | 民国九年十二月 | 中等 | 一函<br>四册 |
| 《丝绣平原记》 | 李定夷著 | 国光书局 | 民国九年十月 | 中等 | 一 |
| 《法京剧盗樊德摩斯奇案》 | 南海冯六译 | 南摩编译社 | 民国九年十一月 | 中等 | 三 |
| 《南史演义》 | 杜纲编次<br>谭载华校订 | 商务印书馆 | 民国九年十二月 | 中等 | 四 |
| 《晓风残梦》 | 叶青青著 | 泰东书局 | 民国十年一月 | 中等 | 一 |
| 《香草美人》 | 小蝶著 | 中华图书馆 | 民国八年七月 | 中等 | 一 |
| 《新辑分类古今奇案汇编》 | 许慕羲编辑 | 广益书局 | 民国十年一月 | 中等 | 一 |
| 《英雄肝胆录》 | 黄奴花编 | 国华书局 | 民国九年十一月 | 中等 | 一 |
| 《新婚惨杀案》 | 亚苏著 | 上海小说社 | 民国八年六月 | 中等 | 一 |
| 《侦探小说十万元》 | 林琴南译著 | 侦探小说社 | 民国八年七月 | 中等 | 一 |
| 《欧洲名家侦探小说大观》(二、三集) | 周瘦鹃等译 | 交通图书馆 | 民国八年十一月 | 中等 | 二 |
| 《侦探小说红圈》 | 羽仙译 | 交通图书馆 | 民国八年十月 | 中等 | 一 |
| 《江南三大侠》 | 庄病骸著 | 交通图书馆 | 民国十年二月 | 中等 | 二 |
| 《新小说二十种》 | 廖旭人等译 | 广益书局 | 民国十年四月 | 中等 | 一 |
| 《秘本小说笑笑录》 | 吴下独逸<br>退窝局士著 | 广益书局、<br>智文书局 | 民国十年三月 | 中等 | 二 |
| 《秘本札记珊瑚舌雕谈》 | 长洲许起著<br>甫里王韬校 | 广益书局 | 民国十年四月 | 中等 | 一 |
| 《历史小说亡国花》 | 杭县王木芃编 | 会文堂书局 | 民国十年四月 | 中等 | 一 |
| 《民国通俗演义初集》 | 古越东帆演述<br>琴石山人评校 | 会文堂书局 | 民国十年四月 | 中等 | 一函<br>四册 |
| 《洞冥记》 | 林纾、陈家麟译 | 商务印书馆 | 民国十年五月 | 中等 | 一 |
| 《俄宫秘史》 | 林纾、陈家麟译 | 商务印书馆 | 民国十年五月 | 中等 | 二 |
| 《炸鬼记》 | 林纾、陈家麟译 | 商务印书馆 | 民国十年五月 | 中等 | 三 |
| 《新说部丛刊第一集》 | 王理堂著 | 清华书局 | 民国十年二月 | 中等 | 一 |

续表

| 书名 | 著(译)者 | 发行所 | 出版时间 | 等次 | 册数(册) |
|---|---|---|---|---|---|
| 《新说部丛刊第二集》 | 黄天石著 | 清华书局 | 民国十年三月 | 中等 | 一 |
| 《乡愚游沪趣史》 | 赵仲熊编 | 文明书局 | 民国十年二月 | 中等 | 一函四册 |
| 《解放妇女照妖镜》 | 海上散红编辑 | 华洋图书馆 | 民国九年七月 | 中等 | 一 |
| 《百件奇案大观》 | 广文书局编辑所编 | 广文书局 | 民国十年四月 | 中等 | 二 |
| 《当代名人轶事大观》 | 吴研人编 | 世界书局 | 民国十年三月 | 中等 | 一 |
| 《捕盗奇案包探被难记》 | 沈莲侬编辑 | 第一书局 | 民国十年四月 | 中等 | 一 |
| 《最近二十年目睹之社会怪现状初编》 | 胡寄尘编 | 新华书局 | 民国十年六月 | 中等 | 二 |
| 《民国通俗演义二集》 | 古越东帆演述<br>琴石山人校阅 | 会文堂书局 | 民国十年七月 | 中等 | 一函四册 |
| 《侦探小说近世国际秘史》 | 李茗楹、沈馥译 | 大东书局 | 民国八年一月 | 中等 | 二 |
| 《孝女复雠记》 | 李笑吾辑 | 中外书局、大陆图书公司 | 民国十年六月 | 中等 | 一 |
| 《东方福尔摩斯侦探案之一江南燕》 | 程小青著作<br>周瘦鹃校正 | 中华图书馆 | 民国十年四月 | 中等 | 一 |
| 《双侠破奸记》 | 庄病骸编 | 民立图书馆 | 民国九年八月再版 | 中等 | 一 |
| 《惊人奇案》 | 王木芄著 | 会文堂书局 | 民国十年六月 | 中等 | 一 |
| 《稗史秘籍》 | 姜侠魂辑 | 交通图书馆 | 民国八年二月 | 中等 | 一 |
| 《历代宫闱秘史》 | 苏海若编辑 | 中华图书馆 | 民国十年六月 | 中等 | 一函八册 |
| 《上海潮》(第一卷、第二卷) | 许啸天编 | 上海潮星期报社 | 民国十年六月 | 中等 | 一 |
| 《秋心说部第一集》 | 陆秋心译 | 少年社 | 民国四年一月 | 中等 | 一 |
| 《侦探劫》 | 冯六译 | 民友社 | 民国十年五月 | 中等 | 三 |
| 《怪董》 | 林纾、陈家麟译 | 商务印书馆 | 民国十年五月 | 中等 | 二 |
| 《血滴子》 | 陆士谔著 | 时还书局 | 民国十年六月 | 中等 | 一 |

续表

| 书名 | 著(译)者 | 发行所 | 出版时间 | 等次 | 册数(册) |
|---|---|---|---|---|---|
| 《马妒》 | 林纾、毛文钟译 | 商务印书馆 | 民国十年七月 | 中等 | 一 |
| 《双钏记》 | 福建蛰楼著<br>戴志超校订 | 崇文书局 | 民国十一年七月 | 中等 | 一 |
| 《白莲教演义》 | 吴公雄编辑 | 世界书局 | 民国十一年六月 | 中等 | 四 |
| 《国耻演义》 | 吴公雄编辑 | 世界书局 | 民国十一年六月 | 中等 | 二 |
| 《青红帮演义》 | 吴公雄编辑 | 世界书局 | 民国十一年六月 | 中等 | 六 |
| 《革命党演义》 | 吴公雄编辑 | 世界书局 | 民国十一年六月 | 中等 | 三 |
| 《义和团演义》 | 吴公雄编辑 | 世界书局 | 民国十一年六月 | 中等 | 二 |
| 《新剖脑记》 | 剑虹氏译 | 东亚书局 | 民国十年五月 | 中等 | 一 |
| 《言情小说新红楼梦》 | 滇西斜阳峰、下孽缘子著 | 新华书局 | 民国十一年三月 | 中等 | 二 |
| 《劫狱复仇记》 | 陈葆藩著 | 中华图书馆 | 民国十一年三月 | 中等 | 二 |
| 《魔侠传》 | 林纾著 | 商务印书馆 | 民国十一年三月 | 中等 | 二 |
| 《笑杂志》(第五期) | 平襟亚等编辑 | 东方书局 | 民国十一年 | 中等 | 一 |
| 《伦敦盗案之一地窖密约》 | 泗水渔隐译著<br>桃花馆主校阅 | 交通图书馆 | 民国十一年十一月 | 中等 | 一 |
| 《王巡抚侦探案》 | 许啸天著<br>沈继先校订 | 群学社书局 | 民国十一年十月 | 中等 | 五 |
| 《民国实事三十二女侠客》 | 东南书局编辑部编辑 | 东南书局 | 民国十一年五月 | 中等 | 一 |
| 《红闺大侠》 | 吴月斧著 | 泰华书局 | 民国十一年四月 | 中等 | 一 |
| 《武侠小说三十六女侠》 | 姜侠魂纂辑<br>鲁云奇校勘 | 中国图书集成公司 | 民国十一年六月 | 中等 | 一 |
| 《女侠侦探案》 | 姜侠魂纂辑<br>鲁云奇校勘 | 中国图书集成公司 | 民国十一年六月 | 中等 | 一 |
| 《错误》 | 王艺编著 | 会文堂书局 | 民国十一年七月 | 中等 | 一 |
| 《解放女子小史》 | 徐再思编辑 | 会文堂书局 | 民国十一年一月 | 中等 | 一 |
| 《侠士小说清代剑侠奇观》 | 姜侠魂纂辑<br>鲁云奇校勘 | 中国图书集成公司 | 民国十一年六月 | 中等 | 一 |

续表

| 书名 | 著(译)者 | 发行所 | 出版时间 | 等次 | 册数(册) |
|---|---|---|---|---|---|
| 《上海侦探谈之二龙华塔语》 | 冷眼著 | 太平洋图书馆、交通图书馆 | 民国十年九月 | 中等 | 一 |
| 《哀情小说红闺青灯》 | 华醉石著 | 精勤印书局 | 民国十年六月 | 中等 | 一 |
| 《趣事大观》 | 灵岩山樵编 | 广益书局 | 民国十一年九月 | 中等 | 二 |
| 《百大妖怪斗法奇观》 | 朱鹤影著作<br>王其荣校对 | 东方书局 | 民国十一年 | 中等 | 一 |
| 《古今滑稽联话》 | 范左青编辑<br>琴石山人校订 | 会文堂书局 | 民国十一年七月 | 中等 | 一 |
| 《古今滑稽诗话》 | 范左青编辑<br>琴石山人校订 | 会文堂书局 | 民国十年八月 | 中等 | 一 |
| 《昭君艳史演义》 | 竞智图书馆编辑 | 竞智图书馆 | 民国十一年一月 | 中等 | 一 |
| 《貂蝉艳史演义》 | 竞智图书馆编辑 | 竞智图书馆 | 民国十一年一月 | 中等 | 一 |
| 《贵妃艳史演义》 | 竞智图书馆编辑 | 竞智图书馆 | 民国十一年一月 | 中等 | 一 |
| 《西施艳史演义》 | 竞智图书馆编辑 | 竞智图书馆 | 民国十一年一月 | 中等 | 一 |
| 《刘喜奎》 |  | 北京各大书坊 |  | 下等 | 一 |
| 《子美集》 | 柳亚子编 | 广益书局 | 民国三年 | 下等 | 一 |
| 《春梦》 | 贡少芹著 | 文明书局 | 民国四年 | 下等 | 一 |
| 《刘四奶奶》 | 冷佛著 | 爱国白话报馆 | 民国四年 | 下等 | 二 |
| 《八仙四游记》 |  |  |  | 下等 | 一函八册 |
| 《银瓶梅》 |  | 上海小说支卖社 | 民国元年 | 下等 | 一 |
| 《古今艳史》 | 蛟川抱残生著 | 晋益书局 | 民国三年 | 下等 | 二 |
| 《石城落花记》 | 玉红仙馆著 | 富华图书馆 | 民国二年 | 下等 | 一 |
| 《九度文公》 |  |  |  | 下等 | 一 |
| 《革命鬼现形记》 | 睡狮著 | 鸿文书局 | 清宣统元年 | 下等 | 二 |

续表

| 书名 | 著(译)者 | 发行所 | 出版时间 | 等次 | 册数(册) |
|---|---|---|---|---|---|
| 《康有为》 | | | | 下等 | 一 |
| 《侠妓可怜记》 | 姜迁著 | 藻文书局 | | 下等 | 一 |
| 《升官发财》 | 官隐著 | 古今图书小说社 | 清宣统三年 | 下等 | 一 |
| 《贪欢报》 | 市隐著 | 华盛印书局 | 民国三年 | 下等 | 一 |
| 《女侠传》 | | | | 下等 | 一 |
| 《社会现形记》 | | 改良小说社 | 清宣统二年 | 下等 | 二 |
| 《新西厢》 | 浙江西湖长著 | 改良小说社 | 清宣统二年 | 下等 | 一 |
| 《新三笑》 | 野蛮著 | 改良小说社 | 清宣统二年 | 下等 | 四 |
| 《女铜像》 | 南武静观自得叁主人著 | 改良小说社 | 清宣统元年 | 下等 | 三 |
| 《香艳丛话》 | | | | 下等 | 一 |
| 《官场秘密史前后编》 | 天公著 | 新新小说社 | 清宣统元年 | 下等 | 二 |
| 《新封神传》 | 大陆著 | | | 下等 | 四 |
| 《苦鸳鸯》 | 孙纪于著 | 沈鹤记书庄 | | 下等 | 一 |
| 《最新希奇古怪》 | | | | 下等 | 一 |
| 《绣鞋记》 | | 广益书局 | 民国三年 | 下等 | 四 |
| 《北京之秘密》 | 蝶也著 | 中国侦探社 | 民国五年七月 | 下等 | 一 |
| 《草木春秋》 | 乐山人纂<br>云间子集撰 | | | 下等 | 一函四册 |
| 《最近情天趣史》 | 文艺编译社著 | 文明书局、中华书局 | 民国四年七月 | 下等 | 一 |
| 《闸江涛》 | 孙逸鸥著 | 会友书社 | 民国四年 | 下等 | 一 |
| 《吴越真美人计》 | 四明听雨楼主人编 | 上海姚文海书局 | 民国元年四月 | 下等 | 一 |
| 《补情人》 | 剑尘著 | 上海新剧小说社 | 民国三年九月 | 下等 | 一 |
| 《巧冤家》又名《烈女惊魂传》 | | | 民国二年 | 下等 | 二 |

续表

| 书名 | 著(译)者 | 发行所 | 出版时间 | 等次 | 册数(册) |
| --- | --- | --- | --- | --- | --- |
| 《风月奇谈》 | 逍遥子著 | | 清宣统元年 | 下等 | 二 |
| 《哀情小说太可怜》 | 许啸天著 | 上海新学会社 | 民国五年七月 | 下等 | 一 |
| 《换巢鸾凤》 | 芜城星海著 | 小说丛报社 | 民国五年九月 | 下等 | 一 |
| 《闺中侠》 | 信天翁著 | 促进步社 | 民国元年 | 下等 | 一 |
| 《第一奇女》 | 崔象以著 | 申昌书局 | | 下等 | 一 |
| 《第三奇书玉鸳鸯》 | 檇李烟水散人编次 | | | 下等 | 一 |
| 《惧内秘记》 | 铁冷著 | 中国图书公司 | 民国四年十一月 | 下等 | 一 |
| 《五美缘》 | | | | 下等 | 一 |
| 《劝世宝》 | 谭斌著 | 新中华书局 | 民国二年四月 | 下等 | 一 |
| 《七载繁华梦》 | 梁纪佩著 | 粤东书局 | 清宣统元年 | 下等 | 一 |
| 《林兰香》 | 寄旅山人著 | | | 下等 | 八 |
| 《风流皇帝》 | 胶西传幼圃著 | 百新公司 | 民国四年五月 | 下等 | 一 |
| 《美人毒蛇计》 | 平江引年著 | 醒狮小说林 | 民国元年 | 下等 | 一 |
| 《珠江艳史》 | | | 清宣统三年十二月 | 下等 | 一 |
| 《风流分尸案》 | 太京访柯生著 | 上海小说园书社 | 清宣统元年 | 下等 | 一 |
| 《新茶花正续编》 | 湘西学者编 | 沈鹤记书庄 | 民国二年 | 下等 | 四 |
| 《后庭花》 | | | | 下等 | 一 |
| 《女学生之秘密记》 | 江都贡少芹著 | 进步书局 | 民国四年五月 | 下等 | 一 |
| 《色情之男女》 | 胶西传幼圃著 | 上海百新公司 | 民国三年 | 下等 | 一 |
| 《告阴状》 | 海陵袁蔚山著 | 沈鹤记书庄 | 民国二年 | 下等 | 一 |
| 《鸳鸯梦》 | 青溪醉客评 | 中华书社 | 民国四年 | 下等 | 一 |
| 《真正金瓶梅》 | 上海存宝斋重印 | 上海存宝斋 | 民国五年三月 | 下等 | 二 |
| 《风流天子传》又名《龙凤配》 | 齐东野人编 | | | 下等 | 四 |

续表

| 书名 | 著(译)者 | 发行所 | 出版时间 | 等次 | 册数(册) |
|---|---|---|---|---|---|
| 《艳语》 | 南海何仲琴著 | 广益书局 | 民国四年四月 | 下等 | 一 |
| 《男女秘密之研究》 | 鹅湖少年著 | 东京文林堂 | | 下等 | 二 |
| 《实事小说井里尸》 | 王冷佛著 | 爱国白话报馆 | 民国四年十二月 | 下等 | 二 |
| 《僧尼怪现状》 | 卧雪居士 | 尚古山房 | 未详 | 下等 | 一 |
| 《奇女缘》 | 未详 | 梅花馆 | 清宣统二年 | 下等 | 一 |
| 《狡狯童子》 | 商务印书馆编译所编 | 商务印书馆 | 清光绪三十三年八月 | 下等 | 一 |
| 《九美夺夫弹词》 | 未详 | 未详 | 民国元年 | 下等 | 一函四册 |
| 《医界镜》 | 儒林医隐著<br>瓶山居士校阅 | 嘉兴同祥源书庄 | 清光绪三十四年十二月 | 下等 | 二 |
| 《都门趣话》 | 大雷啸公编辑<br>油江邨农、伴鹤山樵校阅 | 京都撷华印刷局 | 民国五年五月 | 下等 | 一 |
| 《薄命碑》 | 俞天愤著 | 小说丛报社 | 民国五年九月 | 下等 | 一 |
| 《破镜重圆》 | 孤山小隐著 | 改良小说社 | 清宣统三年 | 下等 | 四 |
| 《言情小说新倭袍弹词》 | 嗟跎子著 | 新新小说社 | 清宣统元年五月 | 下等 | 二 |
| 《广陵潮》 | 李涵秋著 | 震亚图书局 | 民国五年十月 | 下等 | 六 |
| 《风飐芙蓉记》 | 鸦雏著 | 小说丛报社 | 民国五年七月 | 下等 | 一 |
| 《聪明误》 | 廛沪医隐著 | 社会小说社 | 清宣统元年九月 | 下等 | 一 |
| 《情史》 | 江南詹詹外史评辑 | 北京自强书局 | 清宣统元年 | 下等 | 一函六册 |
| 《香艳丛话》 | 周瘦鹃辑 | 中华图书馆 | 民国二年七月 | 下等 | 一 |
| 《洗耻记》 | 冷情女史 | 湖南苦学社 | 清光绪二十九年 | 下等 | 一 |
| 《意外姻缘》 | 施方白著 | 国华书局 | 民国四年十月 | 下等 | 一 |
| 《侬之影史》 | 天虚我生著 | 中华图书馆 | 民国五年八月 | 下等 | 一 |
| 《秘密风流案》 | 冷蝶演述 | 非非社 | 民国六年一月 | 下等 | 一 |

续表

| 书名 | 著(译)者 | 发行所 | 出版时间 | 等次 | 册数(册) |
|---|---|---|---|---|---|
| 《鸳鸯谱》 | 天然痴叟著<br>墨憨主人评 | 新新书社 | 清宣统元年 | 下等 | 二 |
| 《新游戏文章》 | 高浣红著 | 文明进行社 | 民国四年三月 | 下等 | 一 |
| 《潇湘影弹词》 | 天虚我生著<br>影怜女士评点 | 中华图书馆 | 民国五年十月 | 下等 | 一 |
| 《自由花弹词》 | 天虚我生著 | 中华图书馆 | 民国五年九月<br>再版 | 下等 | 一 |
| 《孽冤镜》 | 吴双热著 | 民权出版部 | 民国三年一月 | 下等 | 一 |
| 《言情小说慧婢心》 | 香梦词人记述<br>绣鸳女士校勘 | 新华小说社 | 未详 | 下等 | 一 |
| 《哀情小说生死缠绵》 | 许啸天著 | 新学会社 | 民国五年七月 | 下等 | 一 |
| 《女仙外史》 | 古稀逸田叟吕熊著 | 章福记书庄 | 清宣统元年 | 下等 | 八 |
| 《嫖界演义》 | 俗子著 | 文艺编辑社 | 民国六年三月 | 下等 | 一 |
| 《最新风流小说<br>富家郎》 | 未详 | 振声译书社 | 未详 | 下等 | 一 |
| 《新奇爱情小说情<br>楼梦》 | 太古著 | 振声译书社、<br>炼石书局 | 民国三年 | 下等 | 二 |
| 《看勿出》又名《黑箱》 | 羽仙辑 | 民友社 | 民国六年 | 下等 | 一 |
| 《长恨》 | 许啸天著 | 新学会社 | 民国五年七月 | 下等 | 一 |
| 《双美案》 | 隐逸生编辑 | 炼石书局 | 民国二年 | 下等 | 一 |
| 《骗中骗》 | 闲闲编 | 中华书局 | 民国五年 | 下等 | 一 |
| 《哀情小说<br>菊儿惨史》 | 血轮著 | 文明书局 | 民国五年六月 | 下等 | 一 |
| 《闺阁豪赌记》 | 无愁编 | 中华书局 | 民国五年 | 下等 | 一 |
| 《英云梦》 | 大要楼主人松云氏撰<br>扫花头陀剩斋氏评 | 未详 | 未详 | 下等 | 一函<br>五册 |
| 《竞蠹》 | 白虚著 | 进步书局 | 民国四年十二月 | 下等 | 一 |
| 《社会小说<br>芸娘外传》 | 汪处庐著 | 进步书局 | 民国五年六月 | 下等 | 一 |

续表

| 书名 | 著(译)者 | 发行所 | 出版时间 | 等次 | 册数(册) |
|---|---|---|---|---|---|
| 《琴嫣小传》 | 回雁峰前客口述求幸福斋主人记 | 民权出版部 | 民国五年一月 | 下等 | 一 |
| 《十五度春秋》 | 张冥飞著 | 中国图书公司和记 | 民国五年 | 下等 | 一 |
| 《海棠笺哀史》 | 剑痕著 | 中国图书公司和记 | 民国五年二月 | 下等 | 一 |
| 《言情小说青楼福》 | 逸民著 | 未详 | 民国五年 | 下等 | 二 |
| 《李闯造反演义》 | 未详 | 未详 | 未详 | 下等 | 一 |
| 《大双蝴蝶》 | 未详 | 未详 | 民国元年印 | 下等 | 二 |
| 《自由泪》 | 散红编辑 | 维新小说社 | 清宣统二年九月 | 下等 | 一 |
| 《带印奇冤郭公传》 | 也是道人著 | 上海书局 | 民国元年 | 下等 | 一函六册 |
| 《言情小说脂余粉剩》 | 烟水阁主人王无为著 | 中华书局 | 民国六年五月 | 下等 | 一 |
| 《神怪小说风姨》 | 许啸天著 | 新学会社 | 民国五年七月 | 下等 | 一 |
| 《快活夫妻》 | 吴双热著 | 小说丛报社 | 民国六年四月 | 下等 | 一 |
| 《艳情小说掷果缘》 | 黄退庵著 | 国华书局、乐雅小说社 | 民国四年七月 | 下等 | 一 |
| 《改良三分梦》 | 潇湘仙史张士登著罗浮侨客何芳苡评 | 上海沈鹤记 | 民国元年 | 下等 | 二 |
| 《最新军事小说革命战史血海花》 | 平江朱引年著 | 上海钰记书庄 | 清宣统三年九月 | 下等 | 三 |
| 《醒世小说浪子回头》 | 虚我生著 | 改良小说社 | 清宣统三年六月 | 下等 | 二 |
| 《大明奇侠云钟雁》 | 未详 | 上海文元书庄 | 民国三年 | 下等 | 一函六册 |
| 《上海战史海边血》 | 引记编辑社著 | 民声社 | 未详 | 下等 | 一 |
| 《宦海潮》 | 平江朱引年著 | 英商尚古书局 | 民国二年 | 下等 | 一 |

续表

| 书名 | 著(译)者 | 发行所 | 出版时间 | 等次 | 册数(册) |
|---|---|---|---|---|---|
| 《绣像神洲光复演义》 | 听涛馆主人著 | 上海神洲图书局 | 民国元年六月 | 下等 | 二函十六册 |
| 《王克琴艳史》 | 未详 | 南京志学书局 | 民国六年 | 下等 | 一 |
| 《思绮斋花史》 | 幸楼著、藕影编 | 日新书庄 | 清光绪三十三年 | 下等 | 二 |
| 《南京光复志》 | 中华小说社编 | 中华小说社 | 民国元年 | 下等 | 二 |
| 《枕中秘》又名《修容秘术》 | 未详 | 南京志学书局 | 民国六年 | 下等 | 一 |
| 《胭脂艳》 | 捣尘子述 | 南京志学书局 | 民国六年 | 下等 | 一 |
| 《男女媚术》又名《歌场美术》 | 国香室主人抄 | 南京志学书局 | 民国六年 | 下等 | 一 |
| 《春花梦》 | 蜀西樵也申左梦畹生著 | 南京志学书局 | 民国六年 | 下等 | 一 |
| 《冒险小说美人岛》 | 张论译 | 汇通印局 | 清宣统二年三月 | 下等 | 一 |
| 《社会小说蜈蚣案》 | 雪庐编辑<br>痴公<br>校订 | 北京南柳巷永兴寺 | 民国三年八月 | 下等 | 一 |
| 《犹太镫》 | 周瘦鹃译 | 中华书局 | 民国六年七月 | 下等 | 一 |
| 《寓言小说险中险》 | 未详 | 尚古山房 | 民国二年一月 | 下等 | 一 |
| 《多情侠妓》又名《巧鸳鸯》 | 朱引年著 | 英商尚古书房 | 民国二年一月 | 下等 | 二 |
| 《芙蓉泪》 | 江山渊著 | 秦东图书馆 | 民国四年十二月 | 下等 | 二 |
| 《美人磁》 | 商务印书馆编译所编 | 商务印书馆 | 民国四年五月 | 下等 | 一 |
| 《求婚小史》 | 铁冷著 | 小说丛报社 | 民国五年四月 | 下等 | 一 |
| 《难中福》原名《翻戏党》又名《秘密侦探谈》 | 亚东编辑社稿 | 炼石书局 | 未详 | 下等 | 一 |

续表

| 书名 | 著(译)者 | 发行所 | 出版时间 | 等次 | 册数(册) |
|---|---|---|---|---|---|
| 《双乔记》 | 商务印书馆编译所编 | 商务印书馆 | 民国二年十二月再版 | 下等 | 一 |
| 《女侠小说、图秘密女子》又名《飞行女子》 | 睡狮著 | 改良小说社 | 清宣统三年正月 | 下等 | 二 |
| 《哀情小说鸳鸯梦》 | 贡少芹著 | 进步书局 | 民国四年四月 | 下等 | 二 |
| 《帘外桃花记》 | 蝶影楼主同湘筌女史著 | 泰东图书局 | 民国六年十月 | 下等 | 二 |
| 《艳情小说牡丹奇缘》又名《富贵奇缘》 | 未详 | 上海循环图书馆 | 民国三年 | 下等 | 一 |
| 《痴婆子》 | 未详 | 未详 | 未详 | 下等 | 一 |
| 《桃花庵鼓词》 | 未详 | 上海殷裕记 | 未详 | 下等 | 二 |
| 《艳情小说和尚奇缘》又名《改良皆大欢喜》 | 未详 | 香港书局 | 未详 | 下等 | 一 |
| 《妇女之百面观》 | 云石编辑 | 文艺编译社 | 民国六年十一月 | 下等 | 一函四册 |
| 《十姊妹》 | 漱石生著 | 文明书局 | 民国六年十一月 | 下等 | 一函六册 |
| 《薄命花》 | 邵拙莽著 | 百新公司 | 民国六年十一月 | 下等 | 一 |
| 《淌牌黑幕》原名《淫妇狼狈记》又名《自由花真假双鸳鸯》 | 朱芝轩著 | 新新小说社 | 民国二年夏 | 下等 | 一 |
| 《色迷》 | 介北逸叟著 | 百新公司 | 民国六年十一月 | 下等 | 一 |
| 《探中探》 | 祝华编 | 华新教育社 | 民国五年十月 | 下等 | 一 |
| 《上海秘幕》 | 黄花奴编辑 | 一社出版部 | 民国六年十一月 | 下等 | 四 |
| 《雪鸿泪史》 | 徐枕亚著 | 小说丛报社 | 民国五年一月 | 下等 | 一 |
| 《可发一笑》 | 会文堂书局编辑所编 | 会文堂书局 | 民国七年二月 | 下等 | 三 |
| 《社会小说迷龙阵》 | 八宝王郎著 | 改良小说社 | 清宣统元年十一月 | 下等 | 二 |

续表

| 书名 | 著(译)者 | 发行所 | 出版时间 | 等次 | 册数(册) |
|---|---|---|---|---|---|
| 《俳谐小说说鬼》 | 十目著 | 进步书局 | 民国六年二月 | 下等 | 一 |
| 《共铅笔》 | 章仲谥、章季伟译 | 未详 | 清光绪三十六年八月 | 下等 | 二 |
| 《艳情小说红叶缘》 | 落魄京华一少年著 | 撷华小说社 | 民国六年四月 | 下等 | 一 |
| 《女子黑幕大观》 | 警顽编译社编辑 | 警顽社 | 民国七年四月 | 下等 | 一函四册 |
| 《说部汇编之一狎邪镜》 | 绮红生撰 | 国华书局 | 民国七年五月 | 下等 | 一 |
| 《说部汇编之一鹦鹉晚香记》 | 张蝶衣著 | 国华书局 | 民国七年五月 | 下等 | 一 |
| 《说部汇编之一红楼梦补演》 | 徐云侠戏述 | 国华书局 | 民国七年五月 | 下等 | 一 |
| 《警世小说粉阵历险记》 | 别有怀抱人著 | 交通图书馆 | 民国七年四月 | 下等 | 二 |
| 《人海照妖镜》 | 徐枕亚编纂<br>贡少芹、俞天愤、姚民哀、吴绮缘著<br>包醒独校订 | 小说丛报社 | 民国七年五月 | 下等 | 一 |
| 《中国黑幕大观初/续集》 | 路滨生编辑<br>天马校订 | 葡商马也、中国图书集成公司 | 民国七年三月 | 下等 | 四 |
| 《销魂集》 | 吴山醉隐著 | 绮社编辑部 | 民国七年四月 | 下等 | 一 |
| 《说部汇编之一情海惊涛录》 | 英蜚生撰 | 国华书局 | 民国七年五月 | 下等 | 一 |
| 《妻党同恶报》 | 夏秋风、陈治安编辑 | 新剧小说社 | 民国三年七月 | 下等 | 一 |
| 《新天地》 | 书带子著 | 集文绍记书庄 | 民国元年 | 下等 | 二 |
| 《白杨残梦》 | 粟寄沧著 | 新中华书社 | 民国五年十月 | 下等 | 一 |

续表

| 书名 | 著(译)者 | 发行所 | 出版时间 | 等次 | 册数(册) |
|---|---|---|---|---|---|
| 《剑侠小说侠义快心奇观》 | 天花才子编辑<br>四桥居士评点 | 国民图书局 | 民国元年 | 下等 | 一 |
| 《莲魂记》 | 林栩园女史著 | (?)记书庄 | 民国七年六月 | 下等 | 一 |
| 《滑稽小说冒失鬼游沪记》 | 忏悔生著 | 小说丛报社 | 民国六年九月 | 下等 | 一 |
| 《中外黑幕丛编》 | 锄奸社编辑 | 震亚图书局 | 民国七年五月 | 下等 | 二 |
| 《女黑迷党》 | 野失氏著 | 大东书局 | 民国七年六月 | 下等 | 一 |
| 《说部汇编之一京华黑幕》 | 许指严等著 | 国华书局 | 民国七年五月 | 下等 | 一 |
| 《小黑幕初集》 | 青浦郁悼盦编辑<br>吴江濮木牛校阅 | 上海黑幕编辑社 | 民国七年五月 | 下等 | 一 |
| 《情舞台》 | 李定夷编辑<br>包醒独校订 | 国华书局 | 民国七年七月 | 下等 | 二 |
| 《新宦海潮》 | 海阳白岳山人著<br>柳溪渔者评点 | 益新书社 | 民国七年七月 | 下等 | 二 |
| 《幕中幕》又名《社会镜》 | 虹侠著<br>愚溪钓徒校阅 | 新新书局 | 民国七年六月 | 下等 | 一 |
| 《芸兰秘密日记》 | 喻玉铎女士著<br>喻血轮批眉 | 广文书局 | 民国七年六月 | 下等 | 一 |
| 《中国黑幕之黑幕》 | 警世编译社编辑 | 警世社 | 民国七年九月 | 下等 | 六 |
| 《上海妇女孽镜台》 | 中华图书集成编辑所编辑 | 中华图书集成公司 | 民国七年九月 | 下等 | 四 |
| 《广谐铎》 | 东海三郎编纂<br>润州何如校订 | 清华书局 | 民国七年八月 | 下等 | 一 |
| 《刻骨相思上集》 | 徐枕亚著 | 清华书局 | 民国七年一月 | 下等 | 一 |
| 《色欲世界》 | 柯盛、顾实、魏熙同编 | 上海弘文馆 | 民国七年六月 | 下等 | 一 |
| 《小兄弟秘密史》 | 庄蝶云著 | 明社 | 民国七年九月 | 下等 | 一函六册 |
| 《娇樱记》 | 天虚我生著 | 中华图书馆 | 民国七年六月 | 下等 | 一 |

续表

| 书名 | 著(译)者 | 发行所 | 出版时间 | 等次 | 册数(册) |
|---|---|---|---|---|---|
| 《丽绡记》 | 天虚我生著 | 中华图书馆 | 民国七年六月 | 下等 | 一 |
| 《芙蓉影》 | 天虚我生著 | 中华图书馆 | 民国七年六月 | 下等 | 一 |
| 《海上男女拆白党之事实》 | 越鸟著 | 通俗书局 | 民国七年一月 | 下等 | 二 |
| 《脱靴党》又名《男女倒脱靴黑幕》 | 白沙黄花奴、浙东王玉坚著 寿阳郑超校订 | 中国黑幕侦探社 | 民国七年 | 下等 | 六 |
| 《理想小说未来之上海》 | 时报馆编辑 | 有正书局 | 民国六年八月 | 下等 | 一 |
| 《钗光剑影》 | 黎床旧主著 | 上海时务图书馆 | 民国三年 | 下等 | 一 |
| 《中国家庭黑幕大观》 | 白云野史著 | 弢社 | 民国七年十月 | 下等 | 四 |
| 《美中趣》又名《孽海缘》 | 平江隐岩氏著 | 振声译书社 | 民国二年 | 下等 | 一 |
| 《青楼风月史》 | 恨恨生编 | 蔚文书局 | 民国七年十月 | 下等 | 一函四册 |
| 《北京黑幕大观》 | 不幸我生喋喋著、梦香馆主荫香眉批 | 广文书局 | 民国七年六月 | 下等 | 一函四册 |
| 《情之研究销魂新语》 | 蒋箸超、丁慕琴、王瀛洲、刘樵仙著 | 炎社、启新图书局 | 民国七年十二月 | 下等 | 一函四册 |
| 《研究妇女专书香囊》原名《温柔妙术》 | 前度刘郎编辑 | 浚民社、志成书局 | 民国七年十二月 | 下等 | 二 |
| 《新鲜笑话奇谈》 | 松鹤轩野史著作 梅花馆主人校正 | 振声译书社 | 民国六年七月 | 下等 | 二 |
| 《最新滑稽小说新游戏杂志》 | 修魂编辑 | 振声译书社 | 民国七年九月 | 下等 | 一 |
| 《最新花界黑幕》 | 振声小说社编辑 海上萍客校阅 | 振声译书社 | 民国七年二月 | 下等 | 一 |

续表

| 书名 | 著(译)者 | 发行所 | 出版时间 | 等次 | 册数(册) |
| --- | --- | --- | --- | --- | --- |
| 《言情小说和尚黑幕》 | 平江朱引年编辑 | 醒狮小说林、沈鹤记书庄 | 民国六年九月 | 下等 | 一 |
| 《醒世小说家庭黑幕》 | 大小说家修魂氏著 海上桐荪氏校正 | 振声小说社 | 民国七年五月 | 下等 | 二 |
| 《哀情小说仇情案》 | 醉世居士编著 长恨道人校阅 | 北京图书局 | 民国五年 | 下等 | 一 |
| 《艳情小说雷峰塔》原名《白蛇传》 | 丹徒觏侯氏编辑 玉花堂主人校订 | 沈鹤记书局 | 民国二年 | 下等 | 一 |
| 《爱情小说》《玉里魂》 | 檇李朱声编 | 小雅斋 | 民国四年 | 下等 | 一 |
| 《最新风流小说》《二美多情案》 | 平江隐逸生编辑 吴下朱芝轩校订 | 振声译书社、炼石书局 | 民国二年 | 下等 | 一 |
| 《艳情小说风流才子传》 | 未详 | 新新小说社 | 未详 | 下等 | 二 |
| 《侠义小说女剑侠》原名《新女丈夫》 | 刘顺生著 | 新新小说社 | 民国六年十月 | 下等 | 二 |
| 《最新伦敦侦探小说三月七案就是你》 | 新新小说社编辑 吴下朱芝轩校正 | 海左书局 | 民国六年 | 下等 | 一 |
| 《警世小说此中人语》 | 朱瘦菊著、钱香如校阅 | 游戏书局 | 民国六年九月 | 下等 | 一 |
| 《林黛玉笔记》 | 绮情楼主喻血轮著 吴醒亚批 | 广文书局 | 民国八年二月 | 下等 | 二 |
| 《海上妖魔记》 | 富春钓客著 | 上海弘文馆 | 民国七年十二月 | 下等 | 一 |
| 《女界奇闻红粉骷髅记》 | 白云野史著 慕牺氏校阅 | 弢社、启新图书局 | 民国七年十二月 | 下等 | 一函十册 |
| 《艳情小说如意君》又名《春风得意奇缘》 | 未详 | 小说支卖社 | 民国二年 | 下等 | 二 |

续表

| 书名 | 著(译)者 | 发行所 | 出版时间 | 等次 | 册数(册) |
|---|---|---|---|---|---|
| 《情海慈航》 | 杨药聋总编<br>海上闲鸥校对 | 江南编译局 | 民国八年四月 | 下等 | 六 |
| 《妇女现形记》 | 烂柯山樵编<br>戊戌生校订 | 普遍图书馆 | 民国八年五月 | 下等 | 二 |
| 《三十六妖姬小传》 | 云声梦雨楼编订 | 交通图书馆 | 民国七年十一月 | 下等 | 六 |
| 《妇女百弊大观之一女学生之百弊》 | 散红生著 | 南洋图书公司 | 民国八年九月 | 下等 | 一 |
| 《太阳毒》 | 陆守险著 | 华丰印刷所 | 民国八年八月 | 下等 | 一 |
| 《世界奇书大观》又名《世界奇脉》 | 周瘦鹃编译 | 交通图书馆 | 民国八年九月 | 下等 | 一 |
| 《真正妇女百弊大观》 | 天南钝叟著 | 爱华书局 | 民国八年十一月 | 下等 | 一 |
| 《拆白伟人传》 | 刘豁公著<br>龙眠山人评语 | 新民图书馆 | 民国八年十月 | 下等 | 二 |
| 《秘密世界》 | 周兆麒、顾实、魏熙同编 | 神州编译局 | 民国八年十月 | 下等 | 一 |
| 《篱菊晚香记》 | 非非子著 | 志新书局 | 民国八年九月 | 下等 | 四 |
| 《枕绿泼墨》 | 张枕绿著 | 枕华出版部 | 民国八年八月 | 下等 | 一 |
| 《新十三经》 | 李定夷总编<br>包醒独校订 | 国华书局 | 民国八年五月 | 下等 | 八 |
| 《上海侦探谈第一集女儿盗》 | 冷眼著 | 交通图书馆 | 民国八年十月 | 下等 | 一 |
| 《小说博览会第一集》 | 中华图书集成公司编辑所编 | 中华图书集成公司 | 民国八年十一月 | 下等 | 四 |
| 《滑稽魂》 | 李定夷编辑<br>天甲校勘 | 国华书局 | 民国八年十月 | 下等 | 一 |
| 《民国趣闻》 | 虞公编纂<br>襟亚校订 | 襟霞图书馆 | 民国八年九月 | 下等 | 一 |
| 《民国骇闻》 | 虞公编纂<br>襟亚校订 | 襟霞图书馆 | 民国八年九月 | 下等 | 一 |

续表

| 书名 | 著(译)者 | 发行所 | 出版时间 | 等次 | 册数(册) |
| --- | --- | --- | --- | --- | --- |
| 《百弊丛书》 | 王钝根编辑 | 中华图书集成公司 | 民国八年十二月 | 下等 | 一函六册 |
| 《嫖赌百弊大观附送男女爱玩图》 | 章秋谷编述 | 秋谷出版部 | 民国八年十二月 | 下等 | 二 |
| 《巾帼指南十年游学记》 | 红叶著 | 交通图书馆 | 民国九年一月 | 下等 | 二 |
| 《妇女贞淫指南》 | 彭秋娟女士著 | 上海改良图书馆 | 民国九年二月 | 下等 | 一 |
| 《女子剑侠大观》 | 孙剑秋著<br>王钝根阅订 | 东华书君 | 民国九年一月 | 下等 | 二 |
| 《断肠花》 | 蒋毓如著 | 广益书局 | 民国九年三月 | 下等 | 二 |
| 《怕老婆日记》 | 河东懦夫著<br>龙邱生述<br>髯翁加评 | 滑稽出版部、大陆图书公司 | 民国九年四月 | 下等 | 一 |
| 《万恶世界》 | 悟非著<br>自我校阅 | 大成图书局 | 民国九年三月 | 下等 | 三 |
| 《魔窟》 | | | | | |
| 《社会小说新上海现形记》 | 李定夷著<br>陈祖铭校订 | 国华书局 | 民国九年四月 | 下等 | 二 |
| 《隔帘花影录初集》 | 华亭瘦红生著<br>墨溪渔隐校阅 | 泰东图书局 | 民国九年一月 | 下等 | 二 |
| 《守财奴日记》 | 沈莲侬著 | 大陆图书公司 | 民国九年四月 | 下等 | 一 |
| 《妇女骗局全书》 | 章秋谷总纂 | 世界书局、广文书局 | 民国九年三月 | 下等 | 二 |
| 《秋窗月影录》 | 啸岩山人著<br>王大错校阅 | 大中图书局、中华图书局 | 民国九年四月 | 下等 | 二 |
| 《姊妹花骨》 | 李涵秋著 | 蔚文书局 | 民国八年六月 | 下等 | 一 |

续表

| 书名 | 著(译)者 | 发行所 | 出版时间 | 等次 | 册数(册) |
|---|---|---|---|---|---|
| 《滑稽小说》《牛皮大王日记》 | 西生著 | 滑稽出版部、大陆图书公司 | 民国九年五月 | 下等 | 一 |
| 《美人轶事大观》 | 泰东书局编辑 | 泰东书局 | 民国九年五月 | 下等 | 二 |
| 《千金一笑录》 | 李定夷编辑 包醒独校订 | 国华书局 | 民国九年四月 | 下等 | 一 |
| 《小广东嫖院记》 | 郑正秋著 | 观正堂书局 | 民国九年五月 | 下等 | 一 |
| 《红手套》 | 陆澹盦编纂 | 逸社 | 民国九年五月 | 下等 | 一 |
| 《艳情小说蘸着些儿麻上来》 | 双热著 | 中华图书馆 | 民国九年八月 | 下等 | 一 |
| 《醒世小说艳福》 | 吴兴沈瘦叶著 | 国华书局 | 民国九年八月 | 下等 | 一 |
| 《三十二姊妹秘史》 | 红杏馆主编 | 志新书局 | 民国九年八月 | 下等 | 二 |
| 《妇女百怪录》 | 滕若渠编 海上避翁校对 | 志成书局 | 民国七年十月 | 下等 | 一 |
| 《海上幻妙大观》 | 章逸卿著作 吴莲堂校阅 | 琳琅书室 | 民国九年三月 | 下等 | 二 |
| 《蒋老五秘史》又名《老五殉情记》 | 郑正秋著 赵苕狂批 | 中央图书局 | 民国九年六月 | 下等 | 一 |
| 《贾宝玉秘记》 | 海上神仙著 | 大陆图书公司 | 民国九年九月 | 下等 | 一 |
| 《中外花柳风流史》 | 唐海平编辑 永德村农校订 | 国华书局 | 民国九年八月 | 下等 | 一 |
| 《秘本札记小说夜航船》 | 庄蘧庵编撰 | 广益书局 | 民国九年七月 | 下等 | 一 |
| 《三十二朝古今艳史大观》 | 许指岩编辑 程玉山校订 | 震华书局 | 民国九年六月 | 下等 | 六 |
| 《都门艳史大观》 | 许指岩编辑 | 震华书局 | 民国九年六月 | 下等 | 一 |
| 《研究妇女种种心理之报告书女界之秘密》 | 上海妇女生活研究社编 | 广文书局 | 民国九年八月 | 下等 | 二 |

续表

| 书名 | 著(译)者 | 发行所 | 出版时间 | 等次 | 册数(册) |
| --- | --- | --- | --- | --- | --- |
| 《恶社会》 | 墨隐生编辑<br>永福村农校订 | 国华书局 | 民国七年七月 | 下等 | 二 |
| 《奇妙世界》 | 平襟亚编辑 | 交通图书馆 | 民国九年十月 | 下等 | 一 |
| 《小说博览会第二集》 | 中华图书集成编译所编辑 | 中华图书集成公司 | 民国九年九月 | 下等 | 四 |
| 《快活林》 | 个厂编辑 | 广益书局 | 民国九年九月 | 下等 | 一 |
| 《历代春艳秘史》(附图) | 芸兰女史著 | 美术图书社 | 民国九年三月 | 下等 | 四 |
| 《全国僧尼秘史》 | 无毛外史编 | 大新书局 | 民国九年九月 | 下等 | 一 |
| 《女子秘密生活》 | 红杏馆主编辑 | 志新书局 | 民国九年八月 | 下等 | 一 |
| 《男女风流百怪录》又名《男女大秘密》 | 魏兆良编纂 | 改良图书馆、新华书局 | 民国九年九月 | 下等 | 二 |
| 《十大罪魁风流秘史》 | 中央新闻社编辑 | 北京各书局、上海世界书局 | 民国九年八月 | 下等 | 一 |
| 《惊神奇书男女大魔术》 | 董冰莲编辑 | 魔术研究会、新华书局 | 民国九年十月 | 下等 | 二 |
| 《男女新笑话》 | 林步青口讲<br>钱相似笔述 | 世界书局 | 民国九年八月 | 下等 | 一 |
| 《百样精怪奇观》 | 广文书局编辑所编 | 广文书局 | 民国九年十二月 | 下等 | 二 |
| 《闺房趣史》 | 陆云兰著 | 世界书局 | 民国九年十一月 | 下等 | 一 |
| 《侍儿艳史》 | 卫飞琼著 | 世界书局 | 民国九年十一月 | 下等 | 一 |
| 《妇女智囊》 | 徐桂芳著 | 世界书局 | 民国九年十一月 | 下等 | 一 |
| 《新婚趣史》 | 郑婉娥著 | 世界书局 | 民国九年十一月 | 下等 | 一 |
| 《风流艳史》 | 陆秀兰著 | 世界书局 | 民国九年十一月 | 下等 | 一 |
| 《世界富豪奇谈》 | 唐海平编 | 国华书局 | 民国九年八月 | 下等 | 一 |
| 《笑话秘术四打》 | 未详 | 未详 | 未详 | 下等 | 一 |
| 《情场笑话》 | 赵苕狂编 | 大东书局 | 民国十年二月 | 下等 | 一 |
| 《滑稽小说怕老婆》 | 非非子编辑<br>浮游客校正 | 沈鹤记书庄 | 民国九年夏月 | 下等 | 一 |
| 《龙虎春秋》 | 向逵著 | 交通图书馆 | 民国八年四月 | 下等 | 二 |

续表

| 书名 | 著(译)者 | 发行所 | 出版时间 | 等次 | 册数(册) |
|---|---|---|---|---|---|
| 《女魔王日记》 | 若花女士撰 | 大陆图书公司 | 民国九年六月 | 下等 | 一 |
| 《顽童日记》 | 游戏人间一少年著寒光润文 | 大陆图书公司 | 民国九年六月 | 下等 | 一 |
| 《情楼圆梦》 | 皖南闲客沙汉臣著鄂垣山人校正 | 炼石书局、振声译书社 | 民国九年仲秋 | 下等 | 二 |
| 《男女新智囊恶计策》 | 杨乃武著 | 世界书局 | 民国九年十一月 | 下等 | 一 |
| 《陈二小姐》 | 上海小说编译社编 | 中外印书局 | 民国十年三月 | 下等 | 一 |
| 《刀刘氏》 | 自由书局编译 | 自由书局 | 民国十年四月 | 下等 | 一 |
| 《活葬元元红红二太太》 | 通俗小说社辑 | 世界书局 | 民国十年四月 | 下等 | 一 |
| 《双珠凤演义》 | 中外书局编 | 大陆图书公司 | 民国十年四月 | 下等 | 一 |
| 《西施全传》 | 世界书局编 | 世界书局 | 民国十年一月 | 下等 | 一 |
| 《爱国小说秋水芙蓉》 | 李伯通著 | 广益书局 | 民国九年四月 | 下等 | 二 |
| 《奇情小说还娇记》又名《媸皮研骨》 | 李涵秋著 | 清华书局 | 民国十年三月 | 下等 | 二 |
| 《侦探小说侠女盗》 | 陆澹盦著 | 交通图书馆 | 民国九年六月 | 下等 | 二 |
| 《怪病神医录》 | 浙东忍公编辑 | 进化书局 | 民国十年七月 | 下等 | 一 |
| 《欢喜冤家》 | 黄花奴著 | 国华书局 | 民国十年五月 | 下等 | 一 |
| 《闺房指南》 | 情海过来人著 | 明明书局 | 民国十年四月 | 下等 | 二 |
| 《真正新鲜大笑话上海阿木林趣史》 | 文华图书馆编辑 | 文华图书馆、新华书局 | 民国十年六月 | 下等 | 一 |
| 《小滑头大游上海滩》 | 滑头码子编辑 | 新华书局 | 民国十年六月 | 下等 | 一 |
| 《妇女趣闻丛报第一期》 | 周德芳女士主任 | 新华书局 | 民国十年六月 | 下等 | 一 |
| 《头二本男女大笑话》 | 笑话大王编 | 新华书局 | 民国十年六月 | 下等 | 二 |
| 《歇浦潮》 | 海上说梦人著但杜宇绘图 | 新民图书馆 | 民国十年五月 | 下等 | 一函十册 |

续表

| 书名 | 著(译)者 | 发行所 | 出版时间 | 等次 | 册数(册) |
| --- | --- | --- | --- | --- | --- |
| 《天下第一奇书不可思议》 | 云间百晓散人著 | 广文书局 | 民国八年五月 | 下等 | 一 |
| 《天下第二奇书死后之将来》 | 灵学研究社编纂 | 广文书局 | 民国八年八月 | 下等 | 一 |
| 《天下第三奇书灵魂世界》 | 灵学研究社编纂 | 广文书局 | 民国八年八月 | 下等 | 一 |
| 《最毒妇人心此中秘语》 | 海上我侬氏著<br>天台山民校阅 | 世界书局 | 民国九年四月 | 下等 | 一 |
| 《中国侦探谭男女三十六党秘史》 | 吴门陶啸秋著 | 世界书局 | 民国十年二月 | 下等 | 一 |
| 《花界姊妹风月史》又名《花国轶事大观》 | 海上冶游客编 | 华洋图书馆 | 民国九年七月 | 下等 | 一 |
| 《上海花界惨史嫖客妓女双服毒》 | 惜花盦主编 | 第一书局、世界书局 | 民国十年五月 | 下等 | 一 |
| 《海上冶游宝鉴》 | 京华少年原著<br>前度刘郎新著 | 新华书局 | 民国十年六月 | 下等 | 一 |
| 《百件奇谋全书》 | 杨乃斌著 | 世界书局 | 民国九年十一月 | 下等 | 一 |
| 《香艳小说丛书》(上、下编) | 张文艳、林黛玉辑 | 文华图书馆 | 民国十年六月 | 下等 | 二 |
| 《无边风月传》 | 吴双热著 | 国华书局 | 民国九年十月 | 下等 | 二 |
| 《民国三百件稀奇案》又名《民国奇案大观》 | 海虞襟亚著 | 襟亚阁 | 民国十年五月 | 下等 | 四 |
| 《中国秘密侦探史多妾宝鉴》 | 沈莲侬著 | 东亚书局 | 民国十年六月 | 下等 | 二 |
| 《劫后鸳鸯》 | 许廑父著述<br>王袖父校阅 | 大同书局 | 未详 | 下等 | 二 |
| 《中国五千年政治宫闱秘史》 | 周天鹏编辑 | 古史编译局 | 民国九年八月 | 下等 | 六 |
| 《历代艳史大观》 | 尘因、剑史纂 | 群明书局 | 民国九年八月 | 下等 | 四 |
| 《民国艳史》 | 海上飘萍生纂 | 群明书局 | 民国九年八月 | 下等 | 一 |

续表

| 书名 | 著(译)者 | 发行所 | 出版时间 | 等次 | 册数(册) |
|---|---|---|---|---|---|
| 《男女翻戏黑幕》 | 中山氏编辑<br>梅花馆主校正 | 中华小说社 | 民国十年再版 | 下等 | 二 |
| 《王华买父》 | 乔培璋编辑<br>原友校正 | 文益书局 | 民国十年夏月 | 下等 | 二 |
| 《巴黎之剧盗续编》 | 谢君直译 | 中华书局 | 民国八年九月 | 下等 | 一 |
| 《秀贞女医院血案叶少奶奶》 | 上海小说编译社编辑 | 新华书局 | 民国十年九月 | 下等 | 一 |
| 《北京最近惨史燕三小姐》 | 上海小说编译社编辑 | 新华书局 | 民国十年三月 | 下等 | 一 |
| 《艳情小说素梅姐》 | 嗤嗤道人编著<br>苏潭道人鉴定 | 上海书局 | 民国九年夏月 | 下等 | 二 |
| 《言情小说桃花命》 | 平梦著<br>唐花如注释 | 鹤记书庄 | 民国十年冬月 | 下等 | 二 |
| 《真正快活世界》 | 笑林主人编辑<br>逍遥客校正 | 振声译书社、炼石书局 | 民国十年秋月 | 下等 | 二 |
| 《劝世小说仙人跳》 | 江东乔氏编辑<br>过来客校正 | 文华书局 | 民国十年春月 | 下等 | 一 |
| 《奇情小说露花缘》 | 袁蔚山编辑 | 求石斋书局 | 未详 | 下等 | 一 |
| 《男女秘密风流史》 | 吟秋编辑 | 振圜图书局 | 民国九年冬月 | 下等 | 一 |
| 《滑稽小说风流鬼趣史》 | 董坚志编辑 | 滑稽小说社、新华书局 | 民国十一年元月 | 下等 | 一 |
| 《乡下大姑娘趣史》 | 董坚志编辑 | 维新书局、新华书局 | 民国十一年二月 | 下等 | 一 |
| 《男女日用秘术》又名《万国奇术全书》 | 天下第一书局编辑 | 天下第一书局、新华书局 | 民国十一年九月 | 下等 | 一 |
| 《闺房妙术全书》又名《男女万事不求人》 | 钱青谷卢孟兰、洛阳瘦腰生、抱竹山人吟香女士著 | 青年图书公司、华洋图书馆 | 民国十一年九月 | 下等 | 一 |
| 《滑稽小说嫖界阿木林》 | 海虞阿灵著 | 滑稽小说社、新华书局 | 民国十一年九月 | 下等 | 一 |

续表

| 书名 | 著(译)者 | 发行所 | 出版时间 | 等次 | 册数(册) |
| --- | --- | --- | --- | --- | --- |
| 《瞎三话四》 | 董坚志编辑 | 滑稽小说社、新华书局 | 民国十一年九月 | 下等 | 一 |
| 《奇情小说大姑娘养儿子》 | 锄奸生编辑 | 新华书局 | 民国十一年三月 | 下等 | 一 |
| 《现代名人风流史》 | 太平洋书局编辑 | 太平洋书局、新华书局 | 民国十年九月 | 下等 | 一 |
| 《滑稽小说呆女婿趣史》 | 董坚志编辑 | 滑稽小说社、新华书局 | 民国十一年元月 | 下等 | 一 |
| 《荷花大少爷》 | 董坚志编辑 | 滑稽小说社、新华书局 | 民国十一年元月 | 下等 | 一 |
| 《滑稽侦探小说南京拐子》 | 董坚志编辑 | 滑稽小说社、新华书局 | 民国十一年元月 | 下等 | 一 |
| 《断肠花》 | 蒋毓如著 | 广智书局 | 民国九年二月 | 下等 | 二 |
| 《魅镜上下集》 | 李涵秋著作<br>何俊甫校订 | 国华书局 | 民国十一年一月 | 下等 | 五 |
| 《马屁世界》 | 睡狮著 | 鸿文书局 | 清宣统三年正月 | 下等禁止 | 一 |
| 《野草花》 | 竹溪乐天生、古邗铁冷译 | 小说丛报社 | 民国四年 | 下等禁止 | 一 |
| 《国色天香》 | 吴所敬编 | 香港书局印 | 清宣统二年 | 下等禁止 | 二 |
| 《新鸳鸯谱》 | 蒲塘退士著<br>高屏翰评 | 开智社 | 民国二年 | 下等禁止 | 一 |
| 《官眷风流史》 | 古邗铁冷著 | 小说丛报社 | 民国五年十月 | 下等禁止 | 一 |
| 《玉楼香》 | 白云道人著 | 上海孟端书社 | 民国五年十一月 | 下等禁止 | 一 |
| 《龟生涯》 | 天梦梦天生著 | 新华小说社 | 民国五年 | 下等禁止 | 二 |
| 《牛鬼蛇神之情场》 |  | 新华小说社 | 民国五年 | 下等禁止 | 二 |
| 《金屋梦》<br>又名《隔帘花影》 | 梦笔生著 | 莺衣杂志社、新中国图书馆 | 民国四年十一月 | 下等禁止 | 一函<br>十二册 |
| 《姨太太之秘密》 | (鬘)仙女史著 | 小说丛报社 | 民国五年十二月 | 下等禁止 | 一 |

续表

| 书名 | 著(译)者 | 发行所 | 出版时间 | 等次 | 册数(册) |
| --- | --- | --- | --- | --- | --- |
| 《绣榻野史》 |  | 上海孟端书庄 | 民国五年 | 下等禁止 | 一 |
| 《浪史奇观》 |  | 上海孟端书庄 | 民国五年 | 下等禁止 | 一 |
| 《瑶华传》 | 丁秉仁著 尤素真评 | 五洲书局印 | 民国四年 | 下等禁止 | 六 |
| 《龙凤配》又名《风流天子传》 | 齐东野人演、不经先生评 | 未详 | 清光绪间印 | 下等禁止 | 四 |
| 《言情小说苦尽甘来》 | 许啸天著 | 新学会社 | 民国五年七月 | 下等禁止 | 一 |
| 《风流太后艳史》 | 中久喜信周著 | 森记书局 | 未详 | 下等禁止 | 一 |
| 《风流皇帝》 | 胶西傅幼圃著 | 百新公司 | 民国五年四月 | 下等禁止 | 一 |
| 《株林野史》 | 艳春轩居士编辑 | 上海新书林 | 民国六年五月 | 下等禁止 | 一 |
| 《女侠小说》《绘图秘密女子》又名《飞行女子》 | 睡狮著 | 改良小说社 | 清宣统三年正月 | 下等禁止 | 二 |
| 《哀情小说鸳鸯梦》 | 贡少芹著 | 进步书局 | 民国四年四月 | 下等禁止 | 二 |
| 《帘外桃王花记一至七册》 | 蝶影楼主周湘笙女史著 | 泰东图书局 | 民国六年十月至十二月 | 下等禁止 | 七 |
| 《艳情小说牡丹奇缘》又名《富贵奇缘》 | 未详 | 上海循环图书局 | 民国三年 | 下等禁止 | 一 |
| 《痴婆子》 | 未详 | 未详 | 未详 | 下等禁止 | 一 |
| 《桃花庵鼓词》 | 未详 | 上海殷裕记 | 未详 | 下等禁止 | 二 |
| 《艳情小说和尚奇缘》又名《改良皆大欢喜》 | 未详 | 香港书局 | 未详 | 下等禁止 | 一 |
| 《改良武则天外史》 | 不奇生、一名吴下弓牛子著 | 上海醉经书庄 | 民国三年 | 下等禁止 | 二 |
| 《三国还魂记一、二册》 | 雄辩生著 | 上海春秋小说社 | 民国六年十一月 | 下等禁止 | 二 |

续表

| 书名 | 著(译)者 | 发行所 | 出版时间 | 等次 | 册数(册) |
|---|---|---|---|---|---|
| 《留东外史初、二、三、四、五集》 | 不肖生著<br>跛子评点 | 民权出版部 | 民国五年二月至七年五月 | 下等禁止 | 五 |
| 《海上女界黑幕小说小姊妹秘密史》 | 冷眼人著 | 交通图书馆 | 民国七年五月 | 下等禁止 | 一函六册 |
| 《浓情快史》 | 弓牛子编辑<br>芝轩氏校订 | 醉经堂书局 | 民国二年九月 | 下等禁止 | 一 |
| 《女学生秘密日记》 | 绮情楼主俞血轮著 | 上海广文书局 | 民国七年九月 | 下等禁止 | 一 |
| 《家庭秘闻隔墙红杏记》 | 虬道人著<br>啸庐校订 | 湘社 | 民国七年七月 | 下等禁止 | 一函六册 |
| 《色欲世界》 | 桐盛、顾实、魏熙同编 | 上海弘文馆 | 民国七年六月 | 下等禁止 | 一 |
| 《中国家庭黑幕大观》 | 白云野史著 | 弢社 | 民国七年十月 | 下等禁止 | 四 |
| 《女学生之百面观》 | 饭牛亭长史、太昭编辑 | 国华书局 | 民国七年十一月 | 下等禁止 | 二 |
| 《兰因絮果录》又名《漏泄春光记》 | 情魔道人编著<br>寄萍女史加评 | 飞鸿社 | 民国七年十二月 | 下等禁止 | 一函四册 |
| 《桂枝儿夹竹桃合刊》 | 浮白山人编著<br>花底间人评点 | 益智书局 | 民国八年二月 | 下等禁止 | 一 |
| 《乡姑娘》 | 杨药聋编辑<br>野农等撰述<br>江南野叟校对 | 江南编译局 | 民国七年九月 | 下等禁止 | 二 |
| 《天机泄漏未来观》 | 遁世子著 | 交通图书馆 | 民国八年十月 | 下等禁止 | 一 |
| 《苦情小说大观上集杏花天玉蒲团合刊》 | 明仇十洲原著托名 | 改良图书馆、和平书局 | 民国九年十月 | 下等禁止 | 一 |
| 《苦情小说大观下集痴婆子野鸳鸯合刊》 | 明仇十洲原著托名 | 改良图书馆、和平书局 | 民国九年十月 | 下等禁止 | 一 |
| 《国色天香春艳写影》 | 吴虞公著<br>但杜宇画 | 上海世界书局 | 民国九年五月 | 下等禁止 | 一 |

续表

| 书名 | 著(译)者 | 发行所 | 出版时间 | 等次 | 册数(册) |
|---|---|---|---|---|---|
| 《世界未来观》 | 明刘伯温秘本、太虚山人批注 | 奇术研究会、和平书局 | 民国九年 | 下等禁止 | 一 |
| 《三十二姊妹秘史》 | 红冰馆主著 | 志新书局 | 民国十年六月 | 下等禁止 | 二 |
| 《浪史》原名《浪火奇观》 | 风月轩入玄子著 弼德仙鹿川校对 | 上海书局 | 民国五年五月 | 下等禁止 | 一 |
| 《卫生必读延寿新书》原名《绣榻野史》 | 灵隐道人著 | 上海书局 | 民国九年十月 | 下等禁止 | 一 |

# 参考文献

## 著作类

[1]王雷.中国近代社会教育史[M].北京:人民教育出版社,2002.

[2]艾尼斯特·葛尔纳.国族与国族主义[M].李金龙,黄俊龙,译.台北:联经出版社,2001.

[3]艾瑞克·霍布斯邦.民族与民族国家[M].李金梅,译.台北:麦田出版,1997.

[4]李孝悌.清末的下层社会启蒙运动1901—1911[M].台北:近代史研究所,1992.

[5]金观涛,刘青峰,等.观念史研究——中国现代重要政治术语的形成[M].北京:法律出版社,2010.

[6]班纳迪克·安德森.想象的共同体——民族主义的起源与散布[M].吴叡人,译.台北:时报出版社,1999.

[7]马宗荣.社会教育纲要[M].上海:商务印书馆,1937.

[8]黄金麟.历史、身体、国家——近代中国的身体形成(1895—1937)[M].台北:联经出版社,2001.

[9]乐嗣炳.近代中国教育实况[M].上海:世界书局,1935.

[10]罗荣渠.现代化新论[M].北京:商务印书馆,2004.

[11]卡尔·曼海姆.变革时代的人与社会[M].刘凝,译.台北:桂冠图书,1990.

[12]桑兵.清末新知识界的社团与活动[M].北京:生活·读书·新知三联书店,1995.

[13]刘英杰.中国教育大事典(1840—1949)[M].杭州:浙江教育出版社,2001.

［14］罗志田．乱世潜流——民族主义与民国政治［M］．上海：上海古籍出版社，2001．

［15］俞祖华，赵慧峰．中国近代社会文化思潮研究通览［M］．济南：山东大学出版社，2005．

［16］陈平原．中国现代小说的起点——清末民初小说研究［M］．北京：北京大学出版社，2005．

［17］傅柯．规训与惩罚——监狱的诞生［M］．刘北成，杨远婴，译．台北：桂冠图书，2007．

［18］冯友兰．新事论［M］．北京：三联书店，2007．

［19］张朋园．梁启超与民国政治［M］．长春：吉林出版集团，2007．

［20］郑大华，邹小站．中国近代史上的民族主义［M］．北京：社会科学文献出版社，2007．

［21］孙广勇．社会转型中的中国近代教育会研究［M］．武汉：华中师范大学出版社，2007．

［22］马克斯·韦伯．新教伦理与资本主义精神［M］．于晓，译．台北：左岸文化，2008．

［23］杨早．清末民初舆论环境与新文化的登场［M］．北京：北京大学出版社，2008．

［24］陈建华．从革命到共和——清末至民国时期民学、电影、与文化的转型［M］．桂林：广西师范大学出版社，2009．

［25］王尔敏．明清社会文化生态［M］．台北：台湾商务，1997．

［26］甘博．北京的社会调查［M］．邢文军，译．北京：中国书店，2010．

［27］包天笑．钏影楼回忆录［M］．北京：中国大百科全书出版社，2008．

［28］高平叔．蔡元培全集［M］．北京：中华书局，1984．

［29］国际联盟教育考察团．国际联盟教育考察团报告书［M］．台北：文海出版社．

［30］蒋梦麟．西潮［M］．台北：新潮社，2010．

［31］李桂林，戚名琇，钱曼倩，等．普通教育——中国近代教育史资料汇编［M］．上海：上海教育出版社，2007．

[32]梁启超.饮冰室合集[M].北京:中华书局,1989.

[33]鲁迅.鲁迅书信集[M].北京:人民文学出版社,1976.

[34]璩鑫圭,童富,等.教育思想——中国近代教育史资料汇编[M].上海:上海教育出版社,2007.

[35]梁启超.饮冰室合集外文[M].夏晓虹,译.北京:北京大学出版社,2005.

[36]曲士培.蒋梦麟教育论著选[M].北京:人民教育出版社,1995.

[37]舒新城.近代中国教育史料(第二册)[M].上海:中华书局,1928.

[38]舒新城.近代中国教育史料(第四册)[M].上海:中华书局,1928.

[39]陶孟和.孟和文存[M].上海:上海书店出版社,2011.

[40]通俗教育研究会.北京入学指南[M].出版地不详:通俗教育研究会,1917.

[41]中国第二历史档案馆.北洋政府档案[M].北京:中国档案出版社,2010.

[42]中国第二历史档案馆.中华民国史档案资料汇编第三辑·教育[M].江苏:江苏古籍出版社,1991.

[43]中国第二历史档案馆.中华民国史档案资料汇编第三辑·文化[M].江苏:江苏古籍出版社,1991.

[44]朱有瓛,戚名琇,钱曼倩,等.中国近代教育史资料汇编——教育行政机构及教育团体[M].上海:上海教育出版社,2007.

[45]朱有瓛.中国近代学制史料第三辑(下册)[M].上海:华东师范大学出版社,1989.

[46]张静庐.中国近代出版史料初编[M].北京:中华书局,1957.

[47]日本图书馆协会.图书馆小识[M].通俗教育研究会,译.出版地不详:通俗教育研究会,1917.

[48]顾炎武.日知录·卷十三·正始[M].清乾隆刻本.

## 论文类

[1]万妮娜.民初北京通俗讲演评析[J].北京社会科学,2011,(02):95-100.

[2]万妮娜.民国社会教育研究综述[J].理论与现代化,2011,(2):122-128.

[3]Joan Judge.改造国家——晚清的教科书与国民读本[J].孙慧敏,译.新史学,2001,12(2).

[4]王笛.茶馆、戏园与通俗教育——晚清民国时期成都的娱乐与休闲政治[J].近代史研究,2009,(03):77-94.

[5]龙育号.清末民初社会教育及其特点初探[J].广西社会科学,2003(8):47-150.

[6]刘桂芳.通俗图书馆与民国初期社会教育[J].图书情报工作,2010(5):98-101.

[7]沈松侨.我以我血荐轩辕——黄帝神话与晚清的国族建构[J].台湾为会研究季刊,1997,(28).

[8]沈松侨.国权与民权——晚清的"国民"论述(1895—1911)[J].历史语言研究所集刊,2002,73(4).

[9]徐大军.蔡元培对戏剧之教育功用的倡行及其意义[J].美育学刊,2011,(3):31-36.

[10]郑大华,朱蕾.国民观:从臣民观到公民观的桥梁——论中国近代的国民观[J].晋阳学刊,2011,(05).

[11]郑大华,朱蕾.论国民观在清末的兴起[J].学术界,2011(06).

[12]陈漱渝.鲁迅与通俗教育研究会——介绍通俗教育研究会第一、二、三次报告书[J].山东师院学报(社会科学版),1977(05).

[13]马云鹏.民国初期青少年社会教育研究(1912—1927)[D].沈阳:沈阳师范大学,2011.

[14]付可尘.清末民初军国民教育思潮研究[D].贵阳:贵州师范大学,2006.

[15]吴晓伟.民国时期社会教育的发展嬗变及特征[D].长春:东北师范大学,2006.

[16]陶惠娟.《东方杂志》与民国教育[D].济南:山东师范大学,2011.

[17]张琦.北洋政府时期图书审查研究[D].武汉:华中师范大学,2011.

[18]张乐妮.袁世凯执政时期教育政策研究[D].西安:西北大学,2010.

[19]张绍春.清末与民国前期天津社会教育研究(1905—1937)[D].天津:天津师范大学,2011.

[20]杨才林."作新民"、"唤起民众"[D].北京:首都师范大学,2007.

## 其他

[1]《安徽俗话报》。

[2]《东方杂志》。

[3]《教育公报》。

[4]《教育杂志》。

[5]《京师教育报》。

[6]《京师学务局教育行政月刊》。

[7]《京兆通俗周刊》。

[8]《通俗教育丛刊》(1919—1925年)。

[9]《通俗教育讲稿选录·第二辑》(1918年)。

[10]《通俗教育讲稿选录·第一辑》(1916年)。

[11]《通俗教育研究会第一、二、三次报告书》(1915—1918年)。

[12]《通俗教育研究会第四次报告书》(1919年)。

[13]《江西通俗教育会历年状况录》(1920年)。

[14]通俗教育研究会各项规则(1915—1924年)。

[15]《关于时局之教育资料》(12辑)(1917—1918年)。

[16]《全国教育行政会议各省区报告汇录》(1916年11月)。

[17]全国教育行政会议记录:《教育部行政纪要》(1912年4月—1915年12月)。

[18]教育部总务厅文书科:《教育部文牍汇编第七》(1922年)。

[19]教育年鉴编纂委员会:《第二次中国教育年鉴》。

# 后记

因缘际会之下，得到储朝晖老师的邀请，参与“中国现代教育社团史”丛书的编撰工作，实在是不胜荣幸与感激。《通俗教育研究会史》是本人第一次撰写专著，拙作是以本人的硕士论文为底稿修改而成。在整个撰写过程中，我深感自己的学养还需多加精进，与丛书其他资深的编撰者相比，拙作不免相形失色。然而，本人的研究范畴正好能为中国近代教育社团史的研究课题填补部分空白之处，所以本人尽力优化内容，期望能改进撰写硕士论文时未处理好的缺失，如果修改后的版本能入各位读者的法眼，我就感到满足了。

本书讨论的课题时间点落在民国初年北洋政府时期，所讲述的是北洋政府教化民众的政策，其中也包含我对中国近代史的一些感受。在传统的近代史诠释中，北洋政府时期充斥着各种政治斗争与混乱动荡，对国家发展的建树似乎甚是缺乏，其历史的进展呈现下探的趋势。然而对于这套论述，有些学者尝试做出质疑，通过进行更精细的探索，尝试对北洋政府的实际施政进行深入分析，从而了解北洋政府实际的历史面貌。这种探索细分至外交、警政、教育、工商业等范畴，通过这些研究我们得以更全面认识当时的真实情况。这一时期，虽然一些高级官员受到政治局势的影响而常有变动，但在底下从事实务工作的官僚成员相对稳定，在高级官员为政局感到困惑时，底下从事实务工作的官僚成员就成为真正管事的人，他们当中不乏术有专精的人士，孜孜不倦地处理好自己分内的工作，从而得以实践自己的理念，通俗教育大概是其中之一。

阅读通俗教育的会议数据与工作文件，给我最深刻的印象就是这些经历朝代覆亡与民国初建的知识分子，对于教育工作持有的热情是相当真实的。以通俗教育研究会为例，主事者基本上是由教育部的部员兼任，他们本来就负担了教育部繁重的工作，但在研究通俗教育的事务上他们并没有虚应故事，反而很讲究知根知底，务求以合乎实际的方式尽量办好通俗教育，认真处理好各类争议。因此，由他们建构的通俗教育系统虽然资源有限，但可圈可点之处着实不少。例如讲演活动办得颇具声色，至少吸引了一定数量的人参与听讲，而且研究会的成员也相当注重讲演者的演讲技巧与知识素养，重视培训工作。甚至有成员提议在监狱推行通俗教育，以求教化罪犯，让其能重归社会，安分守己地谋生。其他诸如审查小说、年画、参考书等工作，虽然烦琐，但通俗教育研究会的成员都会一一处理周到，虽不能说没有错失，但每个判断必定都有充分的理据支持，展现出相当温和、理性的态度。对比于日后越加激进的社会风气，通俗教育研究会还是带有明显的中国传统文化氛围，强调中庸的处事之道。

因此，在本书的研究中，我相当重视了解通俗教育研究会成员的价值观与思想倾向。通俗教育的目标其实相当浅显，但当时讲求的通俗教育与我们所想的通俗教育未必一致，培养人民的“素质”，单就“素质”这两个字就大有文章。希望各位读者通过本书不仅能够认识北洋时期办理通俗教育的情况，更能让大家在心灵上贴近那个时代的历史真实。北洋时期距今也有百年，相信现在的学者能够用更审慎公允的目光来看待这段历史，对那些为中国的现代化做出过贡献的人们给予恰当的评价。最后，期望拙作能为各为读者带来启发，也盼望自己日后能够更为精进，撰写出更加优质的作品。

刘嘉恒

2019年3月

# 丛书跋

2012年完成自己主编的2012年度国家出版基金资助项目"20世纪中国教育家画传"后，就策划启动新的研究项目，于是决定为曾在中国教育现代化过程中发挥巨大作用而又少有人知的教育社团写史，并在2013年3月拿出第一个包含8本书的编撰方案。当初怎么也没想到这一工作一再积累后延，几乎占用了我8年的主要时间，列入写作的社团一个个增加，参加写作的专家团队、支持者和志愿者不断扩大，最终汇成30本书和由50多位专家组成的团队，并在西南师范大学出版社鼎力支持下如愿以偿地获得2019年度国家出版基金资助。

1895年中日甲午海战中国战败后，中国社会受到强烈震动，有识之士勇敢地站出来组建各种教育社团，发展现代教育。1895年到1949年，在中国传统教育向现代教育转化、嬗变的过程中，产生了数以百计的教育社团。中华教育改进社等众多的民间教育社团在中国教育现代化进程中都曾发挥过重要的、甚至是无可替代的作用，到处留下了这些社团组织的深深印记，它们有的至今还在发挥着潜移默化的作用，它们是中国教育智库的先声。

但随着时间的推移，知道这段历史的人越来越少。教育社团组织与中国教育早期现代化既是一个有丰富内涵的历史课题，更是一个极具现实意义的实践课题。挑选"中国现代教育社团史"这一极为重大的选题，联合国内这一领域有专深研究的专家进行研究，系统编撰教育社团史，既是为了更好地存史，也是为了有效地资政，为当今及此后教育专业社团的建立、发展和教育改进与发展提供借鉴，为教育智库发展提供独具价值的参考，为解决当下中国教育管理主体过于单一问题提供借鉴，从而间接促进当下教育质量的提升和《中国教育现代化2035》目标的实现。简言之，为中国现代教育社团修史是一项十分有意义的工作。

在存史方面，抢救并如实地为这些社团写史显得十分必要、紧迫。依据修史的惯例，经过70多年的沉淀，人们已能依据事实较为客观地看待一些观点，为这些教育社团修史，恰逢其时；依据信息随时间衰减的规律，当下还有极少数人对70多年前的那段历史有较充分的知晓，错过这个时期，则知道的人越来越少，能准确保留的信息也会越来越少，为这些社团治史时不我待。因此，本套丛书担当着关键时段、恰当时机、以专业方式进行存史的重要责任。

在资政方面，为中国现代教育社团修史是一项十分有现实意义的工作。中国教育改革除了依靠政府，更需要更多的专业教育社团发展起来，建立良性的教育评价和管理体系，并在社会中发挥更大的作用。社团是一个社会中多种活力的凝结和显示，一个保存了多样性社团的社会才是组织性良好的社会，才是活力充足的社会。当时的各个教育社团定位于各自不同的职能，如专业咨询、管理、评价等，在社会和教育变革中以协同、博弈等方式发挥出巨大的作用。它们的建立和发展，既受到中国现代新式教育发展的制约，又影响了中国现代新式教育发展的进程。研究它们无疑会加深我们对那个时期中国新式教育发展过程中各种得失的宏观认识，有助于从宏观层面认识整个新式教育的得失，进而促进教育质量和品质的提升。现今的教育社团发展不是在一张白纸上画画，1900年后在中国产生的各种教育社团是它们的先声。为中国现代教育社团修史将会为当下及未来各个社团的建立发展和教育智库建设提供真实可信而又准确细致的历史镜鉴。

做好这项研究需要有独特的史识和对教育发展与改革实践的深刻洞察，本丛书充分运用主编及团队三十余年来从事历史、实地调查与教育改革实践研究的专业积累。在启动本研究之前，丛书主编就从事与教育社团相关的研究，又曾做过一定范围的资料查找，征集大陆（内地）和台湾、香港、澳门等地教育史专业工作者意见，依据当时各社团的重要性和历史影响，以及历史资料的可获取性，采用既选好合适的主题，又选好有较长时期专业研究的作者的"双选"程序，以保障研究的总体质量，使这套丛书不仅分量厚重，质量优秀，还有自己的特色。

本丛书的"现代"主要指社团具有的现代性，这样的界定与中国教育现代化进程相吻合。以历史和教育双重视角，对中华教育改进社等具有现代性的30余个教育社团的历史资料进行系统的查找、梳理和分析。对各社团发展的整体形态做全面的描述，在细节基础上构建完整面貌，对其中有歧义的观点依据史实客观论述，尽可能显示当时全国教育社团发展的原貌和全貌，也尽可能为当下教育社团与教育智库的建立和发展提供有益的历史镜鉴。

为此，我们明确了这套丛书的以下撰写要求：

全套丛书明确史是公器，是资料性著述的定位，严格遵循史的写作规范，以史料为依据，遵守求真、客观、公正、无偏见的原则，处理编撰中的各类问题。

力求实现四种境界：信，所写的内容是真实可靠的，保证资料来源的多样性；简，表述的方式是简明的，抓住关键和本质特征经过由博返约的多次反复，宁可少一字，不要多一字；实，记述的内容是有实际意义和价值的，主要体现为内容和文风两个方面，要求多写事实，少发议论，少写口号，少做判断，少用不恰当的形容词，让事实本身表达观点；雅，尽可能体现出艺术品位和教育特性，表现为所体现的精神、风骨之雅，也表现为结构的独具匠心，表达手法的多样和谐、图文并茂。

对内容选取的基本标准和具体要求如下：

（1）对社团的理念做准确、完整的表述，社团理念在其存续期有变化的要准确写出变化的节点，要通过史料说明该社团的活动是如何在其理念引导下开展的。

（2）完整地写出社团的产生、存续、发展过程，完整地陈述社团的组织结构、活动规模、活动方式、社会影响，准确完整地体现社团成员在社团中的作用、教育思想、教育实践，尽可能做到“横不缺项，纵不断线”。

（3）以史料为依据，实事求是，还原历史，避免主观。客观评价所写社团对社会和教育的贡献，不有意拔高，也不压低同时期其他教育社团。关键性的评价及所有叙述要有多方面的史料支撑，用词尽可能准确无歧义。

（4）凸显各单册所写社团的独特性，注意铺垫该社团所在时代的社会与教育背景，避免出现违背历史事实的表述。

（5）根据隔代修史的原则，只记述中华人民共和国成立之前的历史。对后期延续，以大事记、附录的方式处理，不急于做结论式的历史判定。

(6)各书之间不越界,例如江苏教育会与全国教育会联合会之间,江苏教育会与中华教育改进社之间,详略避让,避免重复。

写法要求为:立意写史,但又不写成干巴、抽象、概念化的历史,而是在掌握大量资料的基础上,全面、深刻理解所写社团的历史细节和深度,写出人物的个性和业绩,写出事件的情节和奥秘,尽可能写出有血有肉、有精气神的历史,增强可读性。写法上具体要求如下:

(1)在全面了解所写社团基础上,按照史的体例,设计好篇目、取舍资料、安排内容、确定写法。在整体准确把握的基础上,直叙历史,不写成专题或论文,语言平和,逻辑清晰。

(2)把社团史写得有教育性。主要通过记叙社团发展过程中的人和事展示其具有的教育功能;通过社团具有的专业性对现实的教育实践发生正向影响,力求在不影响科学性、准确性的前提下尽量写得通俗。

(3)能够收集到的各社团的活动图片尽可能都收集起来,用好可用的图,以文带图,图文互补,疏密均匀。图片尽可能用原始的、清晰的,图片说明文字(图题)应尽量简短;如遇特殊情况,例如在正文中未能充分展开的重要事件,可在图题下加叙述性文字做进一步介绍,作为一个独立的知识点。

(4)关键的史实、引文必须加注出处。

据统计,清末至民国时期教育社团或具有教育属性的社团有一百多个,但很多社团因活动时间不长、影响不大,或因资料不足等,难以写成一本史书。本丛书对曾建立的教育社团进行比较全面的梳理,从中精心选择一批存续时间长、影响显著、组织相对健全、在某一专业领域或某一地区具有代表性、典型性的教育社团进行深入研究,在此基础上做出尽可能符合当时历史原貌和全貌的整体设计,整体上能够充分完整地呈现所在时代教育社团的整体性和多样性特征,依据在中国教育现代化进程中所发挥的作用大小选择确定总体和各部分的研究内容,依据史实客观论述,准确保留历史信息。本丛书的基本框架为一项总体研究和若干项社团历史个案研究。以总体研究统领各个案研究,为个案研究确定原则、方法、背景和思路;个案研究为总体研究提供史实和论证依据,各个案研究要有全面性、系统性、真实性、准确性、权威性、实用性,尽量写出历史的原貌和全貌,以及其背后盘根错节的关系。

入选丛书的选题几经增减，最终完稿的共30册：

《中国现代教育社团发展史论》《中华教育改进社史》《中华平民教育促进会史》《生活教育社史》《中华职业教育社史》《江苏教育会史》《全国教育会联合会史》《中国教育学会史》《无锡教育会史》《中国社会教育社史》《中国民生教育学会史》《中国教育电影协会史》《中国科学社史》《通俗教育研究会史》《国家教育协会史》《中华图书馆协会史》《少年中国学会史》《中华儿童教育社史》《新安旅行团史》《留美中国学生联合会史》《中华学艺社史》《道德学社史》《中华教育文化基金会史》《中华基督教教育会史》《华法教育会史》《中华自然科学社史》《寰球中国学生会史》《华美协进社史》《中国数学会史》《澳门中华教育会史》。

本丛书力求还原并留存中国各现代教育社团的历史原貌和全貌，对当时各教育社团的发展历程、重要事件、关键人物进行系统考察，厘清各社团真实的运作情况，从而解决各社团历史上一些有争议的问题，为教育学和历史学相关领域的发展提供一定的帮助，拓展出新的领域，从而传承、传播教育先驱的精神，为当今教育改革和发展提供历史借鉴和智慧资源，为今后教育智库的发展提供有中国实践基础的历史参考，在拓展教育发展的历史文化空间上发挥其他著述不可替代的作用。在写作过程中严格遵守史的写作规范，以史料为依据，遵守求真、客观、公正、无偏见的原则，处理编撰中的各类问题。

这是一项填补学术空白的研究。这个研究领域在过去70多年仅有零星个别社团的研究，在史学研究领域对社团的研究较多，但对教育社团的研究严重不足；长期以来，在教育史研究领域没有对教育社团系统的研究；对民国教育的研究多集中于一些教育人物、制度，对曾发挥不可替代作用的教育社团的研究长期处于不被重视状态。因此，中国没有教育社团史的系列图书出版，只有与新安旅行团、中华职业教育社相关的专著，其他教育社团则无专门图书出版，只是在个别教育人物的传记等文献中出现某个教育社团的部分史实，浮光掠影，难以窥其全貌。但是教育社团对当时教育的发展发挥了倡导、引领、组织、管理、评价等多重功能，确实影响深远，系统研究中国现代教育社团是此前学术界所未有过的。该研究可以为洞察民国教育提供新的视角，在今后一段时期内具有标志性意义，发挥其他著述不可替代的作用。

这是一项高难度的创新研究。它需要从70多年历史沉淀中钩沉，需要在教育学和史学领域跨越，在教育历史与现实中穿梭，难度系数很高、角度比较独特，20多年前就有人因其难度高攻而未克。研究过程中我们将比较厚实的历史积累和对当下教育问题比较深入的洞见相结合，以史为据，以长期未能引起足够重视的教育社团为研究对象，梳理出每个社团的产生、发展、作用、地位。

这是一项促进教育品质提升的研究。中国当下众多教育问题都与管理和评价体制相关。因此，我们决定研究中国现代教育社团史，对中国教育现代化进程中发挥过重要作用的诸多教育社团的历史进行抢救性记述、研究，对中国教育体系形成的脉络进行详尽的梳理，记录百年中国教育现代化进程中教育社团所起的重大作用，体现教育现代化过程中的"中国智慧"，为构建中国教育科学话语体系铺垫史料、理论基础，探明1898到1949年间教育社团在中国教育现代化发展中的作用，为改善中国教育提供组织性资源。

这是一项未能引起足够重视的公益性研究。本研究旨在还原并留存各教育社团的历史原貌和全貌，传承、传播教育先驱的精神，为当今教育改革和发展提供历史借鉴和智慧资源，拓展教育发展的历史文化空间，需要比较厚实的历史积累和对当下教育问题比较深入的洞见。本研究长期处于不被重视状态，但是其对教育的发展确实影响深远，需要研究的参与者具有对历史和现实的使命感。

这个研究项目在设计、论证和实施过程中得到业内专家的大力支持、高度关注和评价。中国教育学会教育史分会原会长田正平先生热心为丛书写了推荐信，又拨冗写了总序，认为："说到底，这是当代中国教育改革的需要和呼唤。教育是中华民族振兴的根基和依托，改革和发展中国教育，让中国教育努力赶上世界先进水平，既是中央政府和各级政府义不容辞的职责，也必须依靠广大教育工作者的自觉参与和担当。从这个意义上讲，中国近代教育会社团体与中国教育早期现代化研究，既是一个有丰富内涵的历史课题，更是一个极具现实意义的重大问题。"中国现代教育社团史的课题，"从近代以来数十上百个教育社团中精心选择一批有代表性、典型性、产生过重大影响的教育社团，列为专题，分头进行了深入的研究。我相信，读者诸君在阅读这些成果后所收获的不仅仅是对教育社团的深入理解和崇高敬意，也可能从中引发出一些关于当代中国教育改革的更深层次的思考"。

北京师范大学教育学部原部长、清华大学教育学院院长石中英教授在推荐中道："对那些历史上有重要影响的教育社团进行研究，既具有非常重要的学术价值，也具有非常强烈的现实意义。""当前，我国改革开放正在逐步地深入和扩大，激发社会组织活力，在整个社会治理体系建设中具有重要作用。现代教育治理体系的建设，也迫切需要发挥专业的教育社团的积极作用。在这个大背景下，依据可靠的历史资料，回溯和评价历史上著名教育社团的产生、发展、组织方式和活动方式等，具有现实意义和社会价值。""总的来说，这个项目设计视角独特，基础良好，具有较高的学术价值、实践价值和出版价值。"

1990年代，中央教育科学研究所张兰馨等多位前辈学者就意识到这一选题的重要性，曾试图做这一研究并组织编撰工作，终因撰写团队难以组建、资料难以查找搜集等各种条件限制而未完成。当我们拜访80多岁的张兰馨先生时，他很高兴地拿出了当年复印收藏的一些资料，还答应将当年他请周谷城先生题写的书名给我们使用，既显示这一研究实现了学者们近30年未竟的愿望，也使这套书更具历史文化内涵。

西南师范大学出版社是全国百佳图书出版单位、国家一级出版社、全国先进出版单位，承担了多项国家重大文化出版工程项目、国家出版基金资助项目、重庆市出版专项资金资助项目，具有丰富的国家、省市重点项目出版与管理经验。该社出版的多项国家级项目受到各级主管部门、学界、业内的一致好评。米加德社长调集素质高、业务精的专业编辑团队支持本书的编辑出版，尹清强先生、伯古娟女士做了大量联络和组织工作，各位责任编辑付出了大量辛勤劳动。西南大学的学术优势为本书的出版提供了学术支撑。

本项目30余位作者奉献太多。他们分别来自中国人民大学、北京师范大学、华东师范大学、中山大学、首都师范大学、浙江师范大学等多所高校和研究机构，他们长期从事相关领域的研究，具有极强的学术责任感，具备了较好的专业基础，研究成果丰硕，有丰富的写作经验。在没有启动经费的情况下，他们以社会效益为主，把这项研究既当成一项工作任务，又当成一项对精湛技术、高雅艺术和完美人生的追求，以高度的历史使命感和现实的使命感投入研究，确保研究过程和成果具有较高的严谨性。他们旨在记录中国教育现代化过程中教育社团所起的重大作用，体现教育现代化过程中的"中国智慧"，写出理论观点正确、资料翔实准确、体例完备、文风朴实、语言流畅，具有资料性、科学性、思想性，经得起历史检验的，有灵魂、有生命、能传神的现代教育社团史。

这套丛书邀约的审读委员主要为该领域的专家，他们大多在主题确定环节就参与讨论，提供资料线索，审读环节严格把关，有效提高了丛书的品质。

本人为负起丛书主编职责，采用选题与作者"双选"机制确定了撰写社团和作者，实行严格的丛书主编定稿制，每本书都经过作者拟提纲—主编提修改意见—确定提纲—作者提交初稿—主编审阅，提出修改意见—作者修改—定稿的过程，有些书稿从初稿到定稿经过了七到八次的修改，这些措施有效地保障了这套丛书的编撰质量。尽管做了这些努力，仍难免有错，敬希各位不吝赐正。

十分感谢国家出版基金资助。本丛书有重大的出版价值，投入也巨大，但市场相对狭窄。前期在项目论证、项目启动、资料收集、组织编写书稿中投入了大量的人力、物力。多位教育专家和史学专家经过八年的努力，收集了大量的资料，研究的深度和广度都大大超出此前这一领域的研究。各位作者收集了大量的历史资料，走访了全国各大图书馆、资料室，完成了约一千万字、数百幅图片的巨著。前期的资料收集、研讨成本甚高，而使用该书的主要为教育研究者、教育社团和教育行政人员。即便丛书主编与作者是国内教育学、教育史学领域的权威专家；即便丛书经过精心整理、撰写而成，出版后全国各地图书馆、研究院所会有一定的购买，有一定的经济效益，但因发行总数量有限，很难通过少量的销售收入实现对大量经费投入的弥补，国家出版基金资助是保障该套丛书顺利出版的关键。

教育在实现中华民族伟大复兴中发挥着不可替代的作用。完整、准确、精细地回顾过去方能高瞻远瞩而又脚踏实地地展望未来，将优秀传统充分挖掘展现、利用方能有效创造未来，开创教育发展新时代。在中国教育现代化进程中众多现代教育社团是促进者。中国人坚定的自信是建立在5000多年文明传承基础上的文化自信。中国现代教育社团的发起者心怀中华，在中华民族处于危亡之际奔走呼号，立足弘扬中华优秀文化传统提倡革新。本丛书深层次反映了当时中国仁人志士组织起来，试图以教育救国的真实面貌，其中涉及几乎全部的教育界知名人物，对当年历史的还原有利于挖掘中华优秀传统文化的强大生命力和在民族危亡关头的强大凝聚力，弘扬中华优秀传统文化，为构建中华优秀传统文化传承发展体系添砖加瓦。研究这段历史，对于推动中华优秀传统文化创造性转化、创新性发展，对于促进教育智库建设，发展中国教育事业，发挥教育在促进中华民族伟大复兴中的作用具有重要意义。

愿我们所有人为此的努力在中国教育现代化进程中生根、发芽、开花、结果。

储朝晖

2020年6月